本书受四川省自然科学基金面上项目"数字鸿沟影响旅游消费的机制及其弥合措施研究"（立项纸
重点研究基地四川革命老区发展研究中心重点项目"数字经济赋能川陕革命老区乡村振兴发
SA-01）的资助

DIGITAL
INCLUSIVE
FINANCE

RURAL
INDUSTRIAL
INTEGRATION

数字普惠金融与农村产业融合

李志慧 王虹 ● 著

经济管理出版社
ECONOMY & MANAGEMENT PUBLISHING HOUSE

图书在版编目（CIP）数据

数字普惠金融与农村产业融合 / 李志慧，王虹著.
北京：经济管理出版社，2025. 5. -- ISBN 978-7-5243-
0232-2

Ⅰ．F832.1-39；F323

中国国家版本馆 CIP 数据核字第 2025SJ5069 号

组稿编辑：张馨予
责任编辑：张馨予
责任印制：张莉琼
责任校对：王淑卿

出版发行：经济管理出版社
　　　　　（北京市海淀区北蜂窝 8 号中雅大厦 A 座 11 层　100038）
网　　址：www. E-mp. com. cn
电　　话：（010）51915602
印　　刷：唐山玺诚印务有限公司
经　　销：新华书店
开　　本：720mm×1000mm/16
印　　张：13.5
字　　数：221 千字
版　　次：2025 年 5 月第 1 版　　2025 年 5 月第 1 次印刷
书　　号：ISBN 978-7-5243-0232-2
定　　价：98.00 元

前　言

　　在数字技术重塑全球经济格局的浪潮中，中国农村正经历着一场深刻的变革。2024 年中央一号文件《中共中央　国务院关于学习运用"千村示范、万村整治"工程经验有力有效推进乡村全面振兴的意见》明确提出"发展农村数字普惠金融"；2025 年中央国务院印发的《乡村全面振兴规划（2024—2027）》进一步强调发展农村数字普惠金融，推进农村信用体系建设，建立健全市场涉农金融风险补偿机制，发展多层次农业保险，完整农业再保险和农业保险大灾风险分散机制。支持金融机构发行"三农"专项金融债券，推广农业设施抵押融资，并推动智慧农业与人工智能、区块链等技术的场景化应用。这些政策信号的释放，标志着数字普惠金融与农村产业融合已从地方实践上升为国家战略，成为乡村振兴的核心动能。

　　本书的研究立足于中国农村经济转型的现实土壤。在城乡二元结构尚未完全被打破的背景下，农村产业融合面临要素流动阻滞、主体动能不足、资源配置低效等多重约束。而数字普惠金融通过移动支付、大数据风控、区块链溯源等技术工具，正在重构农村金融服务的生态体系——从传统信贷的"毛细血管"延伸到产业链金融的"神经网络"，从单一融资功能升级为涵盖支付、保险、征信的综合服务体。这种变革不仅关乎金融效率的提升，更指向农业生产方式、组织形态和利益联结机制的系统性变革。因此，探究数字普惠金融如何赋能农村产业融合，本质上是在解码数字经济时代乡村振兴的新动能。

　　本书以"数字普惠金融与农村产业融合"为核心议题，构建了"理论—

实证—对策"三位一体的研究框架,通过揭示数字普惠金融赋能农村产业融合的内在机理,实证检验数字普惠金融对农村产业融合的影响效应与机制,系统分析数字普惠金融影响农村产业融合的实践路径,尝试提出数字普惠金融助推农村产业融合发展的政策建议。本书主要贡献体现在以下三个维度:

一是理论创新。突破传统金融地理学与产业经济学的分析框架,首次构建数字普惠金融赋能农村产业融合的"三维传导机制"。其中,渠道性赋能,通过移动支付普及与信用画像技术破解小微主体"融资桎梏",强化金融可得性;结构性赋能,依托区块链溯源与供应链金融平台推动技术、数据、人才要素向农村集聚;制度性赋能,借助智能合约与风险共担机制重构"企业+合作社+农户"利益联结,激发主体活力。值得关注的是,研究揭示了金融功能的分层作用,验证金融服务中介功能与资源配置功能的中介效应,揭示风险控制功能的调节作用,为理解数字金融与产业经济的复杂互动提供了新的视角。

二是方法论突破。首先是指标体系创新:构建数字普惠金融"三维十二类"测度指标——覆盖广度(账户覆盖率、支付业务、货币基金业务、个人消费贷)、使用深度(信贷业务、保险业务、投资业务、信用业务)、数字化程度(移动化、实惠化、信用化、便利化);构建农村产业融合评价指标体系,从农业产业链延伸、农业多功能拓展、农业服务业融合、农业新业态培育及经济社会效应5个维度选取细化指标。其次是模型构建突破:运用空间杜宾模型(SDM)验证数字普惠金融对农村产业融合的影响具有空间溢出效应,发现该效应会随着空间距离增加而减弱,效应空间边界约为450公里;通过异质性分析证实,数字普惠金融对于资源错配程度高的区域表现出较强的助推作用,在粮食生产非核心区推动作用更显著,这一发现为区域差异化政策制定提供了精准依据。

三是实践价值升华。在政策设计层面:揭示了数字普惠金融的"非均衡赋能"特征,提出"四位一体"对策(完善数字基建、创新产品服务、构建风险共担机制、优化金融生态)。呼应中央一号文件要求,强调政策需从"大水漫灌"转向"精准滴灌",尤其在西部欠发达地区强化"政府引导+市场主导"的双轮驱动。在产业实践层面:从内蒙古肉牛产业链的"区块链+保险+

信贷"闭环，到广东荔枝产业的"大数据定价—冷链金融—电商溯源"全链服务，四个典型案例覆盖东中西部不同资源禀赋区域。通过四地典型案例提炼出"场景—技术—制度"耦合范式，验证了"金融科技嵌入产业场景—数据要素重构生产关系—制度创新释放改革红利"的演化路径，为全国差异化推进农村产业融合提供可复制的解决方案。

在百年未有之大变局下，中国农村的数字化转型既需要技术理性的冷思考，更离不开人文关怀的暖底色。本书愿作一束微光，照亮数字普惠金融与乡土中国共生共荣的路径——那里既有算法驱动的效率革命，也有扎根田间的制度智慧，更有数亿农民对美好生活的永恒向往。

编　者

2025 年 3 月

目　录

1 绪论

1.1 研究背景与研究意义

1.1.1 研究背景

当前，中国农村产业及农村经济的发展面临诸多问题和挑战，农村产业结构的单一性问题是亟须解决的核心难题。中国农村经济的主要支柱是传统农业，其他产业所占比例较低，导致产业结构出现不合理的现象，以至于难以挖掘产业间的联系性。过分侧重传统农业生产而忽略农业与二三产业间的内在联系，不仅导致了农村地区生产要素资源日渐匮乏，传统农业面临前所未有的挑战和压力（孟凡钊和董彦佼，2022）①，还严重影响了农村经济的稳健与持续发展。为解决这一结构性难题，农村产业融合应运而生，它是以农业为依托，在产业化经营组织带动下，通过联动产业、集聚要素、创新技术等方式使各产业渗透、交叉和重组，最终形成了一个涵盖农产品生产、加工、流通、销售等多个环节的完整供应链。农村产业融合具有产业协同、多元化经营、绿色发展

---

① 孟凡钊，董彦佼. 乡村振兴背景下农村产业融合的现实意义和实现机制 [J]. 农业经济，2022（6）：12-14.

和创新驱动的特点。具体来说，一方面，农村产业融合以产业链与产业带为主要方式，有效缓解了单一产业发展模式带来的制约，有助于更好地利用农村资源，优化农村产业结构，提高农业生产效率，使农村经济更加多元化和更具韧性（李晓龙和冉光和，2019）①。另一方面，农村产业融合通过延长农业产业链，将农产品加工、销售、餐饮等环节有机地整合在一起，丰富了农产品的种类和品质，推动了农产品的品牌化和规模化生产，大大提高了农产品的附加值和市场竞争力（宋丽霞，2019）②。农村产业融合注重农业、制造业、服务业等诸多产业的协同发展，强调资本、技术等资源要素的跨界集约化配置，聚焦通过创新生产经营方式和资源利用方式来推动农村产业结构的合理化、高级化发展。例如，广西壮族自治区武宣县根据县域特色产业积极探索"电商+旅游"的融合发展新路径，建立集农产品生产、加工、休闲观光、特色产品销售于一体的产业链，打造以农带旅、以旅促农、文旅结合的农旅文电商融合发展模式；重庆市奉节县以电子商务进农村综合示范项目为契机，以奉节脐橙、腊肉、贝贝小南瓜等农特产品和观光旅游为切入点，以农旅电商为主要抓手，借助互联网传播优势，结合当地产业发展实际情况，将农村电商纳入全县乡村振兴建设体系，持续打造并落地"互联网+旅游+农业"的电商发展模式；湖南省泸溪县以椪柑和旅游为媒，以农村电商为主要抓手，以乡村振兴为契机，结合独具特色的泸溪地域文化，持续探索并深度落地"人+货+乡"的特色乡村农旅电商模式，为当地经济发展注入强劲动力。这些新兴业态的兴起，不仅丰富了农村的产业结构，还提高了农村经济的竞争力和可持续性，为农民提供了更多的就业机会和收入来源。农民可以通过参与这些新兴产业，实现多渠道增收。因此，产业融合是实现农业农村发展的重要突破口，它使农村构建起一种以农业为主体，农业与非农产业之间相互渗透、跨界融合、良性互动的产业发展体系。推动农村产业融合发展不仅是加快转变农业发展方式、构建现代农业产业体系的必要举措，更是探索中国特色农业现代化道路的必然要求（苏

---

① 李晓龙，冉光和.农村产业融合发展如何影响城乡收入差距——基于农村经济增长与城镇化的双重视角［J］.农业技术经济，2019（8）：17-28.
② 宋丽霞.打造农村电商产业集群的现实路径［J］.人民论坛，2019（28）：62-63.

毅清等，2016)①。

我国对农村产业融合给予了极高的重视。2015 年，《国务院办公厅关于推进农村一二三产业融合发展的指导意见》发布，可以将其视为提升农民收入水平、促进农业现代化进程，以及推动农村经济实现高质量发展的重要契机。为了进一步推动农村产业融合迈向高质量发展的新台阶，中央一号文件明确指出，要在积极培育农村产业融合新型经营联合主体的同时，鼓励农业多功能开发以及农业产业链延伸，从而创新农村产业融合的发展模式和业态，为农村产业融合注入新动能；同时通过政策的扶持，促进农业产业化的积极发展，为农村产业融合提供有利环境。为了贯彻落实中央一号文件精神，各省份都在认真学习并结合各自的实际情况，因地制宜地推动农村产业融合的健康发展。例如，安徽省积极实施"双招双引"策略，以及农产品加工业的"五个一批"工程，旨在支持农业大县引进和培育更多的"链主"企业和头部企业等新型经营主体，促进于绿色农产品加工业的发展。四川省则以建设规模化种养基地为核心，遵循省、市、县分级建设的原则，成功创建了一批多层次、多类型的现代农业产业融合示范园区。而广东省为了更有效地推动农村产业融合，专门建立了农村产业融合发展的重点项目库，并为入库的项目提供了一系列政策支持。因此，农村产业融合载体蓬勃发展，融合业态正提档升级，紧密型利益联结机制持续健全。在这样良好的发展势头下，就业渠道日益丰富，增收效果显著，农村居民的人均可支配收入增长率持续高于全国居民人均可支配收入增长率。可见，产业融合无疑为农村、农业、农民带来了颇多红利。目前，我国农村产业融合高质量发展的乡村实践正在如火如荼地进行，这不仅为农民带来了更高的收入，而且为农村经济的持续健康发展增添了新质生产力。党的十九大报告以及《乡村振兴战略规划（2018—2022 年）》中提到，积极推进农村产业融合是实施乡村振兴战略的重要内容。因此，在我国经济进入新常态的现实背景下，推进农村产业融合既是实施乡村振兴战略中必不可少的一环，也是形成农业农村发展新格局的重要路径。总的来说，农村产业融合是推动中国农村

---

① 苏毅清，游玉婷，王志刚. 农村一二三产业融合发展：理论探讨、现状分析与对策建议 [J]. 中国软科学，2016（8）：17-28.

转型升级、拓宽农民收入渠道、建设现代农村产业体系的重要途径之一。在推动我国农村经济发展，实现乡村振兴方面有重大的学术和现实意义。

不可否认的是，我国的农村产业融合仍处于初级阶段，还面临着层次较低、品质水平不高、支撑要素不强和主体带动较弱四个方面的问题。从纵向来看，要推动产业链向前后端延伸、上下游拓展；从横向来看，要丰富农村产业类型，提升农村产业价值。如何从这两个维度解决以上四个问题，是发展产业融合实现乡村振兴过程中不可回避的重心。横纵向拓展产业链条维度应：立足培植壮大县域农业主导产业，支持各县域农业产业化龙头企业积极牵头、联合组建一批集农业高技术研发、育种、生产、加工、储运、销售、服务等环节于一体的现代区域性农业产业化经济联合体；着力发展农产品流通业，加强农产品产后分级、包装、仓储、物流、营销，建设现代化农产品冷链仓储物流体系，打造农资销售服务平台，促进产销有效衔接。挖掘产业价值维度应：推动农业与物流、旅游、教育、文化、运动等产业融合发展，依托田园风光、村落建筑、民俗风情等乡村独特资源优势，着力发展农耕体验、研学科普、休闲观光、生态康养等农业新业态，挖掘农业生活和生态价值；积极推动农业与数字产业深度融合，大力发展农村电商，推进直播带货等新零售业态健康发展，积极鼓励发展智慧农业、定制农业等"互联网+农业"新业态，释放农业生产和消费价值。金融支持是解决农村产业融合发展过程中存在问题的关键动力（姜松和喻卓，2019；张林和温涛 2019）[1][2]。但农村地区长期的金融抑制状态是阻碍产业融合的重要因素（张红宇，2015；胡思娴，2023）[3][4]。无论是金融相关产品、服务还是政策，对农村产业的支持都处于探索阶段，尚缺少专门的政策和产品，还不能满足其旺盛的金融需求。

随着农村数字化水平的提高，农村产业融合逐步迈入了更加创新和高效的

---

① 姜松，喻卓.农业价值链金融支持乡村振兴路径研究［J］.农业经济与管理，2019（3）：19-32.

② 张林，温涛.农村金融发展的现实困境、模式创新与政策协同——基于产业融合视角［J］.财经问题研究，2019（2）：53-62.

③ 张红宇.金融支持农村一二三产业融合发展问题研究［J］.新金融评论，2015（6）：148-160.

④ 胡思娴.数字普惠金融对农村产业融合的影响研究［D］.浙江工商大学博士学位论文，2023.

发展阶段（王定祥和冉希美，2022）①。数字普惠金融所具有的成本低、门槛低、便捷共享等特点恰好为解决农村产业融合所面临的金融问题提供了新思路，其通过金融支持、技术支撑（周孟亮和陈文喆，2023）② 两个方面促进农村产业融合的发展。第一，借助大数据、区块链等金融科技的深度应用，数字普惠金融提高了农村金融服务的覆盖度和渗透度（傅秋子和黄益平，2018）③，以低成本为农村客户群体提供金融产品和服务。例如，数字普惠金融弥补了"三农"的金融缺口，明显提升了农村地区家庭的信贷获得率（杨波等，2020）④。同时，吸收社会闲散资金，为农户拓展融资渠道创造条件（万佳彧等，2020）⑤。有效地改善了在城乡二元结构下，农村地区资本不足的局面，保障了农业经营主体能够承担产业融合成本，避免了资金成为阻碍农业经营主体参与产业融合的关键因素。另外，充足的资金流能支持农业科学技术创新。科学技术作为农村产业融合的重要驱动力，对打破产业壁垒、推动产业转型升级具有重要意义（冯贺霞和王小林，2020）⑥。第二，数字普惠金融能有效提供互联互通平台、打破行业壁垒，促进新业态的发展。数字普惠金融可带动乡村数字设备的建设，提高乡村地区互联网普及率。金融内部的子行业可借助互联网平台相互协作，也可依托网络塑造更多的商业模式，促进新业态产生。例如，农村电商通过线上购物实现农副产品产地直销，打造品牌化销售，对促进农村产业融合具有良好的推动效果（张岳和周应恒，2021）⑦。第三，数字普惠金融通过强化涉农金融服务来提高金融业务的使用度。涉农信息电子数据库

---

① 王定祥，冉希美. 农村数字化、人力资本与农村产业融合发展——基于中国省域面板数据的经验证据 [J]. 重庆大学学报（社会科学版），2022，28（2）：1-14.

② 周孟亮，陈文喆. 数字普惠金融与农村产业融合 [J]. 湘潭大学学报（哲学社会科学版），2023，47（2）：121-127.

③ 傅秋子，黄益平. 数字金融对农村金融需求的异质性影响——来自中国家庭金融调查与北京大学数字普惠金融指数的证据 [J]. 金融研究，2018（11）：68-84.

④ 杨波，王向楠，邓伟华. 数字普惠金融如何影响家庭正规信贷获得？——来自 CHFS 的证据 [J]. 当代经济科学，2020，42（6）：74-87.

⑤ 万佳彧，周勤，肖义. 数字金融、融资约束与企业创新 [J]. 经济评论，2020（1）：71-83.

⑥ 冯贺霞，王小林. 基于六次产业理论的农村产业融合发展机制研究——对新型经营主体的微观数据和案例分析 [J]. 农业经济问题，2020（9）：64-76.

⑦ 张岳，周应恒. 数字普惠金融、传统金融竞争与农村产业融合 [J]. 农业技术经济，2021（9）：68-82.

的建立不仅使金融机构能够精准甄别有效信息，加快金融服务对接，还能增加涉农信息供给、缓解信息不对称现象、改善"三农"领域的信息环境、鼓励更多农户提高金融业务使用度，增加生产积极性。此外，数字普惠金融还倒逼以银行为主体的传统金融机构创新农村客户群体的产品和服务，激活了传统金融机构的服务意愿（沈悦和郭品，2015）①，进一步加大了农村金融的覆盖广度和深化了服务深度。

从宏观层面来看，数字普惠金融不仅提升了金融服务的可得性，优化了农村地区的金融资源配置，还有效促进了农业机械化和数字农业化的发展，为解决"三农"问题提供了新的思路和解决方案。从微观层面来看，数字普惠金融可以显著降低流动性约束，弱化金融排斥问题，使被排斥群体获得更加便捷、高效的金融服务（易行健和周利，2018）②，为技术和产业模式创新提供更多的资金支持。因此，深入探索数字普惠金融在农村产业融合发展中的角色定位，厘清其作用机制，并提出可行性建议，对构建适应现代产业发展需求的金融生态体系、确保我国农村产业融合高质量发展具有重大意义和参考价值。

1.1.2　研究意义

1.1.2.1　理论意义

完善理论研究，构建研究框架。我国农村产业融合起步较晚，相关的理论和政策体系尚待完善。尽管学者们纷纷聚焦于剖析农村产业融合的测度体系和发展路径，但针对数字普惠金融对农村产业融合影响的研究仍然相对有限。这也凸显了研究数字普惠金融与农村产业融合互动关系的紧迫性和重要性。本书通过全面梳理已有的相关研究成果并对其进行总结分析，切实考虑了目前中国数字普惠金融及农村产业融合的运行状况和发展趋势，构建出了一个较为系统和全面的数字普惠金融赋能农村产业融合的理论框架。

引入金融功能，扩充内在机制。相较于以往，在文献中选取中介变量及起

---

① 沈悦，郭品. 互联网金融、技术溢出与商业银行全要素生产率［J］. 金融研究，2015（3）：160-175.

② 易行健，周利. 数字普惠金融发展是否显著影响了居民消费——来自中国家庭的微观证据［J］. 金融研究，2018（11）：47-67.

到调节作用的变量，本书从金融功能的视角出发，通过深入剖析数字普惠金融
在促进金融服务和中介、资源配置、风险控制功能发挥等方面的作用，更加全
面地揭示了其在推动农村产业融合过程中的影响机制及调节效应，进一步补充
了已有内在机制的理论研究。

细化影响效应，提供政策依据。本书基于城乡资源错配程度和农业功能区
划分等因素来分析数字普惠金融对农村产业融合的影响，有助于政府相关决策
部门更有针对性地提出乡村工作总体部署和金融服务的具体方案，以加大对产
业融合和数字普惠金融发展弱势地区的支持力度，为因地制宜制订数字普惠金
融发展政策和提高农村产业融合水平提供更充分的理论支撑。

理论结合实证，丰富研究成果。通过理论与实证研究的结合，可以加深与
拓展现有关于数字普惠金融与农村产业融合发展的研究成果，丰富了数字普惠
金融影响农村产业融合的相关理论，还在理论上为推动农村产业融合深度发展
提供进一步的补充和支撑。

1.1.2.2　现实意义

响应国家政策，助力产业融合。中国作为农业大国，"三农"问题历来受
到高度重视，农村产业融合问题在近年来的中央一号文件中多次被提及，是乡
村产业振兴的重点话题。农村产业融合的提出为改革农业发展方式、实现乡村
产业振兴提供了新方案。以小农为主的农业经营主体带动作用不强和农户自有
资本相对匮乏，因此发展农村金融仍是解决农村融资问题，实现农村产业融合
的基本途径。而数字普惠金融基于数字技术的支持能够提升农村金融服务，为
农村产业融合提供更高效的金融支持。因此，研究数字普惠金融对农村产业融
合的影响机制不仅加大了社会各界对农村产业融合发展的支持力度，还为农村
金融和农业产业政策的制定提供了理论指导与现实依据，从而加快了乡村振兴
和城乡共同富裕目标的实现。

提高金融素养，加深金融认识。农村居民受金融意识缺乏等主观因素的影
响，易导致数字普惠金融的惠农政策难以落实。因此，提高农户的金融素养、
金融需求和被服务的意愿，是数字普惠金融赋能农村产业融合的前提。

促进资源配置，提升融合效率。数字普惠金融的蓬勃发展吸引着越来越多

的金融机构和资本进入广袤的农村土地，为农村产业带来更精准、更个性化的金融服务。数字普惠金融通过拓宽融资渠道、降低融资成本和增强金融服务可得性等方式促进了农村产业的资源配置。这些服务不仅实现了农村各产业间资源的优化配置与高效流通，还通过激发技术创新活力、加速产业升级步伐、优化产业结构布局以及促进生产要素的自由流动，显著提升了农村产业的融合效率与深度，推动了农村产业的融合发展进程，促进了农村经济的全面繁荣和乡村振兴战略的深度落实。

助推金融体系，促进产业发展。本书从多个角度出发，深入探讨了数字普惠金融对农村产业融合的影响效应和影响机制。一方面，有助于构建适应现代产业融合发展需求的金融生态体系，更好地发挥我国数字普惠金融优势，推动农村产业融合实现高质量发展；另一方面，为我国农村产业实现差异化、特色化、高质量的融合发展和打造独具中国特色的"产业融合特色高地"提供了宝贵的参考价值。

1.2　研究目标与研究内容

1.2.1　研究目标

随着数字技术深入到金融领域，数字普惠金融应运而生。它借助数字技术为农村居民提供支付、信贷、投资等金融服务，有效弥补了传统金融服务"三农"的不足。目前，有学者在金融支持农村产业融合发展方面虽然取得了较为丰富的成果，然而，鉴于数字普惠金融出现时间较短，相关研究仍有待进一步丰富。当前，数字普惠金融影响农村产业融合发展的相关讨论多是理论和案例分析，在实证研究方面还需进一步丰富。发展数字普惠金融是否能有效促进农村产业融合发展？数字普惠金融促进农村产业融合发展的影响机制有哪些？数字普惠金融对农村产业深度融合的影响是否存在溢出效应？本书基于以上问题，展开研究。

1.2.2　研究内容

根据如图 1-1 所示的技术路线，本书具体结构安排如下：

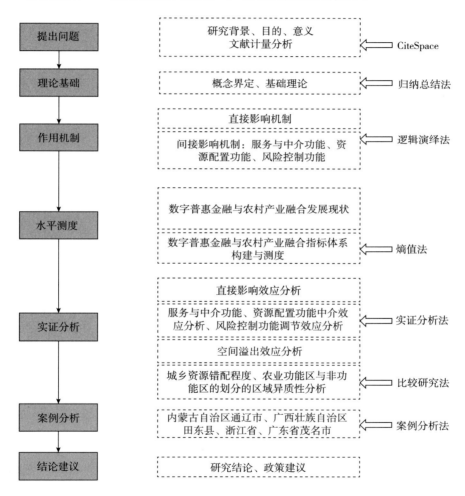

图 1-1　本书的技术路线

第 1 章为绪论。绪论是本书的提纲挈领。通过对研究背景与研究意义的详细阐述，清晰地勾勒出整体研究内容及框架，并详细说明所采用的研究方法，凸显出本书的创新点。

第 2 章为文献综述与述评。将文献进行 CiteSpace 文献计量分析，依据关键词贡献图谱的研究结论，选取该领域中研究较多的主题进行系统的归纳，对国内外关于数字普惠金融与农村产业融合的研究现状与发展动向进行了整理，以期全面把握该领域的学术进展。并综合以上文献，对研究现状进行评述，找出目前研究的不足之处，从而明确了本书后续的研究方向。

第 3 章为概念界定与理论基础，共分为三个部分。第一部分，对数字普惠金融与农村产业融合进行概念界定，以确定本书的研究对象；第二部分，对数字普惠金融、农村产业融合等相关基础理论进行阐述和分析，为后文的机理分析和模型构建提供理论支撑；第三部分，进行理论分析与研究假设。进一步探讨了数字普惠金融对农村产业融合的影响机理，深入分析了数字普惠金融对农村产业融合影响效应和影响机制的潜在理论逻辑。主要表现为数字普惠金融能够凭借强化金融可得、吸引要素集聚、激发主体活力三点优势影响农村产业融合，从而为三产融合赋能。同时，金融服务与中介功能、资源配置功能的发挥则在数字普惠金融促进农村产业融合发展的过程中起到中介作用，风险控制功能的发挥在这一过程中起到调节作用。在此基础上，考虑了空间溢出效应对二者的影响，提出了相关研究假设，为后续实证研究指明方向。

第 4 章为我国数字普惠金融发展现状与水平测度。首先，介绍了数字普惠金融的发展历程与现状。发展历程主要分为"微型金融"和普惠金融两大阶段，现状主要从政策支持、平台优势、规模扩大、形势复杂四个方面进行分析总结。其次，介绍了针对数字普惠金融发展水平的指标体系构建与测度。再次，从金融供求、产品创新、风险监管、金融素养四个方面对我国目前数字普惠金融发展存在的问题进行剖析。最后，从发达国家和发展中国家中归纳总结数字普惠金融发展的国际经验与启示。

第 5 章为我国农村产业融合发展现状与水平测度。首先，介绍了农村产业融合发展历程。发展历程主要从初创期、发展期、深化期这三个阶段进行叙述。发展现状主要介绍农业多功能拓展发展现状、农业服务业融合发展现状以及农业新业态培育现状。其次，介绍了农村产业融合发展水平的指标体系构建与测度。最后，从产业结构、农业基础、利益联结等方面指出目前我国农村产业融合发展存在的问题。

第 6 章为数字普惠金融影响农村产业融合发展的实证分析。通过实证检验了数字普惠金融对农村产业融合的直接效应及其三个子维度的分项影响效应。首先，基于金融功能视角，深入探讨了三种金融功能在数字普惠金融对农村产业融合影响这一过程的作用机制以及存在的调节作用。其次，进一步从城乡资源错配程度、农业功能区与非功能区的划分等方面，实证研究了数字普惠金融对农村产业融合的区域异质性特征。最后，利用空间模型实证检验了是否存在空间溢出效应及其效应分解、效应边界状况。

第 7 章为数字普惠金融助力农村产业融合发展典型案例分析。选取了四个经典案例进行分析：一是内蒙古自治区通辽市："互联网+"赋能肉牛产业链金融。二是广西壮族自治区田东县：征信大数据与农村数字金融的有效结合。三是浙江省：全周期高效率的数字化农业保险服务。四是广东省茂名市：金融活水润泽荔枝产业全链。四个经典案例主要从案例背景、案例内容、案成效分析、案例启示四个方面展开深度分析。

第 8 章为研究结论与对策建议。根据前面的理论和实证分析得出了数字普惠金融对农村产业融合影响研究的相关结论。在此基础上，有针对性地对基础设施、产品服务、风险监管、生态建设四个方面提出了一系列可行性的政策建议，旨在优化数字普惠金融的服务模式、加强政策引导和监管，推动农村产业融合的发展。

1.3　研究方法与研究创新

1.3.1　研究方法

在深入研究"数字普惠金融发展对农村产业融合的影响"时，本书综合运用了多种研究方法，力求全面而准确地揭示两者之间的互动关系及其内在机制。

1.3.1.1 归纳总结法

归纳总结法被用于系统梳理和评估现有数字普惠金融与农村产业融合的相关文献，从而了解研究现状。通过深入挖掘和分析数字普惠金融与农村产业融合的相关文献，本书不仅掌握了当前研究的背景和学者们的主要研究成果，还筛选出与本书研究视角高度契合的文献作为研究基础。重点关注已有的机制分析、研究方法和研究结论，从理论研究和实证研究两个角度对相关文献进行整理、总结和归纳，并有针对性地展开文献评述。在此基础上，总结目前研究的不足，寻找创新点，为后续研究的深入探讨提供了丰富的背景信息和坚实的理论基础。

1.3.1.2 逻辑演绎法

本书运用逻辑演绎法，从问题的本质出发，探求其背后的作用机制，为后续展开的实证研究提供了理论依据。通过结合数字普惠金融及农村产业融合相关理论，对数字普惠金融影响农村产业融合的理论基础进行深入分析，厘清二者之间的逻辑传导机制和关系，从而更加科学地解释数字普惠金融对农村产业融合的影响。

1.3.1.3 实证分析法

实证分析侧重于学科和社会的基本现实，结合经验对相关案例进行理论推理、定性定量分析等。本书以数字普惠金融与农村产业融合等理论为基础，运用熵权 TOPSIS 法（Technique for Order Preference by Similarity to an Ideal Solution）成功测度了农村产业融合水平的总指标，为后续的实证回归提供了可靠的数据基础。同时，利用双向固定效应模型进行了总样本和分区域的实证回归分析。以中介效应和调节效应模型进一步揭示了数字普惠金融对农村产业融合的作用机制。最后，运用空间杜宾模型有效检验了数字普惠金融对邻近地区农村产业融合的空间溢出效应。这些实证分析方法的运用增强了研究的科学性和可靠性。

1.3.1.4 比较研究法

比较研究法是一种研究和判断物体之间相似性或不相似程度的方法。通过不同条件的对比，寻找研究对象的普遍规律是其主要特点。本书采用了比较研究法来深入探究数字普惠金融推动农村产业融合的区域异质特征。具体而言，从城乡资源错配程度和农业功能区划分两个视角出发，对数字普惠金融在农业部门与非农业部门、农业功能区与非农业功能区产生的不同影响进行了比较分析。这种比较分析方法不仅有助于揭示数字普惠金融在不同区域和不同产业部门中的差异化作用，还为政策的制定提供了具体方向。

1.3.1.5 案例分析法

案例分析法是一种通过对有代表性的事物（现象）进行深入、周密的研究，从而获得总体认知的科学分析方法。本书选取了内蒙古自治区通辽市、广西壮族自治区田东县、浙江省、广东省茂名市四个地区在数字普惠金融推动农村产业融合发展的成功案例，剖析了四个案例能够产生显著成效的原因，为后续各地区推动数字普惠金融与农村产业深度融合发展提供了现实依据。

1.3.2 研究创新

目前，以数字普惠金融和农村产业融合为主题的研究集中在理论分析层面，主要在数字普惠金融和农村产业融合的发展现状以及所面临的现实困境、数字普惠金融推动农村产业融合的实践模式与突破路径等方面进行了归纳和分析。还缺乏一定的实证研究，导致相应的实证支持不足。因此本书主要从影响效应、影响机制、异质性和溢出性几个方面进行实证研究，具体创新点如下：

1.3.2.1 研究机制更创新

学术界关于数字普惠金融对农村产业融合影响机制的理论分析大都是基于已有研究的逻辑推演，聚焦于信贷约束、科技创新和农村创业等方面，从金融功能出发的研究尚欠缺，较少学者关注数字普惠金融影响农村产业融合过程中的调节作用。因此，本书基于金融功能理论，选取了体现金融功能的三个方面，即金融服务与中介功能、资源配置功能和风险控制功能，来分析金融功能在数字普惠金融推动农村产业融合过程中的中介作用和调节作用，并建立中介和调节效应模型进行研究验证。研究发现，金融服务与中介功能和资源配置功能在数字普惠金融促进农村产业融合发展的过程中具有显著的中介效应，同时风险控制功能在这一过程中具有调节作用，这进一步拓展和丰富了相关研究。

1.3.2.2 指标构建更全面

农村产业融合是一个涉及多层面、宽领域的复杂系统工程。因此，对其发展水平进行科学、精确的测评显得尤为关键。当前，已有研究大多是针对特定融合类型或阶段进行指标体系构建，在普适性上存在一定局限性。本书综合了以往学者对于农村产业融合综合评价指标体系的构建，并在此基础上进行了完善创新，能够更好地测度农村产业融合发展水平。本书构建了一套涵盖初级生产、加工增值和经济效益转化等全链条的综合性评价指标，能够更加全面地反映我国农村产业融合水平。

1.3.2.3 实证分析更深入

本书进一步考虑了城乡资源错配程度、农业功能区划分等因素，将全国样本细分为不同的区域子样本，深入研究了数字普惠金融对农村产业融合的区域异质特征。此外，从空间溢出视角出发，验证了数字普惠金融对农村产业融合的溢出效应。实证分析更为深入，更加有利于本地区以及区域协同发展过程中数字普惠金融推动农村产业融合的实践应用。

1.3.2.4 案例分析更完善

本书选取了四个数字普惠金融促进农村产业融合发展的代表性案例，深入分析内蒙古自治区通辽市、广西壮族自治区田东县、浙江省、广东省茂名市进行数字普惠金融促进农村产业融合发展的实际做法，探讨其成功的经验与启示。

2 文献综述与述评

2.1 数字普惠金融的相关研究

本书运用 CiteSpace 中的共现图谱来分析该领域的研究热点及前沿信息，选取 CNKI（China National Knowledge Infrastructure）中以"数字普惠金融"为题目的文献进行分析，归纳总结出目前数字普惠金融领域主要开展的研究，有效文献共 5195 篇。关键词共现是指不同的关键词出现在同一文献内，共现频率越高表明不同关键词之间展现主题间的联系越紧密。如图 2-1 所示，目前数字普惠金融领域的研究主题已经较为全面且丰富，数字普惠金融与其他关键词均有共现关系，主要体现在数字普惠金融与乡村振兴、数字普惠金融与城乡收入差距、数字普惠金融与高质量发展、数字普惠金融与产业结构升级、数字普惠金融与农民收入等方面的研究。从共现图谱来看，这些关键词同时也是重要的枢纽节点，因此归纳整理出数字普惠金融的评价指标体系、数字普惠金融的宏观影响效应和微观影响效应这三个研究主题进行文献综述。

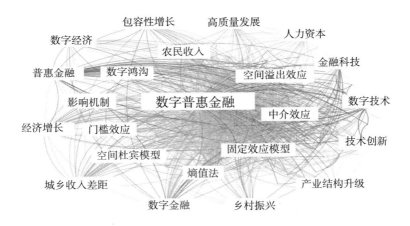

图 2-1　数字普惠金融领域研究的关键词共现图谱

2.1.1　数字普惠金融的评价指标体系

探索数字普惠金融既要从理论角度出发，也要构建一个能够科学评估其发展水平的指标体系。对数字普惠金融发展水平的科学测算是本书研究领域的重要一环。与传统的普惠金融概念类似，数字普惠金融也具有多维度特性（杨雯雯，2024）[①]。因此，为了准确衡量其发展状况，构建一个多维度的指标体系势在必行。当前已有学者针对数字普惠金融的发展水平构建指标体系并进行测度评价，主要可以归纳为以下几个方面：一是依托数字技术，选取数字金融指标来构建数字普惠金融指标体系。数字普惠金融是在数字金融和普惠金融的基础上逐步演进而来的。为了全面评估其发展水平，可以将创新的数字金融指标融入到传统的普惠金融指标中（成学真和龚沁宜，2020）[②]。Manyika 等（2016）从互联网普及率、智能手机持有情况、农村人口与 3G 网络覆盖面的关联等多个维度，全面地评估新兴国家数字普惠金融的发展状况[③]。北京大学

①　杨雯雯. 数字普惠金融对我国农村产业融合的影响研究［D］. 山东财经大学硕士学位论文，2024.

②　成学真，龚沁宜. 数字普惠金融如何影响实体经济的发展——基于系统 GMM 模型和中介效应检验的分析［J］. 湖南大学学报（社会科学版），2020，34（3）：59-67.

③　Manyika J，Lund S，Singer M，et al. Digital finance for all：Powering inclusive growth in emerging economies［R］. America：Mckinsey Global Institute，2016.

数字金融研究中心依托智能算法、大数据处理和云计算技术编制了一份数字普惠金融指数。该指数主要由数字金融覆盖广度、使用深度以及数字化程度三大核心构成，并细分为 33 个具体指标。这份指数因其权威性和详尽性，已成为众多研究的重要参考依据。二是从数字支付视角构建的指标体系。刘锷（2017）[1] 和黄影秋（2019）[2] 从数字支付的视角构建县域数字支付评价体系、利用熵值法计算省域数字普惠金融指数、利用贫困指数和 FGT（Fester-Greer-Thorbecke）指数测算数字普惠金融的发展程度。三是在北京大学数字普惠金融指标体系的基础上构建的指标体系。葛和平和朱卉雯（2018）在覆盖广度和使用深度两个维度的基础上，选择数字服务支持维度来衡量我国数字普惠金融发展[3]。冯兴元等（2021）从服务广度、服务深度和服务质量三个层面构建 2017~2019 年县域数字普惠金融的发展水平[4]。宫攀和孟书宇（2024）从发展性、需求性、潜在性、数字性和指数性五个维度来构建农村数字普惠金融指标体系[5]。这几位学者对我国数字普惠金融的测度进行了细分及丰富。

2.1.2　数字普惠金融的宏观影响效应

目前，已有众多学者研究数字普惠金融的影响效应。宏观层面主要是从国家整体视角来研究数字普惠金融的影响，包括数字普惠金融对乡村振兴、经济高质量发展、城乡收入差距、产业结构升级、共同富裕等方面的影响。第一，数字普惠金融对乡村振兴的影响。研究主要侧重于直接影响以及空间溢出效应，还有部分学者研究区域异质性以及影响机制。在直接影响研究方面，方秀丽（2019）认为，数字普惠金融提供的便捷性对乡村产业的发展具有重要作

① 刘锷.数字普惠金融的县域测度——基于数字支付的视角［J］.西部金融，2017（8）：7-12.
② 黄影秋.数字普惠金融对城乡收入差距的减缓效应［J］.河北金融，2019（4）：25-30.
③ 葛和平，朱卉雯.中国数字普惠金融的省域差异及影响因素研究［J］.新金融，2018（2）：47-53.
④ 冯兴元，孙同全，董翀，等.中国县域数字普惠金融发展：内涵、指数构建与测度结果分析［J］.中国农村经济，2021（10）：84-105.
⑤ 宫攀，孟书宇.农村数字普惠金融：指标评价体系、地区差距及时空演进［J］.山东财经大学学报，2024，36（3）：65-78.

用①。刘锦怡和刘纯阳（2020）认为数字普惠金融的运用能有效降低农户和中小规模农业企业面临的信贷成本和风险②。田霖等（2022）研究发现数字普惠金融对乡村振兴的影响是积极的③。谢地和苏博（2021）利用静态空间计量方法证实数字普惠金融对我国乡村振兴发展的正面影响④。谭燕芝等（2021）证实数字普惠金融与乡村振兴之间有着紧密的耦合和协同作用⑤。康书生和杨娜娜（2022）认为，乡村产业振兴水平分区域态势，数字普惠金融对乡村振兴的影响作用也是正向的⑥。徐伟祁等（2023）认为，数字普惠金融对乡村产业振兴具有促进作用⑦。在空间溢出效应研究方面，崔惠民和王志豪（2022）构建空间杜宾模型来研究数字普惠金融对乡村振兴的影响，结果表明数字普惠金融对乡村振兴的影响具有显著的空间溢出效应⑧。孟维福等（2023）采用空间杜宾模型，对数字普惠金融在推动乡村振兴和发展中的作用进行深入研究⑨。在区域异质性以及影响机制研究方面，金婧（2022）的研究表明，数字普惠金融对乡村产业振兴产生的影响在不同地区表现出显著的差异性⑩。马亚明和周璐（2022）研究发现，数字普惠金融能促进创业和创新从而推动乡村振兴

---

① 方秀丽．乡村振兴视角下数字普惠金融发展策略［J］．商讯，2019（16）：30+32.

② 刘锦怡，刘纯阳．数字普惠金融的农村减贫效应：效果与机制［J］．财经论丛，2020（1）：43-53.

③ 田霖，张园园，张仕杰．数字普惠金融对乡村振兴的动态影响研究——基于系统GMM及门槛效应的检验［J］．重庆大学学报（社会科学版），2022，28（3）：25-38.

④ 谢地，苏博．数字普惠金融助力乡村振兴发展：理论分析与实证检验［J］．山东社会科学，2021（4）：121-127.

⑤ 谭燕芝，李云仲，叶程芳．省域数字普惠金融与乡村振兴评价及其耦合协同分析［J］．经济地理，2021，41（12）：187-195+222.

⑥ 康书生，杨娜娜．数字普惠金融发展促进乡村产业振兴的效应分析［J］．金融理论与实践，2022（2）：110-118.

⑦ 徐伟祁，李大胜，魏滨辉．数字普惠金融对乡村产业振兴的影响效应与机制检验［J］．统计与决策，2023，39（16）：126-131.

⑧ 崔惠民，王志豪．数字普惠金融助力乡村振兴的影响机理与空间效应［J］．合肥工业大学学报（社会科学版），2022，36（3）：1-11.

⑨ 孟维福，李莎，刘婧涵，等．数字普惠金融促进乡村振兴的影响机制研究［J］．经济问题，2023（3）：102-111.

⑩ 金婧．共同富裕背景下数字普惠金融对乡村产业振兴的影响——基于省域面板数据的实证［J］．商业经济研究，2022（4）：177-180.

发展①。数字普惠金融助力乡村振兴发展的相关研究主要聚焦于减贫效应、农民收入等问题，关于实施路径和影响机制的研究较多。数字普惠金融能够通过提高农民收入（周林洁等，2022)②、减少居民消费（曾福生和郑洲舟，2021)③ 等路径减少相对贫困。从区域来看，中西部地区数字普惠金融发展对农村地区减贫效应的边际贡献比东部地区大（陈慧卿等，2021)④。总的来说，数字普惠金融主要通过两个途径来促进乡村振兴：一是通过缓解乡村融资约束，促进乡村产业振兴发展（王亮和昝琳，2023)⑤。例如，数字普惠金融通过增加乡村信贷供给（许月丽等，2022；杨彩林等，2022)⑥⑦、实现信用评级（陈亚军，2022)⑧ 解决农户的硬性融资约束、提升农村创业活跃度（孟维福等，2023；马亚明和周璐，2022)⑨⑩ 等路径推动乡村振兴。二是通过增加农民收入，促进乡村振兴发展。数字普惠金融能有效减缓乡村消费贫困和收入贫困（曾福生和郑洲舟，2021)⑪，从而更好赋能乡村振兴。第二，数字普惠金融对经济高质量发展的影响。学术界就数字普惠金融对经济高质量发展的影响已经从多角度展开研究，主要有理论层面、直接影响层面以及影响机制层面。基于理论层面，何宏庆（2019）提出数字普惠金融契合经济高质量发展的要求，已成

①⑩ 马亚明，周璐．基于双创视角的数字普惠金融促进乡村振兴路径与机制研究［J］．现代财经（天津财经大学学报)，2022，42（2）：3-20.

② 周林洁，韩淋，修晶．数字普惠金融如何助力乡村振兴：基于产业发展的视角［J］．南方金融，2022（4）：70-78.

③⑪ 曾福生，郑洲舟．多维视角下农村数字普惠金融的减贫效应分析［J］．农村经济，2021（4）：70-77.

④ 陈慧卿，陈国生，魏晓博，等．数字普惠金融的增收减贫效应——基于省际面板数据的实证分析［J］．经济地理，2021，41（3）：184-191.

⑤ 王亮，昝琳．数字普惠金融对乡村振兴的影响研究［J］．金融理论与实践，2023（4）：77-87.

⑥ 许月丽，孙昭君，李帅．数字普惠金融与传统农村金融：替代抑或互补？——基于农户融资约束放松视角［J］．财经研究，2022，48（6）：34-48.

⑦ 杨彩林，李雯雅，曹秋菊．数字普惠金融、农户信贷供给与城乡收入差距［J］．统计与决策，2022，38（12）：130-135.

⑧ 陈亚军．数字普惠金融促进乡村振兴发展的作用机制研究［J］．现代经济探讨，2022（6）：121-132.

⑨ 孟维福，李莎，刘婧涵，等．数字普惠金融促进乡村振兴的影响机制研究［J］．经济问题，2023（3）：102-111.

为推动经济高质量发展的重要驱动力①。胡庭法（2022）认为，数字普惠金融可以通过有效满足中小微企业的融资要求、推动产业结构升级、提高低收入者收入等方式促进经济高质量发展②。邴兴彩（2022）从数字普惠金融的特点和重要意义出发，认为数字普惠金融以其低成本、普及性和便捷性等优势助推经济高质量发展③。李三希和黄卓（2022）认为数字普惠金融可以通过数字普惠金融对融资约束的缓解作用来影响供给侧生产效率，从而推动经济高质量发展④。张玲等（2023）认为，数字普惠金融可以通过金融资源配置、消费增长、技术创新等机制推动经济高质量发展⑤。基于直接影响层面，学者们通过面板数据构建模型实证分析得知，数字普惠金融可以促进经济高质量发展（杨刚和张亨溢，2022)⑥，但是这种促进作用存在一定的网络技术门槛（蒋长流和江成涛，2020)⑦，且区域之间的促进效果差异明显，西部地区比东中部地区作用更加显著。滕磊和马德功（2020）认为，数字普惠金融显著促进了高质量发展⑧。徐铭等（2021）通过实证分析发现，数字普惠金融对于经济高质量发展的促进作用存在递减边际效应⑨，后续也有学者证明了数字普惠金融对经济高质量发展具有一定的阈值效应（贺健和张红梅，2020；杨艳芳

---

①　何宏庆．数字金融：经济高质量发展的重要驱动［J］．西安财经学院学报，2019，32（2）：45-51.

②　胡庭法．浅析数字普惠金融对经济高质量发展的影响［J］．全国流通经济，2022（11）：119-122.

③　邴兴彩．数字普惠金融对经济高质量发展的影响研究［J］．全国流通经济，2022（35）：137-140.

④　李三希，黄卓．数字经济与高质量发展：机制与证据［J］．经济学（季刊），2022，22（5）：1699-1716.

⑤　张玲，董成立，张伟伟．数字普惠金融对经济高质量发展的影响机制研究［J］．哈尔滨商业大学学报（社会科学版），2023（6）：20-30.

⑥　杨刚，张亨溢．数字普惠金融、区域创新与经济增长［J］．统计与决策，2022，38（2）：155-158.

⑦　蒋长流，江成涛．数字普惠金融能否促进地区经济高质量发展？——基于258个城市的经验证据［J］．湖南科技大学学报（社会科学版），2020，23（3）：75-84.

⑧　滕磊，马德功．数字金融能够促进高质量发展吗？［J］．统计研究，2020，37（11）：80-92.

⑨　徐铭，沈洋，周鹏飞．数字普惠金融对经济高质量发展的影响研究［J］．资源开发与市场，2021（9）：1080-1085.

等，2021)①②。在影响机制层面，周超和黄乐（2021）研究发现，数字普惠金融具备推动区域经济迈向高质量发展的能力，其关键在于通过改进资源配置、优化产品结构以及促进金融市场深化发展等方式来达成这一目标③。张蓉（2023）通过实证研究发现，数字普惠金融可以通过科技创新和提高消费水平来促进区域经济高质量增长④。蒋青松（2023）得出结论：产业结构升级、消费结构升级和进出口贸易在数字普惠金融促进经济高质量发展中都发挥着中介效应⑤。汪星（2024）认为，在数字普惠金融影响经济高质量发展的过程中，科技创新、产业结构升级和消费水平起到了一定的传导作用，并且表现为部分中介效应⑥。边亚静（2024）研究表明，提升技术创新和创业活跃度是数字普惠金融促进经济高质量发展的重要机制，且数字普惠金融推动经济高质量发展过程中存在单一门槛效应，且技术创新与创业活跃度能够动态强化二者的促进作用⑦。第三，数字普惠金融对城乡收入差距的影响。数字普惠金融会对农村居民的收入水平以及乡村振兴、推动国家经济发展等方面产生影响，而低收入群体的收入水平是城乡收入差距过大的影响因素之一。国内学者主要从城乡收入分配和小微企业收入等视角展开研究。一方面从金融排斥角度展开研究，证实农村地区的金融排斥上升会扩大城乡收入差距；另一方面数字普惠金融对城乡收入差距具有收敛作用，可有效缩小城乡收入差距（梁双陆和刘培培，2019)⑧。其

① 贺健，张红梅．数字普惠金融对经济高质量发展的地区差异影响研究——基于系统 GMM 及门槛效应的检验［J］．金融理论与实践，2020（7)：26-32.

② 杨艳芳，詹俊岩，胡艳君．数字普惠金融对经济高质量发展的影响研究［J］．科技促进发展，2021，17（5)：838-845.

③ 周超，黄乐．数字普惠金融对区域经济高质量发展的影响研究［J］．价格理论与实践，2021（9)：168-172.

④ 张蓉．数字普惠金融对区域经济高质量发展的影响研究——以泰安市为例［J］．中国农业会计，2023，33（22)：115-117.

⑤ 蒋青松．数字普惠金融能促进经济高质量发展吗？——基于国内国际双循环的分析视角［J］．现代金融，2023（6)：34-41.

⑥ 汪星．数字普惠金融赋能经济高质量发展［D］．内蒙古财经大学博士学位论文，2024.

⑦ 边亚静．数字普惠金融促进经济高质量发展机制与效应研究［D］．河北经贸大学博士学位论文，2024.

⑧ 梁双陆，刘培培．数字普惠金融与城乡收入差距［J］．首都经济贸易大学学报，2019，21（1)：33-41.

中覆盖广度对城乡收入差距缩小的作用最大（张子豪和谭燕芝，2018）①，同时，各地区缓解城乡收入差距处于跨区域技术共享阶段（殷贺等，2020）②。数字普惠金融的发展应用使农民有更多机会获得金融资源，有利于增加其经营性收入，进而缩小与城镇居民的收入差距（曾之明，2018）③。在国外学者对数字普惠金融与城乡收入差距的影响关系中，Ouma 等（2017）以撒哈拉以南非洲地区为例，通过对利用手机进行金融服务能否促进储蓄等方面的研究，发现普惠金融在这一数字化技术形式下扩展了其服务领域，从而促进了居民的储蓄，尤其是低收入人群在金融服务的获取④。Abor 等（2018）以加纳居民生活为样本，研究结果显示，与普惠金融相结合的手机和数码技术的广泛应用，大大降低了家庭贫穷的概率，提高了低收入家庭的生活标准，进而缩小了两者间的差距⑤。第四，数字普惠金融对产业结构升级的影响。Aghion 等（2005）指出，金融服务的运行效率、供给规模与结构的合理化，不仅有助于缩小地区间的科技差距，更能有效地推动产业结构的升级换代⑥。在当今数字化浪潮下，数字普惠金融的普及和深化，有效提升了金融服务的触达，为产业结构升级注入了新活力，成为产业结构升级的良性催化剂（Bruhn and Love，2014）⑦。学者们主要聚焦于理论分析、直接影响以及异质性的研究。一部分文章通过理论分析及研究结论指出，消费驱动和创新激励是数字普惠金融促进产业结构升级的主要传导渠道（唐文进等，2019；杜金岷等，2020；

---

① 张子豪，谭燕芝. 数字普惠金融与中国城乡收入差距——基于空间计量模型的实证分析 ［J］. 金融理论与实践，2018（6）：1-7.

② 殷贺，江红莉，张财经，等. 数字普惠金融如何响应城乡收入差距？——基于空间溢出视角的实证检验 ［J］. 金融监管研究，2020（9）：33-49.

③ 曾之明. 论数字普惠金融发展对城乡居民收入差距影响 ［J］. 商学研究，2018，25（5）：54-62.

④ Ouma S A, Odongo T M, Were M. Mobile financial services and financial inclusion：Is it a boon for savings mobilization? ［J］. Review of Development Finance，2017，7（1）：29-35.

⑤ Abor J Y, Amidu M, Issahaku H. Mobile telephone, financial inclusion and inclusive growth ［J］. Journal of Business，2018，19（3）：430-453.

⑥ Aghion P, Howitt P, Mayer-Foulkes D. The effect of financial development on convergence：Theory and evidence ［J］. The Quarterly Journal of Economics，2005，120（1）：173-222.

⑦ Bruhn M, Love I. The real impact of improved access to finance：Evidence from Mexico ［J］. The Journal of Finance，2014，69（3）：1347-1376.

Ren et al.，2023)①②③。在直接影响的研究中，大量学者通过实证研究直接验证了数字普惠金融对产业结构升级存在显著促进作用这一结论（杨虹和王乔冉，2021；刘毛桃等，2023；司增绰等，2024)④⑤⑥。异质性研究主要是区域异质性以及行业异质性的研究，在区域异质性层面，数字普惠金融对于东部地区产业结构升级的促进效果弱于中西部地区（林炳华和陈景纳，2022)⑦，对于资源型城市的影响弱于非资源型城市（刘毛桃等，2023)⑧，而在行业异质性层面，数字普惠金融也对三次产业展现出不同的影响。在农业领域，数字普惠金融能够显著促进现代农业经济发展和农业产业结构调整，但对农业领域的覆盖和渗透仍需进一步加强（田娟娟和马小林，2020)⑨。在工业领域，数字普惠金融当前主要促进中低端制造业产业结构的发展，对高端制造业产业结构的发展反而产生了一定的抑制作用（涂强楠和何宜庆，2021)⑩。在服务业领域，数字普惠金融在流通产业的深度赋能可以对产业质效提升与结构优化形成有效的支撑作用，从而助力流通产业实现高质量发展（琚亮和俞乃畅，2023)⑪。第五，数字普惠金融对共同富裕的影响，当前研究主要从理论层面、直接影响及影响机制

①　唐文进，李爽，陶云清．数字普惠金融发展与产业结构升级——来自283个城市的经验证据［J］．广东财经大学学报，2019，34（6）：35-49.

②　杜金岷，韦施威，吴文洋．数字普惠金融促进了产业结构优化吗？［J］．经济社会体制比较，2020（6）：38-49.

③　Ren X，Zeng G，Gozgor G．How does digital finance affect industrial structure upgrading? Evidence from Chinese prefecture-level cities［J］．Journal of Environmental Management，2023（330）：117125.

④　杨虹，王乔冉．数字普惠金融对产业结构升级的影响及机制研究［J］．投资研究，2021，40（9）：4-14.

⑤⑧　刘毛桃，方徐兵，何启志．数字普惠金融能促进中国城市产业结构的升级吗？［J］．经济问题探索，2023（5）：140-157.

⑥　司增绰，曹露玉，张义．数字普惠金融助推产业结构升级的效果与机制研究［J］．首都经济贸易大学学报，2024，26（2）：19-32.

⑦　林炳华，陈景纳．数字普惠金融的产业结构升级效应及空间差异［J］．福建论坛（人文社会科学版），2022（5）：76-86.

⑨　田娟娟，马小林．数字普惠金融推动农业转型升级的效应分析——基于省际面板数据的实证［J］．征信，2020，38（7）：87-92.

⑩　涂强楠，何宜庆．数字普惠金融、科技创新与制造业产业结构升级［J］．统计与决策，2021，37（5）：95-99.

⑪　琚亮，俞乃畅．数字普惠金融对流通业发展的影响研究——"数字鸿沟"的调节作用［J］．商业经济研究，2023（3）：27-30.

三个方面展开。从理论层面来看，祝嘉良等（2022）阐述了消费、就业、信贷成为数字经济赋能共同富裕的关键路径①；张新月等（2022）指出，数字普惠金融对社会经济增长效率与分配公平的影响受到信息化与普惠化的共同作用。这是由于数字普惠金融是数字化信息技术与普惠金融业务相融合的产物这一显著特征而引起的②；刘思阳（2023）在促进经济高质量发展、创造社会财富、共享发展成果以此成为助推共同富裕新动能，是从数字普惠金融具有的协同性、溢出性及普惠性特征表现出来的③。邹克和倪青山（2021）分析了劳动分工与就业效应、经济包容增长效应以及创新作用是数字普惠金融促进共同富裕的作用机理④。从直接影响层面来看，数字普惠金融通过金融支持更好地将资金运用到农村建设中（陈锡文，2018），激发农村居民创业活力，增强农户获取资源信息的能力，提高农户收入，扩大共同富裕效应⑤。同时能够通过信息化推动农业现代化、产业化，拓宽致富渠道（姜美善和梁泰源，2023）⑥。从影响机制层面来看，数字普惠金融通过提升创业活跃度（张金林等，2022；明雷等，2023；杨玉文和张云霞，2023）⑦⑧⑨、乡村产业融合（申云和李京蓉，2023）⑩、乡村

① 祝嘉良，纪洋，陈少华，等.数字经济与共同富裕［J］.中国经济问题，2022（2）：1-13.
② 张新月，师博，甄俊杰.高质量发展中数字普惠金融促进共同富裕的机制研究［J］.财经论丛，2022（9）：47-58.
③ 刘思阳.数字普惠金融助力共同富裕的现实困境与进路窥探［J］.学理论，2023（2）：92-96.
④ 邹克，倪青山.普惠金融促进共同富裕：理论、测度与实证［J］.金融经济学研究，2021，36（5）：48-62.
⑤ 陈锡文.实施乡村振兴战略，推进农业农村现代化［J］.中国农业大学学报（社会科学版），2018，35（1）：5-12.
⑥ 姜美善，梁泰源.传统金融与数字普惠金融的减贫增收效应：差异性与互补性［J］.广东财经大学学报，2023，38（5）：57-74.
⑦ 张金林，董小凡，李健.数字普惠金融能否推进共同富裕？——基于微观家庭数据的经验研究［J］.财经研究，2022，48（7）：4-17+123.
⑧ 明雷，马寅虎，张鑫然，等.数字普惠金融对共同富裕的影响研究——来自地级市的经验证据［J］.投资研究，2023，42（10）：44-61.
⑨ 杨玉文，张云霞.数字普惠金融、创业活力与共同富裕［J］.中南民族大学学报（人文社会科学版），2023，43（6）：129-138+186.
⑩ 申云，李京蓉.数字普惠金融助力乡村产业融合发展的共富效应及空间分异［J］.华南农业大学学报（社会科学版），2023，22（4）：82-95.

产业振兴（杨慧和李波，2023）①、居民消费和技术创新（李创亮，2024）②
等方面能促进共同富裕的实现。但数字鸿沟会降低机制的影响（尹应凯和陈
乃青，2022；郭恒泰等，2023）③④。有部分研究在共同富裕的某一层面上展
开。Li 等（2022）论证了数字普惠金融与共同富裕之间的协调性，并得出对
缩小区域经济差距具有重要意义⑤。Zhang 等（2022）利用双向固定效应模型
发现数字普惠金融是缩小城乡差距、促进共同富裕的重要途径⑥。Zhou
（2022）基于新经济地理学视角，表明数字经济为缓解区域发展的不平衡与不
和谐提供了解决方案，并在一定程度上促进了共同繁荣的进程⑦。刘心怡等
（2022）通过实证研究得出对于促进共同富裕的作用效果，在提升收入以及
缩小城乡发展差距方面上数字普惠金融的表现更为明显⑧。何文彬和王珂凡
（2023）在空间层面上分析出数字普惠金融对共同富裕具有正向的空间溢出
效应，但这种促进作用因市场化水平的不同具有显著的门槛效应⑨。

2.1.3　数字普惠金融的微观影响效应

同时，学术界也有大量学者的研究侧重于数字普惠金融的微观影响效应。
微观层面主要是从个体、家庭、企业视角来研究数字普惠金融的影响，包括数

①　杨慧，李波．数字普惠金融促进共同富裕的效应与机制——基于地级市面板数据的实证分析
［J］．北方民族大学学报，2023（6）：145−156.
②　李创亮．数字普惠金融促进共同富裕的作用机制及区域异质性研究［D］．兰州财经大学博士学
位论文，2024.
③　尹应凯，陈乃青．数字普惠金融、数字鸿沟与共同富裕——基于新结构经济学的视角［J］．
上海大学学报（社会科学版），2022，39（6）：13−31.
④　郭恒泰，石福安，吴玉彬．数字普惠金融、非农就业与共同富裕［J］．会计之友，2023
（21）：81−88.
⑤　Li Y，Hu M，Zhao Y. Research on coordination of digital economy and common prosperity in Zhejiang
Province based on entropy weight TOPSIS and coupling mechanism［J］. Acad. J. Bus. Manag. 2022，4.
⑥　Zhang J，Dong X，Li J. Can digital inclusive finance promote common prosperity? An empirical study
based on micro household data［J］. Finance Econ，2022，48（7）：4−17.
⑦　Zhou M. The digital economy and the regional economic gap：An inverted U−shaped Intelligent Syst，
2022，1（1）：53−61.
⑧　刘心怡，黄颖，黄思睿，等．数字普惠金融与共同富裕：理论机制与经验事实［J］．金融
经济学研究，2022，37（1）：135−149.
⑨　何文彬，王珂凡．数字普惠金融对我国共同富裕的影响研究［J］．征信，2023，41（2）：74−80.

字普惠金融对居民消费、居民收入、居民创业、技术创新等方面的影响。第一，数字普惠金融对居民消费的影响。目前，针对居民消费相关的研究主要集中于对居民消费结构和居民消费水平的影响。关于数字普惠金融对居民消费结构的直接影响以及消费结构的细化研究，目前的研究结论普遍印证了数字普惠金融的发展显著促进了居民消费结构升级（朱春梅，2021；宗诗淇，2021；赵文博，2022；魏姝婷，2022；安强身等，2023；林振涛，2023；黎月，2024）①②③④⑤⑥⑦。对于居民消费结构的细化研究方面，研究表明数字普惠金融的发展显著促进居民的发展型和享受型的支出占比（钱一嘉，2021；李浩杰，2022；焦晋鹏和李纯昊；2024）⑧⑨⑩，抑制居民生存型消费（张幸，2020；张林等，2024）⑪⑫。还有一些学者研究非线性影响及空间溢出效应，杜家廷等（2022）研究表明数字普惠金融对中国农村居民消费结构升级的促进作用主要呈现为"边际递增"和倒"S"形非线性形态⑬。唐旋皓（2022）得出数字普惠金融发展对农村消费结构升级具有正向的空间溢出效应的结论⑭。对于数字普惠金融对居民消费

① 朱春梅．数字普惠金融对居民消费结构的影响研究［D］．南昌大学硕士学位论文，2021.

② 宗诗淇．数字普惠金融对居民消费结构的影响研究［D］．湖南大学硕士学位论文，2021.

③ 赵文博．数字普惠金融对居民消费结构的影响研究［D］．天津财经大学硕士学位论文，2022.

④ 魏姝婷．数字普惠金融对居民消费结构的影响研究［J］．中国管理信息化，2022，25（24）：87-89.

⑤ 安强身，刘俊杰，李文秀．数字普惠金融与居民消费结构升级：作用机制与经验证据［J］．云南财经大学学报，2023，39（3）：1-23.

⑥ 林振涛．数字普惠金融对居民消费结构的影响研究［D］．福建师范大学硕士学位论文，2023.

⑦ 黎月．数字普惠金融对居民消费结构升级的影响——以江苏省为例［J］．商业经济，2024（5）：175-178+193.

⑧ 钱一嘉．数字普惠金融对居民消费结构的影响分析［D］．上海财经大学硕士学位论文，2021.

⑨ 李浩杰．数字普惠金融发展对居民消费结构的影响机制研究［D］．上海财经大学硕士学位论文，2022.

⑩ 焦晋鹏，李纯昊．数字普惠金融对城乡居民消费结构的影响：理论机制、实证分析与政策建议［J］．商业经济研究，2024（4）：184-188.

⑪ 张幸．数字普惠金融对居民消费结构的影响研究［D］．上海财经大学硕士学位论文，2020.

⑫ 张林，张雯卿，温涛．数字普惠金融与城乡居民消费结构升级——基于拓展 AIDS 模型的实证研究［J］．数理统计与管理，2024：59-68.

⑬ 杜家廷，何勇，顾谦农．数字普惠金融对农村居民消费结构升级的非线性影响［J］．统计与信息论坛，2022，37（9）：63-74.

⑭ 唐旋皓．数字普惠金融对农村居民消费结构升级的空间效应研究［D］．湘潭大学硕士学位论文，2022.

水平的影响，主要侧重于研究直接影响及影响机制。大量研究表明，数字普惠金融能够显著促进居民消费水平的提升（肖远飞和张柯扬，2020；李玉婷，2021；黄亚玲，2021；蓝乐琴和杨卓然，2021；张艺和钟粤婷，2022；李建伟和崔传浩，2022；李健，2022）①②③④⑤⑥⑦。在影响机制方面，数字普惠金融能够通过创新效应和产业结构升级（李凡空和李雪瑜，2023）⑧、增加居民可支配收入（吕森鑫和米国芳，2023）⑨、科技创新和居民就业（郭净等，2023）⑩、信贷释放消费和数字化便捷支付（关张宁，2023）⑪、增加居民消费信贷（夏梓萌，2023；王晨熹，2023）⑫⑬ 等途径促进居民消费水平的提升。第二，数字普惠金融对居民收入的影响。目前研究主要集中在对城镇居民收入及农村居民收入的影响及对比、影响机制和不同区域等方面。数字普惠金融对居民收入的直接影响研究：数字普惠金融能够促进城乡居民收入的提升（陈

① 肖远飞，张柯扬．数字普惠金融对城乡居民消费水平的影响——基于省级面板数据［J］．武汉金融，2020（11）：61-68.

② 李玉婷．数字普惠金融对我国居民消费水平的影响研究［J］．西部金融，2021（4）：80-86.

③ 黄亚玲．数字普惠金融对农村居民消费水平的影响［J］．现代营销（经营版），2021（10）：34-37.

④ 蓝乐琴，杨卓然．数字普惠金融能提升居民消费水平吗？［J］．财经问题研究，2021（12）：49-57.

⑤ 张艺，钟粤婷．数字普惠金融对于居民消费水平的影响分析——基于31个省市自治区的面板数据分析［J］．商展经济，2022（2）：15-17.

⑥ 李建伟，崔传浩．数字普惠金融与居民消费水平提升［J］．金融理论与教学，2022（3）：16-23.

⑦ 李健．乡村振兴背景下数字普惠金融对农村居民消费水平赋能效应研究［J］．价值工程，2022，41（23）：61-63.

⑧ 李凡空，李雪瑜．数字普惠金融对居民消费水平的影响机制分析［J］．征信，2023，41（3）：87-92.

⑨ 吕森鑫，米国芳．数字普惠金融对内蒙古居民消费水平的影响研究——基于动态效应与中介效应的实证分析［J］．内蒙古财经大学学报，2023，21（3）：56-62.

⑩ 郭净，王俊然，刘玮．数字普惠金融如何影响居民消费水平？——基于市级面板数据的机制检验［J］．金融理论探索，2023（5）：46-56.

⑪ 关张宁．河北省数字普惠金融对居民消费水平的影响研究［D］．河北经贸大学硕士学位论文，2023.

⑫ 夏梓萌．数字普惠金融对中国居民消费水平的影响研究［D］．辽宁大学硕士学位论文，2023.

⑬ 王晨熹．数字普惠金融对我国居民消费水平的影响研究［D］．四川大学硕士学位论文，2023.

丹和姚明明，2019；蒋凯，2021；孙天怡，2023)①②③。有部分学者认为数字普惠金融对城镇居民的收入影响更大（朱兵，2021)④。但也有一部分学者研究表明数字普惠金融对农村居民收入的影响更大（周才云和邓阳，2022)⑤。同时，数字普惠金融对农村居民收入增长的推动作用大于传统普惠金融（王姣，2022)⑥。在影响机制研究方面，数字普惠金融能够通过促进经济增长和创业行为（杨伟明等，2020)⑦、城镇化水平（冯敏和何宏庆，2021)⑧、农村创业活跃度（白慧鑫，2022)⑨、农村产业融合（李练军和龚钰，2024)⑩ 和居民就业水平和调整当地产业结构（朱金尧，2023)⑪ 来提升农村居民的收入。在不同区域研究方面，学者的研究结论都认为数字普惠金融发展对农村居民收入的增加有显著的正向作用（越慧娟和刘玉春，2022；田静怡等，2022；

① 陈丹，姚明明．数字普惠金融对农村居民收入影响的实证分析［J］．上海金融，2019（6）：74-77.

② 蒋凯．数字普惠金融对农村居民收入的影响——基于省级面板分位数回归的实证研究［J］．金融经济，2021（12）：81-90.

③ 孙天怡．数字普惠金融对农村居民收入的影响［J］．黑龙江粮食，2023（2）：126-128.

④ 朱兵．数字普惠金融对城乡居民收入水平的影响效应研究——基于省级面板数据［J］．科技经济市场，2021（10）：51-52.

⑤ 周才云，邓阳．数字普惠金融对城乡居民收入的异质性影响［J］．长安大学学报（社会科学版），2022（2）：45-56.

⑥ 王姣．数字普惠金融与传统普惠金融对农村居民收入影响实证分析［J］．农业经济，2022（8）：114-116.

⑦ 杨伟明，粟麟，王明伟．数字普惠金融与城乡居民收入——基于经济增长与创业行为的中介效应分析［J］．上海财经大学学报，2020，22（4）：83-94.

⑧ 冯敏，何宏庆．数字普惠金融、城镇化对农村居民收入的影响研究［J］．黑龙江工业学院学报（综合版），2021，21（10）：120-127.

⑨ 白慧鑫．数字普惠金融对农村居民收入的影响——以农村创业活跃度为中介效应的实证研究［J］．广东蚕业，2022，56（6）：100-103.

⑩ 李练军，龚钰．数字普惠金融、农村三产融合与农村居民收入——基于2011-2020年中国省级面板数据的实证分析［J］．江西科技师范大学学报，2024（2）：61-70+128.

⑪ 朱金尧．数字普惠金融对中国居民收入的影响研究［D］．苏州大学硕士学位论文，2023.

许欢，2022；贺雨，2023；刘鸿宇，2023）①②③④⑤。在影响机制方面，研究认为经济发展水平、城镇化水平、产业结构以及政府财政支出水平（冉慧，2021）⑥、城乡收入分配（刘林，2023）⑦、农村居民就业机会（蒋小银，2023）⑧、教育支持力度（马绮若，2024）⑨ 在数字普惠金融促进农村居民收入增长的过程中存在中介效应。在空间溢出效应研究方面，刘子闻（2022）研究发现发展数字普惠金融可以带动居民收入增长，同时对周围地区的居民收入水平产生负向的空间溢出效应⑩。张津琛（2022）研究表明数字普惠金融的空间溢出效应主要来自于信贷业务和保险业务⑪。第三，数字普惠金融对居民创业的影响。学者们侧重于对影响机制及区域异质性、直接影响、对创业决策及创业绩效影响的研究。数字普惠金融能够为农村创业居民提供金融支持，解决资金不足的问题，促进居民创业。在影响机制及异质性研究方面，为了进一步探寻数字普惠金融是怎样影响农民创业的，学者们对其影响机制进行深入研究。张林和温涛（2020）检验了数字普惠金融发展对居民创业产生影响的途径，得出数字普惠金融不仅能直接促进居民创业，还能通过提高居民可支配收

① 越慧娟，刘玉春．内蒙古数字普惠金融发展对农村居民收入影响的实证研究［J］．内蒙古科技与经济，2022（12）：37-39.

② 田静怡，夏群，王洪生．山东省数字普惠金融对农村居民收入的影响［J］．农村经济与科技，2022（15）：228-232.

③ 许欢．安徽省数字普惠金融发展对农村居民收入的影响研究［D］．湖南农业大学硕士学位论文，2022.

④ 贺雨．数字普惠金融发展对农村居民收入影响的实证研究——以长江经济带为例［J］．安徽农业科学，2023，51（1）：219-221.

⑤ 刘鸿宇．数字普惠金融对吉林省农村居民收入水平的影响研究［D］．吉林农业大学硕士学位论文，2023.

⑥ 冉慧．河南省数字普惠金融对居民收入影响的实证研究［J］．河南科技，2021，40（30）：154-158.

⑦ 刘林．数字普惠金融对西南地区农村居民收入的影响研究［D］．重庆工商大学硕士学位论文，2023.

⑧ 蒋小银．广西数字普惠金融对农村居民收入的影响研究［D］．南宁师范大学硕士学位论文，2023.

⑨ 马绮若．数字普惠金融对黑龙江省农村居民收入的影响探析［J］．南方农业，2024，18（2）：63-65.

⑩ 刘子闻．数字普惠金融对居民收入水平的影响研究［D］．山东大学硕士学位论文，2022.

⑪ 张津琛．数字普惠金融对我国农村居民收入的影响研究［D］．东北财经大学硕士学位论文，2022.

入、促进服务业发展的途径激发居民创新活力①。冯永琦和蔡嘉慧（2021）研究表明，数字普惠金融可以通过缓解信贷约束、提升技术创新来影响创业水平②。李春霄和张艺婷（2024）研究表明，数字普惠金融通过互联网支付能力的提升和社会网络传递间接影响农村居民创业③。同时，也有文献对区域异质性展开研究。谢文武等（2020）研究发现，数字普惠金融对农村居民创业的影响表现出区域异质性。中部地区的农村居民创业行为更易受到数字普惠金融发展的影响，而东西部地区的农村居民创业几乎不受数字普惠金融发展的影响④。在直接影响方面，曾之明等（2018）认为，农民创业受到阻碍，主要是因为农民的整体受教育程度偏低、缺少创业技能。数字普惠金融则可以有效解决农民创业遇到的问题⑤。王思涵（2022）研究表明，数字普惠金融的发展能够正向推动居民创业，并且对城镇居民和农村居民的创业活动都有积极作用，对农村居民创业的影响程度更大一点⑥。还有部分学者检验了数字普惠金融的三个子维度对居民创业的影响。黄倩等（2021）研究发现，三个子维度都能对农村家庭的创业概率产生一定的影响，尤其是数字普惠金融的使用深度，更能促进农村家庭创业⑦。耿旭令等（2022）研究发现，数字普惠金融有助于激发农村居民创业。其使用深度和数字化程度对机会型创业有更大的扶持作用，覆盖广度可以促进生存型创业，也会通过提高使用深度进一步激发机会型创业⑧。在创业绩

① 张林，温涛．数字普惠金融发展如何影响居民创业［J］．中南财经政法大学学报，2020（4）：85-95+107.
② 冯永琦，蔡嘉慧．数字普惠金融能促进创业水平吗？——基于省际数据和产业结构异质性的分析［J］．当代经济科学，2021，43（1）：79-90.
③ 李春霄，张艺婷．数字普惠金融促进农村居民创业了吗？——基于互联网支付能力和社会网络双重视角［J］．西安石油大学学报（社会科学版），2024，33（4）：15-23.
④ 谢文武，汪涛，俞佳根．数字普惠金融是否促进了农村创业？［J］．金融理论与实践，2020（7）：111-118.
⑤ 曾之明，余长龙，张琦，等．数字普惠金融支持农民工创业机制的实证研究［J］．云南财经大学学报，2018，34（12）：58-65.
⑥ 王思涵．我国数字普惠金融发展对城乡居民创业的影响［D］．中南民族大学硕士学位论文，2022.
⑦ 黄倩，朱鸿志，苏慧媛．数字普惠金融对农户创业选择影响研究［J］．福建论坛（人文社会科学版），2021（8）：85-102.
⑧ 耿旭令，高歌，李秀婷，等．数字普惠金融促进农村居民创业研究——基于CHFS数据的实证分析［J］．运筹与管理，2022，31（9）：153-160.

效与创业决策方面的研究中，张玉蓉（2021）得出数字普惠金融水平的提高能够显著提升居民创业的概率，提高主动创业的意愿和改善创业绩效①。李佳丽（2023）则指出，数字普惠金融发展指数及其三个子维度指数均与创业绩效呈现显著正相关关系，同时，普惠金融数字化程度是影响创业绩效最关键的因素②。王汝委（2024）研究表明，数字普惠金融的发展会增强我国居民做出创业这一决策的意愿，即更多的居民愿意去从事创业活动③。第四，数字普惠金融对技术创新的影响。学者们的研究主要集中在直接影响以及影响机制这两个方面。在直接影响研究方面，Lee 和 Shin（2018）指出，互联网金融以其独特的优势和灵活性，为企业创新提供了强有力的资金支持，使企业能够更加自信地投入研发和创新④。蒋长流和江成涛（2020）⑤、江红莉和蒋鹏程（2021）⑥ 等研究表明，数字普惠金融能够有效增强企业技术创新的意愿，刺激企业商业模式与经营业态的更新，推动企业向更加智能化、高效化的方向发展，并且这种激励效应在中小企业和民营企业中表现尤为显著，因为这些企业往往面临着更为严峻的融资挑战和创新压力（万佳或等，2020；Lorenz and Pommet，2021）⑦⑧。喻平和豆俊霞（2020）以中小企业为研究对象，研究发现数字普惠金融对内部治理质量较低的公司技术创新激励效果更为明显，这可能是因为这些公司更需要外部资金的支持来推动技术创新⑨。徐子尧等（2020）则将创新效应的研究视角扩展到区域层面，发现数字普惠金融主要通

① 张玉蓉．数字普惠金融发展对居民创业的影响研究［D］．郑州大学硕士学位论文，2021.

② 李佳丽．数字普惠金融对居民创业绩效的影响研究——基于 CFPS 的实证分析［J］．现代商业，2023（4）：102-105.

③ 王汝委．数字普惠金融对居民创业决策的影响研究［D］．山东财经大学硕士学位论文，2024.

④ Lee I, Shin Y J. Fintech：Ecosystem, business models, investment decisions, and challenges［J］. Business Horizons，2018，61（1）：35-46.

⑤ 蒋长流，江成涛．数字普惠金融能否促进地区经济高质量发展？——基于 258 个城市的经验证据［J］．湖南科技大学学报（社会科学版），2020，23（3）：75-84.

⑥ 江红莉，蒋鹏程．数字金融能提升企业全要素生产率吗？——来自中国上市公司的经验证据［J］．上海财经大学学报，2021，23（3）：3-18.

⑦ 万佳或，周勤，肖义．数字金融、融资约束与企业创新［J］．经济评论，2020（1）：71-83.

⑧ Lorenz E，Pommet S. Mobile money, inclusive finance and enterprise innovativeness：An analysis of East African nations［J］. Industry and Innovation，2021，28（2）：136-159.

⑨ 喻平，豆俊霞．数字普惠金融、企业异质性与中小微企业创新［J］．当代经济管理，2020，42（12）：79-87.

过改善区信贷资源配置状况、增加居民消费数量和提高消费质量三个途径来推动区域创新能力的提升，并且该促进作用具有明显的地区异质性①。Hui 等（2023）进一步研究发现，数字普惠金融不仅能够促进区域内的创新创业活动，还能够提升当地经济的竞争力，为整个国家的创新发展提供有力支撑②。关于影响机制的研究，大量学者研究表明数字普惠金融可以通过人力资本（郑雅心，2020；任碧云和刘佳鑫，2021）③④、薪酬效应（黄新春，2021；李易，2023）⑤⑥、促进产业结构升级（聂秀华等，2021）⑦、刺激消费需求（吕岩威和张帅，2023）⑧、缓解资本错配程度（张帅，2022）⑨、缓解融资约束（姚健隆，2023）⑩ 等渠道来促进产业结构升级。

2.2 农村产业融合的相关研究

选取 CNKI 中以"农村产业融合"为题目的文献进行计量分析，归纳总结出目前农村产业融合领域主要开展的研究，有效文献共 1901 篇。如图 2-2 所示，目前关于农村产业融合的研究日益完善，农村产业融合与较多关键词均有

---

① 徐子尧，张莉沙，刘益志. 数字普惠金融提升了区域创新能力吗 [J]. 财经科学，2020（11）：17-28.

② Hui P，Zhao H，Liu D，et al. How does digital finance affect regional innovation capacity? A spatial econometric analysis [J]. Economic Modelling，2023（122）：106250.

③ 郑雅心. 数字普惠金融是否可以提高区域创新产出？——基于我国省际面板数据的实证研究 [J]. 经济问题，2020（10）：53-61.

④ 任碧云，刘佳鑫. 数字普惠金融发展与区域创新水平提升——基于内部供给与外部需求视角的分析 [J]. 西南民族大学学报（人文社会科学版），2021，42（2）：99-111.

⑤ 黄新春. 数字普惠金融对城市创新能力驱动的实证检验 [J]. 技术经济与管理研究，2021（11）：41-46.

⑥ 李易. 数字普惠金融对技术创新的影响研究 [D]. 武汉工程大学硕士学位论文，2023.

⑦ 聂秀华，江萍，郑晓佳，等. 数字金融与区域技术创新水平研究 [J]. 金融研究，2021（3）：132-150.

⑧ 吕岩威，张帅. 数字金融对区域创新产出的影响机制 [J]. 软科学，2023，37（2）：86-92.

⑨ 张帅. 数字普惠金融发展对技术创新的影响研究 [D]. 兰州交通大学硕士学位论文，2022.

⑩ 姚健隆. 数字普惠金融对区域技术创新的影响研究 [D]. 济南大学硕士学位论文，2023.

共现关系，如融合模式、产业融合发展、发展路径等。从共现图谱来看，这些关键词同时也是重要的枢纽节点，因此，归纳整理出农村产业融合的融合模式、农村产业融合测度评价、农村产业融合影响因素和农村产业融合问题对策这四个方面作为农村产业融合领域的主要研究主题并进行文献综述。

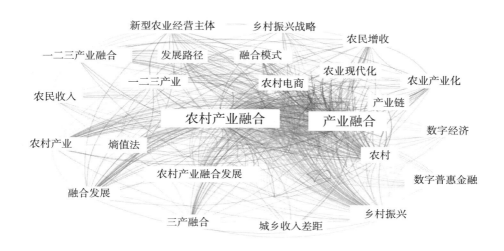

图 2-2　农村产业融合研究领域的关键词共现图谱

2.2.1　农村产业融合的主要模式

在融合模式方面。熊爱华和张涵（2019）基于农业经营主体的独特视角，深入剖析了农村产业融合的三种主要模式①。首先是农业经营主体沿产业链前后延伸的模式。这种模式强调农业经营主体在产业链上下游的拓展，形成完整的产业链条，提升了农产品的附加值和市场竞争力。其次是农业经营主体拓展农业新功能的模式。这涉及农业经营主体在保持传统农业生产的同时，发掘和拓展农业的多功能性，如观光农业、休闲农业等，以满足现代社会对农业的多元化需求。最后是新型农业经营主体推广、应用先进技术的模式。这种模式侧

---

① 熊爱华，张涵. 农村一二三产业融合：发展模式、条件分析及政策建议［J］. 理论学刊，2019（1）：72-79.

重于利用科技力量提升农业生产效率和产品品质，推动农业现代化进程。曹哲（2022）从产业链延伸和产业带动作用的差异性出发，将我国农村一二三产业融合发展归结为三种模式。第一产业带动的顺向融合模式强调以农业生产为基础，通过产业链的延伸，实现与二三产业的深度融合。第二产业带动的双向融合模式则是以农产品加工为纽带，促进农业与工业、服务业的相互渗透与融合①。而一二三产业带动的逆向融合模式则是以服务业为主导，推动农业与旅游、文化等产业的融合，形成新业态。江泽林（2021）则在综合考虑制度环境及宏观经济发展差异性的基础上，归纳出我国在实践中逐渐形成的五种具有中国特色的三产融合模式②。这些模式不仅体现了农业内部的深度融合，还涵盖了产业链延伸、功能拓展、新技术渗透以及产城融合等多个方面。每种模式在发展方向、要素需求等方面都有其独特的侧重点，为农村产业融合提供了多样化的路径选择。因此，农村产业融合经营主体在选择融合模式时，需要立足自身实际，综合考虑当地经济发展水平、人力资本等因素，因地制宜地选择符合地区要素禀赋的特色化产业融合模式（熊爱华和张涵，2019）③。尤其是对经济较困难的农村地区，产业融合模式的选择更需要充分考虑政府扶持机制、市场主导机制、产业利益共享机制及动力机制的发展状况，以确保产业融合能够真正促进当地经济的发展和农民的增收（欧阳胜，2017）④。

2.2.2 农村产业融合的测度评价

在发展水平测度方面。2018 年，农业农村部明确提出农村产业融合发展的基本原则——"基在农业、惠在农村、利在农民"。效应问题便成为衡量农村产业融合成功与否的重要标准，也逐渐融入了农村产业融合评价体系。学者为了全面、客观地评价农村产业融合的发展程度，构建了一系列涵盖多个维度

---

① 曹哲．我国农村一二三产业融合发展的基本样态与创新路径研究［J］．西南金融，2022（7）：30-41．

② 江泽林．农村一二三产业融合发展再探索［J］．农业经济问题，2021（6）：8-18．

③ 熊爱华，张涵．农村一二三产业融合：发展模式、条件分析及政策建议［J］．理论学刊，2019（1）：72-79．

④ 欧阳胜．贫困地区农村一二三产业融合发展模式研究——基于武陵山片区的案例分析［J］．贵州社会科学，2017（10）：156-161．

的评价指标体系（陈国生，2019；陈盛伟和冯叶，2020；张林和温涛，2022）[1][2][3]，杨艳丽（2020）在综合考虑了产业链、功能性和增收就业等维度之后，建立了完善的评价体系[4]。此外，姜峥（2018）通过对国内外产业发展理论和实践的深入研究之后，全面考虑了农业产业化、农业多功能、金融支持和经济效益等众多指标，较为精确地测算了农村产业融合水平[5]。这些体系不仅包括了农业产业链的长度与完整度、农业多功能化的广度与深度，还涉及了农业服务业一体化的进程与成效，以及农村产业融合带来的经济与社会效应等多个方面。通过这些指标的综合分析，我们可以更加准确地把握农村产业融合的发展现状和趋势。

关于测度方法方面，主要采用传统计量方法来衡量产业融合的发展水平与效益等（Bryce and Winter，2009）[6]。熊朗羽等（2018）采用的是层次分析法，并结合灰色综合评价法来计算农村产业融合水平[7]。李玲玲等（2018）认为，相较于其他方法而言，DEA 法（Data Envelopment Analysis）在数据处理、权重分配以及表达式的确定方面更具优势，并运用该方法计算了我国 31 个省份的农村产业融合发展效率[8]。田聪华等（2019）以新疆农村作为研究对象，通过德尔菲相关专家打分法、层次分析法和综合指数法构建指标体系测算来评价新疆农村的三产融合水平。研究发现，新疆已准备好进入农村三产融合快速发

---

① 陈国生. 湖南省农村一二三产业融合发展水平测定及提升路径研究 [J]. 湖南社会科学，2019（6）：79-85.

② 陈盛伟，冯叶. 基于熵值法和 TOPSIS 法的农村三产融合发展综合评价研究——以山东省为例 [J]. 东岳论丛，2020，41（5）：78-86.

③ 张林，温涛. 数字普惠金融如何影响农村产业融合发展 [J]. 中国农村经济，2022（7）：59-80.

④ 杨艳丽. 农村产业融合发展水平评价与驱动因素研究 [D]. 东北农业大学硕士学位论文，2020.

⑤ 姜峥. 农村一二三产业融合发展水平评价、经济效应与对策研究 [D]. 东北农业大学硕士学位论文，2018.

⑥ Bryce D J, Winter S G. A general interindustry relatedness index [J]. Management Science，2009，55（9）：1570-1585.

⑦ 熊朗羽，韩培培，朱玲萱. 基于 AHP-灰色综合评价的农村一二三产业融合水平评价研究 [J]. 经济研究导刊，2018（36）：65-69.

⑧ 李玲玲，杨坤，杨建利. 我国农村产业融合发展的效率评价 [J]. 中国农业资源与区划，2018，39（10）：78-85.

展阶段，但要着重夯实发展基础，不可盲目促融合①。程莉和孔芳霞（2020）在对长江上游农村地区的产业融合现状进行深入分析之后，采用耦合协调度和熵值法，综合评价了该地区农村产业融合水平②。张艳红等（2024）通过层次分析法，以农村三产融合发展内涵为研究对象，设置了一套评价指标体系，并以湖南省14个市的农村产业融合综合发展水平为评价目标进行研究③。通过对我国农村产业融合水平的测度研究发现，虽然现阶段我国农村产业融合水平及其耦合协调水平整体偏低（张林和张雯卿，2021）④，但呈现出明显的上升趋势（陈红霞和雷佳，2021）⑤。这表明，随着政策的持续推动和市场需求的不断增长，农村产业融合正在逐步深化，其潜力与空间也在不断拓展。同时，农村产业融合在空间上呈现出明显的集聚特征，以"低—低"空间集聚为主（黎新伍和徐书彬，2021）⑥，这反映了当前农村产业融合发展的区域非均衡性。然而，随着区域间合作的加强和资源的优化配置，这种区域差异正在逐渐缩小，呈现出典型的 σ 收敛特征（张林等，2023）⑦。

2.2.3　农村产业融合的影响因素

农村产业融合的研究基于产业融合理论，产业融合驱动因素主要来自技术、企业、市场、政府四个方面。因此，国内关于农村产业融合影响因素也是围绕生产要素驱动，农业经营主体，市场需求和政策约束构成的外部环境进行

---

① 田聪华，韩笑，苗红萍，等．新疆农村一二三产业融合发展综合评价指标体系构建及应用［J］．新疆农业科学，2019，56（3）：580-588.

② 程莉，孔芳霞．长江上游地区农村产业融合发展水平测度及影响因素［J］．统计与信息论坛，2020，35（1）：101-111.

③ 张艳红，陈政，萧烽，等．高质量发展背景下湖南农村产业融合发展水平测度与空间分异研究［J］．经济地理，2024：79-90.

④ 张林，张雯卿．普惠金融与农村产业融合发展的耦合协同关系及动态演进［J］．财经理论与实践，2021，42（2）：2-11.

⑤ 陈红霞，雷佳．农村一二三产业融合水平测度及时空耦合特征分析［J］．中国软科学，2021（S1）：357-364.

⑥ 黎新伍，徐书彬．农村产业融合：水平测度与空间分布格局［J］．中国农业资源与区划，2021，42（12）：60-74.

⑦ 张林，曹星梅，温涛．中国农村产业融合发展的区域差异与空间收敛性研究［J］．统计与信息论坛，2023，38（4）：71-87.

展开（陈红霞和屈玥鹏，2020）①。

在生产要素驱动方面，主要围绕技术进步进行讨论。李莉和景普秋（2019）认为，信息技术、生物、栽培等技术发展加速了农业分工深化，从而增加了合作机会，深化产业融合进程②。王定祥和冉希美（2022）通过农村数字化对农村产业融合的研究发现，数字技术在增强农业产业链间关联性、发展农业新型业态、提高农业管理水平等方面促进农村三产融合发展③。

在经营主体方面，胡海和庄天慧（2020）认为，农村产业融合不仅需要龙头企业带动，更需要合作社、专业大户和家庭农场等各类经营主体的广泛参与，其中主体间稳固的利益联结关系是产业融合发展的必然要求④。在此基础上，傅琳琳等（2022）认为，利益联结之外，农业经营主体的功能互补和素质提升也是农村产业融合发展的内生动力⑤。

在市场需求方面，李莉和景普秋（2019）认为，多样化市场需求是产业融合的拉力⑥。其中，消费需求带动了各类特色农产品销量增长（李眉洁和王兴骥，2022）⑦；绿色和共享需求则推动了农业多种功能进一步拓展（田真平和谢印成，2020）⑧。

在政策约束方面，灵活的土地流转政策能够发挥土地规模化经营在优化资源配置、推动产业联动方面的优势，进而降低交易成本，提高农村产业融合水

---

① 陈红霞，屈玥鹏．基于竞争优势培育的农村一二三产业融合的内生机制研究［J］．中国软科学，2020（S1）：58-64.

② 李莉，景普秋．农村网络式产业融合动力机制研究——基于城乡互动的视角［J］．农业经济问题，2019（8）：129-138.

③ 王定祥，冉希美．农村数字化、人力资本与农村产业融合发展——基于中国省域面板数据的经验证据［J］．重庆大学学报（社会科学版），2022，28（2）：1-14.

④ 胡海，庄天慧．共生理论视域下农村产业融合发展：共生机制、现实困境与推进策略［J］．农业经济问题，2020（8）：68-76.

⑤ 傅琳琳，黄祖辉，朋文欢．农村产业融合经营主体"互利共生"的机理与推进路径［J］．南京农业大学学报（社会科学版），2022，22（6）：69-77.

⑥ 李莉，景普秋．农村网络式产业融合动力机制研究——基于城乡互动的视角［J］．农业经济问题，2019（8）：129-138.

⑦ 李眉洁，王兴骥．乡村振兴背景下农旅融合发展模式及其路径优化——对农村产业融合发展的反思［J］．贵州社会科学，2022（3）：153-159.

⑧ 田真平，谢印成．创新驱动下我国农村产业融合演进机理研究［J］．长白学刊，2020（3）：104-111.

平（曾龙等，2022）①。高效协同的财政金融政策有利于经济资源向农村倾斜，为产业发展提供更多支持（曹俊勇和张乐柱，2022）②。

2.2.4　农村产业融合的问题与对策

在问题及对策方面，米吉提·哈得尔和杨梅（2022）从经营主体层面进行了深入分析。他们认为当前农村产业融合经营主体普遍存在着经营偏弱、利益分配机制不清晰等问题，从而严重制约了农村产业融合的深入发展③。面对这些挑战，肖卫东和杜志雄（2019）提出了具体的解决对策，主张通过加快发展农业大户和家庭农场，规范发展农民专业合作社，大力发展龙头企业，并积极发展农业社会化服务组织等多元化经营主体，以强化农村产业融合的支撑，为农村产业融合提供坚实的组织保障④。同时，苟兴朝和杨继瑞（2020）针对利益分配问题提出了解决方案，指出应该重点关注产业链上游主体的利益分配，构建差别化的利益联结机制，确保经营主体在产业融合中的投融资、经营决策以及利润分配等方面拥有绝对的话语权，激发经营主体的参与积极性⑤。此外，余涛（2020）从产业链层面分析了农村产业融合存在的问题。研究发现，产业链发展不健全是当前阻碍农村产业融合发展的主要因素之一⑥。因此，要加强对产业重组、产业延伸、产业交叉及产业渗透的支持力度，以完善产业链结构，提升产业链的整体竞争力。在此基础上，陈慈等（2021）进一步强调了多维创新在农村产业融合中的重要性，提出推动产业链纵向延伸和横向拓展是农村产业融合的关键所在。通过技术创新、模式创新、组织创新等

---

① 曾龙，陈淑云，付振奇．土地规模化经营对农村产业融合发展的影响及作用机制［J］．资源科学，2022，44（8）：1560-1576.

② 曹俊勇，张乐柱．财政金融协同支持农村产业：效率评价、经验借鉴与启示［J］．西南金融，2022（8）：97-108.

③ 米吉提·哈得尔，杨梅．农村产业融合发展的现实困境与改进策略［J］．农业经济，2022（1）：55-57.

④ 肖卫东，杜志雄．农村一二三产业融合：内涵要解、发展现状与未来思路［J］．西北农林科技大学学报（社会科学版），2019，19（6）：120-129.

⑤ 苟兴朝，杨继瑞．农村产业融合发展的困境与出路——基于"领域互渗"结构理论视角［J］．长白学刊，2020（3）：96-103.

⑥ 余涛．农村一二三产业融合发展的评价及分析［J］．宏观经济研究，2020（11）：76-85.

多维创新手段，可以不断拓展农村产业的边界和内涵，提升农村产业的附加值和市场竞争力[①]。郑甘甜等（2022）研究表明，农村产业融合深度不足、经营主体偏弱、利益联结机制不健全、要素瓶颈尚未突破、激励与风险防范机制不优，这"五大困境"是制约我国农村产业融合发展的关键所在。并且提出应从农村产业融合发展的模式创新、经营主体培育、利益联结机制构建、要素障碍破除、保障机制完善五个方面靶向突破，加快促进我国农村产业融合发展[②]。

2.3 数字普惠金融对农村产业融合发展影响的相关研究

选取中国知网中以"数字普惠金融和农村产业融合"为题目的文献，利用 CiteSpace 中的共现图谱进行计量分析，归纳总结出目前数字普惠金融与农村产业融合相关研究领域主要开展的研究，有效文献共 44 篇。从共现图谱来看，乡村振兴、农业现代化、农业产业链、农村人力资本等关键词是重要的枢纽节点（见图 2-3）。数字普惠金融的推广为农村产业融合模式、业态创新和高质量发展提供了有力支持（陈一明，2021）[③]。目前，学术界主要从金融支持与技术支持两个方面，对数字普惠金融推动农村产业融合展开具体研究（杨林和赵洪波，2022）[④]。

---

① 陈慈，龚晶，周中仁. 农村产业融合中利益联结机制的差别化构建研究［J］. 农业经济，2021（3）：87-89.
② 郑甘甜，陈胜，张开华. 农村产业融合发展：成效、困境与对策思路［J］. 农业经济，2022（6）：9-11.
③ 陈一明. 数字经济与乡村产业融合发展的机制创新［J］. 农业经济问题，2021（12）：81-91.
④ 杨林，赵洪波. 数字普惠金融助力农民增收的理论逻辑与现实检验［J］. 山东社会科学，2022（4）：149-155.

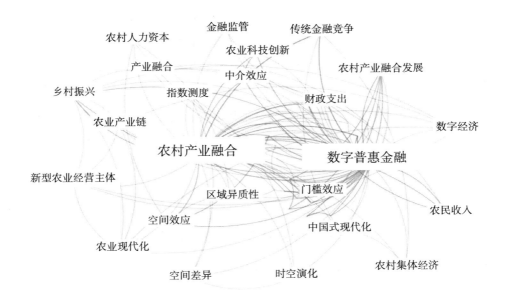

图 2-3　数字普惠金融对农村产业融合发展影响研究领域的关键词共现图谱

2.3.1　金融支持

在金融支持方面，数字普惠金融的金融支持效应不仅为农业提供了必要的流动资金，还通过优化资金配置，为农业产业化的持续发展提供了动力（傅巧灵等，2022）①。通过提供移动支付、网上理财等多元化的金融服务，以及农业保险等创新的金融产品，数字普惠金融拓宽了金融服务的覆盖面，激活了产业发展的各类要素，实现了生产要素在产业融合中的优化配置，进而推动农村产业融合的深化和高质量发展。何宏庆（2020）指出，数字普惠金融能够通过提高金融可获得性、扩大融资范围以及增加金融信贷三个途径发挥对农村产业融合发展的金融支持效应②。宋科等（2022）研究指出，数字普惠金融通

---

① 傅巧灵，李媛媛，赵睿．数字普惠金融推进脱贫地区乡村全面振兴的逻辑、问题与建议［J］．宏观经济研究，2022（6）：49-56.

② 何宏庆．数字金融助推乡村产业融合发展：优势、困境与进路［J］．西北农林科技大学学报（社会科学版），2020，20（3）：118-125.

过提升农业经营者的金融意识和能力，对农村产业融合产生了强有力的金融支持效应①。这种效应不仅有助于农业产业的创新发展，还能够提升农业整体竞争力，推动农村经济的健康发展。张岳和周应恒（2021）从传统金融市场视角研究发现，随着传统金融市场竞争的加剧，数字普惠金融的金融支持效应会进一步提升②。并且，该效应在农村第三产业一体化水平发展程度不同的区域表现出显著差异（Ge et al.，2022）③。

2.3.2 技术支持

在技术支持方面，数字普惠金融能够充分利用数字信息技术的强大功能，对海量信息进行高效的抓取和整合（Gomber et al.，2018）④，从而精准地刻画出"客户画像"，大大减少信息不对称的现象，提升双边主体之间的信息匹配度。数字普惠金融的技术支持效应不仅优化了自身的金融服务决策与金融资源配置（Laeven et al.，2015）⑤，还通过创新产业链传导机制使金融服务更加智能化、高效化（Goldfarb and Tucker，2019）⑥，从而有助于稳定农村产业链的发展，减少不必要的产业融合风险。此外，数字普惠金融的技术支持效应在带动农民创新活力、助力村办企业融资渠道扩展和产业融合模式创新方面也发挥了重要作用。方观富和蔡莉（2022）研究发现，通过数字普惠金融的强大技术支持，农民的创新意识和能力得到了显著提升，村办企业的融资渠道得到了

---

① 宋科，刘家琳，李宙甲. 数字普惠金融能缩小县域城乡收入差距吗？——兼论数字普惠金融与传统金融的协同效应［J］. 中国软科学，2022（6）：133-145.
② 张岳，周应恒. 数字普惠金融、传统金融竞争与农村产业融合［J］. 农业技术经济，2021（9）：68-82.
③ Ge H，Li B，Tang D，et al. Research on digital inclusive finance promoting the integration of rural three-industry［J］. International Journal of Environmental Research and Public Health，2022，19（6）：3363.
④ Gomber P，Kauffman R J，Parker C，et al. On the fintech revolution：Interpreting the forces of innovation，disruption，and transformation in financial services［J］. Journal of Management Information Systems，2018，35（1）：220-265.
⑤ Laeven L，Levine R，Michalopoulos S. Financial innovation and endogenous growth［J］. Journal of Financial Intermediation，2015，24（1）：1-24.
⑥ Goldfarb A，Tucker C. Digital economics［J］. Journal of Economic Literature，2019，57（1）：3-43.

有效扩展，农村经济实现了多元化发展①。

2.4 文献述评

通过系统梳理与归纳相关文献资料可知，学术界对数字普惠金融和农村产业融合的研究热度在不断提高，目前已经有不少研究成果。这些成果为本书提供了相关的理论基础和研究思路。现有研究主要集中于从理论层面对数字普惠金融与农村产业融合之间的关系展开探讨。尽管已经有部分学者开始尝试通过实证方法探究两者之间的影响效应与影响机制，但仍然存在一些不足：第一，影响机制的深度挖掘尚显不足。特别是对从金融功能出发的影响机制研究仍显匮乏。第二，关于区域异质性的研究过于泛化。简单地按照东、中、西部地区进行划分，不能具体地反映不同地区的实际情况。第三，空间溢出效应分析不够深入。在现有的讨论中，关于空间溢出效应与空间距离的具体关系并未得到充分的量化和细化分析。第四，并未对数字普惠金融促进农村产业发展的实际案例进行研究，缺乏一定的案例支持。

为弥补上述不足，本书采取如下做法：第一，详细剖析金融功能在数字普惠金融推动农村产业融合过程中的作用。第二，基于城乡资源错配程度和农业功能区划分，将全国样本划分为不同的区域子样本，深入考察数字普惠金融在不同地区对农村产业融合的影响差异。第三，在实证检验数字普惠金融对农村产业融合的具有空间溢出效应的基础上，进一步进行效应分解分析与效应边界测度。这些研究不仅为农村产业融合发展的服务路径优化提供了有力的证据支持，也为深入研究数字普惠金融如何推动农村产业融合提供了全新的视角。第四，在实证分析之后，对四个具有代表性的案例进行具体分析，深度剖析因地制宜实行促进农村产业融合发展举措的经验证据与启示。

---

① 方观富，蔡莉. 数字普惠金融如何影响农业产出：事实、机制和政策含义［J］. 农业经济问题，2022（10）：97-112.

3 概念界定与理论基础

3.1 概念界定

3.1.1 数字普惠金融

"普惠金融"这一概念最早在联合国推行的"2005 小额信贷年"活动中提出。其核心要义是建立一个能够无差别、全面地惠及全社会所有阶层和群体的金融服务体系，确保每个人和每个企业，无论其社会经济地位如何，都能够平等、公正地获得必要的金融服务，从而增进社会福祉，推动经济发展。

21 世纪，信息技术与互联网的飞速进步引领了全球数字化浪潮，数字技术迅速渗透到金融服务行业，为普惠金融赋予了全新的内涵和发展动力，由此诞生了"数字普惠金融"这一新概念。2016 年，G20 普惠金融全球合作伙伴在相关报告中对"数字普惠金融"进行了明确界定：任何利用数字技术手段，以成本可负担且负责任的方式，为无法获得或者缺乏传统金融服务的群体提供相应的金融服务行动。具体而言，数字普惠金融的服务对象主要是那些传统金融服务难以覆盖的群体，如老年人、农民、中小企业等。其服务方式主要是通过数字化或电子化技术进行交易，如电子货币（包括网上或手机方式）、支付卡、常规银行账户等。其服务范围非常广泛，包括但不限于支付、转账、储蓄、信贷、保险、证券、财务规划和银行对账单服务等。

数字普惠金融可以通过其规模效应和边际成本优势将服务范围扩大至传统金融业认为的边缘群体，提高"长尾群体"通过小额交易、涉农信贷、零钱理财等细分领域获得金融服务的机会。相对于传统金融机构在用户信息获取方面手段不足的问题，数字普惠金融立足互联网平台优势，通过与大数据深度融合，运用互联网中广泛存在的交易信息，来提高金融服务的质量。在农村金融领域里，数字普惠金融拓宽了农户获取金融服务的渠道，扩大了服务范围、增强了服务效能、减少了金融服务供需双方的时间成本和机会成本，降低了农户的利率负担，缓和了农户面临的金融排斥难题。

目前，学术界对于数字普惠金融具有"普惠+技术"的双重特征有着广泛认同。这与 G20 普惠金融全球合作伙伴报告中的界定一致。本书采用 G20 普惠金融全球合作伙伴报告中的数字普惠金融概念界定，即任何利用数字技术手段，以经济实惠且负责任的方式，为目前尚未被充分服务或者完全无法获取金融服务的群体提供相应的金融服务行动均属于数字普惠金融。

3.1.2　农村产业融合

20 世纪 90 年代，日本学者今村奈良臣首次提出了"第六产业"这一创新性的理论。主张农业生产向二三产业进行延伸，形成产供销一体的综合性产业链条①。这一理念的提出，不仅重新定义了农业的价值创造体系，而且在全球范围内开启了农业产业跨界融合和立体化发展的新篇章。

在我国，这一先进的发展理念得到了深入理解和广泛应用。2015 年，我国中央一号文件首次正式提出"农村一二三产业融合"这一概念，明确指出农村产业融合的核心内涵在于突破固有的行业壁垒，实现农业与其他产业在各个层次和维度上的互动耦合。具体策略是，在保持农业生产作为农村经济基石不变的同时，着力推动农业产业链条在纵向上向更高端的研发设计、先进技术应用、高效

---

① 胡思娴. 数字普惠金融对农村产业融合的影响研究［D］. 浙江工商大学硕士学位论文，2023.

农资供应等环节攀升，横向上则向深加工增值、品牌打造、市场营销网络构建、售后服务质量提升以及农业与旅游业、文化产业结合等多元化领域拓展。

农村产业融合的过程实际上是一场深刻的"农业革命"，它依托农业的基础地位，通过一体化、立体化、多元化的产业链整合，有效提高了初级农产品的附加值，有力推动了农村产业格局的多样化，催生了众多新型农业经营主体和新兴产业形态，显著提升了农业的整体竞争能力和抗风险韧性。在此过程中，农民不再仅仅依赖于初级农产品的生产和销售，而是有机会参与产业链的多个环节，获取更高、更稳定的收入，从而真正实现了农民致富、农村繁荣的长远发展目标。

综上所述，本书认为，农村产业融合是一个以农业生产为核心，深度整合农产品加工、市场营销以及各类服务环节，实现跨领域产业链重塑和优化升级的综合性、系统性工程。

3.2 理论基础

3.2.1 普惠金融理论

普惠金融旨在消除贫困、实现社会公平。其五个核心要素为可得性、价格合理性、便利性、安全性和全面性。普惠金融服务客体主要是指弱势群体，通常包括低收入者、小微企业、老年人和残障人士等特殊人群。他们财富占有少、个体多，统计上具有"长尾分布"特征，因此可以称之为"长尾群体"。同时，普惠金融理论是社会公平理论在金融领域的一种体现，该理论提倡金融服务权利平等，让每个人都享受到金融服务的便利性，缩小贫富差距，提升收入水平。普惠金融理论所关注的是所有人接触并应用金融工具的问题，重点是解决中下阶层的金融服务问题，从而促进社会公平的实现。在国外的一些相关理论中，有学者甚至将普惠金融理论提升到了人权角度。因此，普惠金融理论的功能主要是促进金融公平、降低小额信贷危机并减少金融排斥现象。在金融公平方面，学界认为，金融服务的不平等是贫富差距现象的重要原因之一，特别是在一些发达国家中，金融服务是影响收入差距的重要工具。发展普惠金融，将金融惠及到更广大的中低收入人群中，可以在一定程度上提升其收入水平。在小额信贷危机方面，普惠金融可以持续性的关注中小微企业的发展，并根据其特点快速建立起一套有效的信用体系，增加中小微企业的抗风险能力。同时，也可以根据个人信用，提供针对个人的小额消费性贷款。普惠金融不再与常规的金融服务保持同质化发展，它更专注于金融服务的细分领域，具有很强的适应性，在未来有着广阔的发展空间。

3.2.2　信息不对称理论

对信息不对称理论的讨论起源于奈特的研究。奈特通过对经济活动中的不确定性和超额利润的研究，发现交易双方信息的不均衡会导致信息多的一方有获取更大利益的可能。信息不对称理论由阿克洛夫等提出，该理论认为在信息不完全的市场上，交易信息的不对称分布会影响人们在交易过程中所处的地位和交易行为[①]。由于市场交易双方不仅对信息不对称的情况有清楚的认识，而且能清楚地认识到自己在交易中所处的地位，因此，信息不对称会导致交易前后逆向选择和道德风险问题的产生。一方面，由于信息不对称，劣质商品或高风险客户在市场上占据优势，进而导致信息劣势的农村产业融合经营主体遭受损失，从而破坏农村产业融合的整体发展。另一方面，由于信息不对称，各类经营主体的自利性行为会导致道德风险问题的产生，进而破坏农村产业融合发展的利益联结机制。

3.2.3　金融排斥理论

金融排斥也称金融排除，是指在整个金融体系中，所有的参与者不能平等地享受金融服务，金融体系会选择性地将部分金融弱势群体排除在外，使这部

---

① 吴迺霖. 数字普惠金融对农村产业融合的影响研究［D］. 东北农业大学硕士学位论文，2023.

分群体享受同等金融服务时所付出的代价更大，甚至根本无法获得金融服务。我国农村地区的金融排斥问题尤为突出。从金融需求者的角度来看，产生金融排斥的原因主要有以下两点：一是成本排斥。表现为农户等金融弱势群体接触的金融服务门槛高、成本高，从而形成"被动型自我排斥"。二是素养排斥。表现为农户等金融弱势群体自身金融素养较弱，从而形成"主动型自我排斥"。从金融供给者角度来看，农村地区出现金融排斥的原因有以下三点：一是农业生产系统性风险较大。金融机构向农户提供贷款等金融服务的风险相对较高，因此金融机构出于理性思考会提高信贷门槛或者减少农村金融服务。二是农村征信体系不健全。金融机构为了控制违约风险，将资信状况不透明的农户考虑在金融服务之外。三是金融机构在本质上是逐利的农村地区的金融机构服务成本较高，并且难以形成规模经济与范围经济，因此，金融机构更加偏向于将金融资源不断向城市倾斜。从金融监管者的角度来看，如果监管政策未能充分考虑地区差异，与当地金融发展环境不匹配，也会加剧金融排斥。基于此，本书选取缓解金融排斥的重要因素，用金融素养、金融效率和金融监管分别匹配金融服务与中介功能、资源配置功能、风险控制功能，来深入探究金融功能的机制作用。其中，地区金融素养反映了金融参与者对于金融领域的认知及掌握程度，是金融服务与中介功能发挥程度最直观的衡量标准。地区金融效率反映了金融市场及金融服务机构等整体的发展、运行程度，是资源配置功能发挥程度最直观的衡量标准。地区金融监管反映了金融环境的健康管理和风险管理水平，是风险控制功能发挥程度最直观的衡量标准。

3.2.4 交易成本理论

交易成本是通过价格机制组织产生的。最明显的成本，就是所有发现相对价格的成本、市场上发生的每一笔交易的谈判和签约的费用及利用价格机制存在的其他方面的成本。交易成本理论的根本论点在于对企业的本质加以解释。由于经济体系中企业的专业分工与市场价格机能之运作，产生了专业分工的现象，但使用市场的价格机能的成本相对偏高，因此形成了企业机制，它是人类追求经济效率所形成的组织体。

交易成本高一直都是阻碍我国农业发展的重要难题。一方面，在市场持续波动的状况下，由于信息不对称，利益联结双方均有可能采取自利性决策，会破坏农业产销环节的利益连接机制，导致交易成本不降反升的问题出现。另一方面，农民组织化程度低，他们在与中间商交易时缺乏议价能力，容易使农产品价格被压低，而中间商则通过加价销售农产品来获取利润，增加了交易成本。一般来说，解决交易成本问题的办法就是通过产业组织实现交易成本的内部化。而农村产业融合能够建立囊括全产业链的利益联结机制，在延伸产业链的基础上，降低中间环节成本，提高产业整体收益。

数字普惠金融运用数字技术，打破了地域限制，大大降低了传统金融服务中的时间成本和交通成本；利用大数据和人工智能技术，对农村金融需求进行精准识别，从而降低贷款审批和风险管理的成本；转变了传统的信贷风险防范模式，通过数字技术提高了风险评估的准确性和效率；支持多元化的金融服务场景，如农村电子商务、农业供应链金融等。这些场景为农村产业融合提供了更多的资金支持和金融服务选择；通过整合政府、金融机构、企业等多个方面的数据资源，数字普惠金融可以实现对农村产业融合的全面监测和分析，为政策制定和金融服务提供科学依据。这些方式有效降低了农村产业融合中的交易成本。

3.2.5 产业融合理论

本书所探讨的农村产业融合，其实质是产业融合的一种形式。所谓产业融合，就是以某一主导产业为中心而形成的相互关联的多个企业或产业之间的有机结合与重组。随着全球经济的快速发展和科学技术的突飞猛进，产业融合对于提升生产效率和市场竞争力具有显著作用。

1978 年，美国麻省理工学院（MIT）媒体实验室的创始人尼古路庞特使用三个交叉的圆来分析广播、出版印刷和计算机三个行业所产生的产业融合现象。他认为这三个行业之间一定具有某种程度上的关联性，并且这种关联性能够促进相关产业间相互渗透，从而使社会产生一种新的生产力形态——产业融合[1]。产

---

[1] 杨雯雯. 数字普惠金融对我国农村产业融合的影响研究［D］. 山东财经大学硕士学位论文，2024.

业融合的过程也就是产业结构升级和经济结构优化的过程，当这种结构调整达到一定程度时，产业间开始相互渗透，产生新的关联产业。

农村产业融合研究，必须以产业融合理论为核心理论基础。在此理论指导下，逐步探索并形成了多元化的农村产业融合模式。例如，农业与旅游业之间的融合。形成一些如农家乐、观光园以及体验农业等新的业态；农业与数字化产业的融合。形成一些如淘宝村、设施农业以及智慧农田等新的业态。此外，农村地区也可以利用自己的优势资源进行特色农产品种植或者养殖，这就使农业能够成为一种新兴产业来带动当地经济的增长，从而实现农民增收。这些新兴的商业模式的涌现，为农村和农业的发展指明了新的道路。

3.2.6 金融功能理论

金融功能理论是金融学科中的一个重要理论框架，重点研究金融为经济发展提供的功能。金融功能理论主要具有三个特点：第一，强调功能而非机构。与传统金融理论主要关注金融机构不同，金融功能理论更侧重于研究金融的功能和作用。第二，动态性和适应性。金融功能理论认为，金融系统应随着经济发展而不断演变，以适应新的经济环境和需求。第三，交易成本解释。金融功能理论运用交易成本等概念来解释为什么金融体系具备这些功能，如何通过这些功能来降低交易成本，提高经济效率。数字普惠金融作为金融与互联网信息发展的产物，不仅能够通过自身特点弥补金融功能的不足，通过"鲇鱼效应""示范效应"和"溢出效应"影响金融功能，还能促进金融功能更好地发挥作用。同时，金融功能依托数字普惠金融对农村产业融合经营主体的深度渗透，有助于解决经营主体对于金融服务的需求。因此，本书认为数字普惠金融能够通过影响金融功能的发挥，进而影响农村产业融合的发展。

本书认为，金融功能的基础与核心功能是不变的。因此，本书根据李英杰（2022）[①]在文章中对于金融功能的核心分类标准，基于服务与中介功能、资源配置功能和风险控制功能三大功能视角，分析数字普惠金融如何通过影响金

---

① 李英杰. 金融功能视角下数字金融对经济高质量发展的影响研究［D］. 武汉理工大学硕士学位论文，2022.

融功能的发挥来间接影响农村产业融合。

3.2.7 地理学第一定律（空间相关性定律）

该定律由 Waldo Tobler 于 1970 年提出，深刻揭示了地理现象间的空间相互作用规律。其核心思想是：地理现象间存在空间相关性，且这种相关性随距离的缩短而增强。这一定律强调了地理事物或属性在空间分布上的相互关联性和影响性，表现为集聚、随机和规则分布等多种形式[①]。从空间信息的视角来看，各空间单元内的信息与其邻近单元信息之间展现出显著的相似性与连通性，这种连通性进一步促进了地理现象之间的相互影响，使相邻地理实体间具有更高的空间相关性。此外，地理学第一定律也体现了地理环境整体性的基本规律。在同一地理区域内，各类地理要素相互关联、相互影响、相互制约，共同构成一个错综复杂的系统。这一系统性特征表明，任何地理现象和过程都不是孤立的，而是深受周边环境因素的影响。基于此，本书将在考虑数字普惠金融与农村产业融合空间相关性的基础上，通过效应分解与效应边界测度深入探究数字普惠金融对农村产业融合的空间溢出影响。

3.2.8 地理学第二定律（空间异质性定律）

这一定律由 Michael Goodchild 等学者提出，是地理学领域中至关重要的一个理论。它源于对地理现象空间变化规律的深入探索，揭示了地理现象在空间分布上的复杂性和多样性[②]。地理学第二定律的核心观点，是地理现象的空间变化具有不可控的、差异性的规律，空间的隔离造成了地物之间的差异，即异质性。这意味着地理现象并不是简单、均一地在空间中分布，而是呈现出复杂多变的空间格局。这种空间异质性体现在地理现象的各个方面，如地形、气候、植被、人口分布等。地理学第二定律强调地理现象的空间变化是相对的，而非绝对的。在某些情况下，地理特征可能表现出强烈的空间相关性，即相邻

---

① Tobler W. A computer movie simulating urban growth in the Detroit region ［J］. Economic Geography, 1970（46）: 234-240.

② Goodchild M F. The validity and usefulness of laws in geographic information science and geography ［J］. Annals of the Association of American Geographers, 2004（94）: 300-303.

地区的地理特征具有相似性；而在其他情况下，地理特征的空间相关性可能较弱或不存在。这种相对性使地理现象的空间分布呈现丰富多样的变化模式。此外，地理学第二定律还指出，地理现象的空间变化不是永恒的，而是随时间、地点、观测尺度以及地理现象本身特性的不同而变化。这意味着地理现象的空间分布格局具有动态性，可能随时间的推移而发生变化。例如，气候变化、土地利用方式的改变等都可能导致地理现象的空间分布格局发生调整。基于此，本书分别选取与数字普惠金融密切相关的城乡资源错配程度、与农村产业融合密切相关的农业功能区类型进行样本划分，深入研究在不同区域中数字普惠金融对农村产业融合的异质影响。

3.3　作用机制

3.3.1　直接影响效应

传统的普惠金融政策，主要通过增设金融机构网点、增加金融产品、派驻金融服务人员等方式，来提高农村金融服务水平，让更多的农村经济主体获得普惠金融的红利。数字技术的不断进步和推广，为普惠金融提供了更便捷的服务手段，扩宽了普惠金融的服务范围，降低了普惠金融的服务成本，解决了农村产业融合金融供需方面的问题。数字技术在信息匹配、流程简化等方面的独特优势，数字普惠金融能够精准、高效地匹配农村产业融合供需两端的需求，强化金融可得（谢地和苏博，2021）[①]、吸引要素集聚（周林洁等，2022）[②]，使各个产业之间的协调更加顺畅，为农村产业融合发展带来更多活力和创意

[①]　谢地，苏博. 数字普惠金融助力乡村振兴发展：理论分析与实证检验［J］. 山东社会科学，2021（4）：121-127.

[②]　周林洁，韩淋，修晶. 数字普惠金融如何助力乡村振兴：基于产业发展的视角［J］. 南方金融，2022（4）：70-78.

（陈晓红等，2022）①。

　　在强化金融可得方面。首先，数字普惠金融可以降低金融服务门槛。数字普惠金融通过对现代科学技术的深化运用，在大数据中充分挖掘客户行为特征，精准绘制客户画像，评估客户信用等级。这有助于灵活定位农民和农村企业金融需求，为其量身定制金融产品和服务，提供更便利的融资渠道，从而降低金融支持在农村领域的服务门槛。其次，数字普惠金融可以拓宽金融服务渠道。数字普惠金融可以借助手机银行、网上银行、移动终端等新渠道吸收分散在金融市场中的闲置资金，为现代农村产业融合经营主体提供多样化的金融服务。通过数字普惠金融，农民和农村企业可以获得更多的金融支持，包括供应链金融、农业保险等服务，帮助他们提高生产效率、降低生产成本，进而提升产品质量和竞争力。最后，数字普惠金融可以优化金融服务体验。数字普惠金融对于数字支付、区块链技术等的应用，使得交易更加便捷、安全，降低了交易成本。形成交易过程中的信息共享和智能合约，缩短农业经营主体的信息差，提高了交易效率。经营主体可以通过手机 App 等平台随时随地进行资金管理、支付结算等操作，不再受时间和空间的限制，提升了他们的经营效率和灵活性。

　　在吸引要素集聚方面。首先，数字普惠金融能够吸引更多的人才要素投身农村产业融合领域。这些人才不仅具备丰富的专业知识和实践经验，还能为农村产业带来创新思维，进而显著提升农村的人力资本水平，为农村产业的融合发展奠定坚实的基础。其次，数字普惠金融通过吸引技术要素在农村产业融合领域集聚，进一步推动农村产业的创新发展。在这个过程中，新型要素（如数字技术、大数据分析等）和传统要素（如土地、劳动力等）之间的协同配合得到加强，不仅推动了传统产业的融合发展方式实现系统性创新，还打破了不同产业之间的壁垒，为农村产业融合提供了坚实的技术支撑。最后，数字普惠金融还具备强大的数据分析能力和风险评估能力。通过对农村产业进行深入的数据分析，数字普惠金融能够精准地把握农村产业的发展趋势和需求，从而

---

　　① 陈晓红，李杨扬，宋丽洁，等．数字经济理论体系与研究展望［J］．管理世界，2022，38（2）：208-224+13-16．

为农村产业提供更精准的金融支持。这种金融支持不仅确保了资金的有效利用，还降低了投资风险，为投资者提供了更多的投资机会。在这样的背景下，越来越多的投资者开始关注农村产业，积极参与农村产业的融合发展。

在激发主体活力方面。农村新型经营主体在农村产业融合中扮演着举足轻重的角色，他们不仅是产业融合的主要参与者，更是推动农村产业融合发展的关键力量。如果新型经营主体对于产业融合的参与意愿不强，信心不足，即便有再高质量的金融服务和先进的生产要素，也难以激发整个农村地区的产业融合活力，达到预期的发展效果。首先，数字普惠金融的深入应用为农业生产领域带来了全新的风险管理解决方案。通过提供农业保险等具体措施，数字普惠金融为新型经营主体提供了生产保障，有效解决了他们在农村产业融合过程中可能遇到的风险管理问题。这不仅帮助他们更好地适应市场的快速变化，还极大地激发了他们的经营活力，为产业融合的可持续发展提供了有力支撑。其次，数字普惠金融还通过为农村教育提供资金支持、提高员工薪酬和福利待遇等渠道，全面提升了新型经营主体的综合能力和素质。这不仅进一步激发了农村产业融合发展中微观主体的经营活力，还实现了农村人力资本的培养增长，为农村产业融合的创新发展注入了新的活力。最后，数字普惠金融为农村地区带来了全新的发展机遇。随着数字普惠金融不断发展，农村地区的金融服务范围也在不断扩大，产业之间的壁垒逐渐淡化。数字技术通过不断推广和普及，大大增加了农村地区的就业机会，开辟了更多的增收途径。上述有利因素在促进农村经济快速发展的同时，也推动了农村产业融合的进一步深化，这一趋势为农村地区带来新的发展机遇，在一定程度上推动了产业融合，促进了当地的经济发展。

基于此，提出以下假设：

H1：数字普惠金融对农村产业融合具有推动作用。

3.3.2 金融服务和中介功能的影响机制

数字普惠金融凭借其低门槛、低成本、广覆盖、高效率等优势可以有效弱化"三重鸿沟"（数字鸿沟、金融生态鸿沟和教育鸿沟）问题，提升主体金融参与、金融教育水平、增加涉农金融机构数量，从而促进金融服务和中介功能的发挥。首先，数字普惠金融通过强化主体金融参与、加强主体金融教育促进金融服务功能的发挥。数字普惠金融利用数字技术，如互联网、移动设备等，创新了金融服务方式，使数字普惠金融进一步下沉，降低了农村产业融合经营主体的参与门槛，增加了金融信息的获取渠道，这不仅能够帮助参与主体接触并理解基础的金融概念、产品和服务（陈池波和龚政，2021）①，让他们在实际使用中学习和掌握金融知识（蒋长流和江成涛，2020）②，促使他们更深入地了解、学习及丰富自身的金融知识并使其得到更好的发挥，还能够激发他们对金融服务的兴趣。数字普惠金融通过社交媒体、电视、广播等多种渠道积极开展金融知识宣传活动，并建立了线上教育平台，提供丰富的金融知识课程和讲座。与此同时，农村地区的金融机构网点常年设有金融知识宣传窗口和咨询专柜，专门解答农村居民关于各类金融政策的疑问及提供政策咨询。这些举措不仅显著提高了农村产业融合经营主体对金融知识的认知和理解，还增强了他们理解与掌握金融信息的能力，有效培养了其金融意识，进而促进了金融服务的充分发挥。其次，数字普惠金融通过增加涉农金融机构数量促进金融中介功能的发挥。金融机构包括正规银行体系，保险机构，专门以小额信贷为主的小微金融机构、小额担保公司、小额贷款公司，以及提供支付便利的第三方支付机构等，为参与主体提供多元化、多层次金融产品和服务，满足其实际需要。数字普惠金融鼓励农户通过相关金融机构使用金融产品和服务，如农业信贷、担保、投融资、储蓄、农业保险等，能够有效促进家庭参与风险金融资产投资（廖婧琳和周利，2020）③，积极发挥金融工具稳定农业发展、保障农民利益的作用，促进经济增长和收入分配。

金融服务和中介功能的发挥则可以通过精准匹配需求、信息驱动决策两种

---

① 陈池波，龚政. 数字普惠金融能缓解农村家庭金融脆弱性吗？[J]. 中南财经政法大学学报，2021（4）：132-143.

② 蒋长流，江成涛. 数字普惠金融能否促进地区经济高质量发展？——基于258个城市的经验证据[J]. 湖南科技大学学报（社会科学版），2020，23（3）：75-84.

③ 廖婧琳，周利. 数字普惠金融、受教育水平与家庭风险金融资产投资[J]. 现代经济探讨，2020（1）：42-53.

途径有效推动农村产业融合发展。

第一，金融服务和中介功能的发挥使农村产业融合经营主体的实际金融需求得到精准匹配。随着金融服务和中介功能的发挥，金融机构与其他涉农服务机构能够通过先进的信息技术手段，不断追踪、监测农村产业融合进程中的各种微观主体动态，包括经营情况、资金流动、项目进展等多元信息。并在此基础上，精准识别农村产业融合经营主体在不同发展阶段、不同业务环节的具体金融需求，无论是短期周转资金的需求，还是长期投资项目所需的资本注入，甚至是对冲风险所需要的金融衍生品，都能做到有的放矢、精准匹配。

第二，金融服务和中介功能的发挥使金融机构与其他涉农服务机构能够对农村产业融合进程中产生的信息流进行高效、精准的决策。更好地发挥金融服务和中介功能，有助于金融机构与其他涉农服务机构在瞬息万变的市场环境中快速锁定目标，及时做出响应，大大缩短农村产业融合相关金融支持从识别需求到实际落地的时间间隔，提高决策效率。同时，当金融服务和中介功能得到更好的发挥时，金融机构与其他涉农服务机构能够密切关注并深入解读农村产业融合演变的最新趋势。通过深度挖掘和细致分析这些关键信息，金融机构与其他涉农服务机构得以对未来农村产业融合的方向与重心产生深刻洞见，敏锐地捕捉农村产业融合的新热点，有助于调整和完善未来对农村产业融合经营主体提供的相关金融服务。

基于此，提出以下假设：

H2a：数字普惠金融通过促进金融服务及中介功能的发挥，推动农村产业融合发展。

3.3.3　资源配置功能的影响机制

数字普惠金融作为金融科技发展的前沿实践、数字经济的重要一环，引入数字化手段，有力地强化了信息采集与处理能力，进一步拓宽了服务边界，不断催生出创新的金融产品形态，引导金融资源流入农村产业融合领域，并将更加完善和全面地普及到不同区域的不同群体中去。首先，强化信息采集与处理能力能够促进资源配置功能的发挥。数字普惠金融借助先进的大数据分析技术和人工智能算法，能够实时收集、整合和分析海量的金融及非金融数据，实现了对参与主体的全景式刻画。这种强大的数据抓取和解析能力有助于金融机构快速识别农村产业融合经营主体潜在的金融需求热点，能够依据相关的交互信息为其提供个性化的服务，提前布局相应的产品和服务，能够提升金融服务的质量，进而促进社会金融资源的有效分配（瞿慧等，2021）①。其次，拓宽服务边界能够促进资源配置功能的发挥。数字普惠金融通过打破地域、行业和阶层的壁垒，依托移动支付、网络信贷、远程理财等一系列线上服务渠道，将金融服务送达传统金融体系未能覆盖或覆盖不足的领域和人群，如偏远地区的农户、城市中的小微企业和新兴消费群体。数字普惠金融凭借技术创新，不断推出符合时代发展需求的个性化、定制化金融产品，并能够为农村产业融合经营主体提供更加适合及便利的金融工具，如农业信贷、担保、投融资、储蓄、农业保险等，这些产品往往具有更高的灵活性和扩展性，能够使更多缺乏金融服务的主体有获得金融服务的可能性，能有效地通过金融工具的创新实现金融资源的合理配置，促进资源配置功能的发挥。而后根据农村产业融合经营主体的具体需求，通过数字技术进行持续的产品迭代与创新，逐步创新符合农业生产特点的产业链金融和供应链金融数字化产品，数字普惠金融满足了农村产业融合经营主体多元化、差异化的需求，使普惠金融的覆盖面和覆盖的深度得到有效的扩充。同时，金融资源配置的金融功能还可以使家庭的收入来源得到拓展，进而使金融资源配置更加有效。

资源配置功能的发挥则可以通过强化农村产业链整合、赋能新业态发展两种途径有效推动农村产业融合发展。

第一，资源配置功能的更好发挥有助于金融市场、金融机构及其他服务机构深化整合农村产业链条，精准服务于农村产业融合的各个环节。随着资源配置功能的更好发挥，将促使金融服务机构更好地根据农业生产和农村产业的实际需求，灵活调整和创新金融产品及服务，将金融资源有效注入农村产业链的关键节点，打破以往单个环节的资金壁垒，促使农村产业链条更为顺畅、高效地运行。

---

① 瞿慧，靳丹丹，万千. 数字金融、资源配置效率与金融服务［J］. 武汉金融，2021（11）：61-70.

第二，资源配置功能的发挥有助于金融市场、金融机构及其他服务机构深度赋能新业态，构建多元化农村产业融合价值链。随着资源配置功能的更好发挥，金融服务机构能够更加充分地对农村产业新业态，如"互联网+"农业、休闲观光农业、乡村旅游等，进行风险评估和价值挖掘，引导并加强社会资本与政府部门、各类型金融机构在数字普惠金融领域的合作，以直接或间接的方式服务农村产业融合，引导银行信贷、股权投资、政策性资金等社会资本形成有效支持，实现产业间的跨界融合。

基于此，提出以下假设：

H2b：数字普惠金融通过促进资源配置功能的发挥，推动农村产业融合发展。

3.3.4 风险控制功能的调节作用

随着数字普惠金融逐渐成为金融领域的主流发展趋势，数据泄露等风险事件频发，金融安全的重要性越发突出。金融产品与服务的不断创新也带来了新的金融风险，数字技术的应用不会改变金融风险的隐蔽性、突发性、传染性和负外部性特征。在新时代背景和技术背景下，金融风险、技术风险、网络风险更容易产生叠加和扩散效应，使得风险的传递更快，波及面更广，这对金融安全提出了更高的要求。因此，风险控制功能的有效发挥，不仅能够保证金融资源得到合理高效的配置与利用，还能够守住金融风险底线、保障金融生态稳中向好。

首先，风险控制功能的有效发挥能够有效遏制数字普惠金融领域的套利行为及风险衍生，促进数字普惠金融行业的规范化、有序化发展，从而实现金融服务实体经济的核心目标。其次，风险控制功能的有效发挥能够提升数字普惠金融的针对性和安全性，确保金融产品的精准投放，同时有效防范流动性和信用性等微观风险，从而进一步增强企业对数字普惠金融的可获取性和利用深度（唐松等，2020）[①]。数字普惠金融通过大数据、云计算、人工智能等技术手

---

① 唐松，伍旭川，祝佳. 数字金融与企业技术创新——结构特征、机制识别与金融监管下的效应差异［J］. 管理世界，2020，36（5）：52-66+9.

段，能够实现对农村金融风险的有效识别和监控。这些技术能够深入分析农村产业融合过程中的各种风险因素，包括市场风险、信用风险、操作风险等，从而提前预警并采取相应的风险控制措施。这种前瞻性的风险管理方式有助于提高农村金融体系的稳定性，为农村产业融合提供坚实的金融支撑。此外，风险控制功能的有效发挥能够防止传统金融机构采取加剧风险的经营决策，如放松信贷审批和过度集中贷款等，促使传统金融机构更加重视风险管理，提升其风险控制的意愿，激发数字化转型的动力（张岳和周应恒，2021）[①]，进而打破体制惯性和路径依赖，优化和完善金融机构的内部配套体系，提升整体金融行业的稳健性和竞争力。同时，风险控制功能的有效发挥还体现在促进金融创新和产品创新上。随着风险控制技术的不断进步和应用，金融机构能够开发出更多符合农村产业融合需求的金融产品和服务。这些创新产品和服务能够更好地满足农村产业主体的多元化、个性化需求，推动农村产业融合向更高层次、更广领域发展。

农业发展具有先天弱质性，仅依靠市场力量获取的资源是有限且"边缘"的。我国农村金融始终以支持农业发展为重要任务，农村金融系统需要兼具效率性、稳定性和政策性。只有进行有效的风险管理、积极的科技创新和政策性的金融便利，才能形成以市场为基础、财务可持续、健康发展的竞争性农村金融市场，才会为农村产业融合的持续发展奠定良好的基础。

综上可知，风险控制功能的不断发挥，使金融体系在应对复杂多变环境下的自我调节和风险防控能力显著增强，整体金融市场风险得到有效控制，金融体系的安全稳定性以及金融服务机构的风控能力能够得到实质性保障。在这样稳固且有序的金融市场环境下，数字普惠金融作为金融服务革新的前沿力量，一方面，能够吸引到更多的资本流入农村产业融合领域，使农村产业融合项目的融资成本趋于平稳，降低了产业融合经营主体的融资难度和不确定性风险；另一方面，能够充分发挥其核心技术优势，精准对接农村产业的各种金融需求，提供个性化、灵活的金融服务，加速农村产业内部各个环节的衔接与整

[①] 张岳，周应恒. 数字普惠金融、传统金融竞争与农村产业融合［J］. 农业技术经济，2021（9）：68-82.

合。数字普惠金融对农村产业融合的影响机制，如图 3-1 所示。

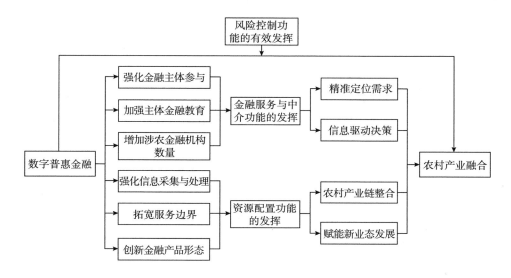

图 3-1 数字普惠金融对农村产业融合的影响机制

基于此，提出以下假设：

H2c：风险控制功能的有效发挥正向调节数字普惠金融对农村产业融合的推动作用。

3.3.5 区域异质性

近年来，我国数字普惠金融在各个省域的发展都呈现出全局空间集聚的趋势，而且不同地区间的发展差距也在逐步缩小（焦云霞，2022）[①]。但由于数字普惠金融水平一方面受地区经济发展水平和政府政策支持的影响，另一方面也受到当地信息基础设施、数字化技术等的制约，各个省域在享受数字普惠金融服务的力度和效率上依然存在明显的差别（王森和陈宇斌，2022）[②]。在中

[①] 焦云霞. 中国数字普惠金融：发展逻辑、时空格局与区域差异［J］. 兰州大学学报（社会科学版），2022，50（3）：52-66.

[②] 王森，陈宇斌. 数字普惠金融如何推动农业高质量发展？——兼论中介与门槛作用机制［J］. 管理学刊，2022，35（3）：72-87.

国东部地区及一些经济较为发达的农村地区，数字普惠金融的发展更为成熟，能够更有效地促进农村产业融合。这些地区往往拥有较为完善的金融基础设施、较高的互联网普及率和居民金融素养，使数字普惠金融产品能够更广泛地覆盖和渗透，进而推动农业与二三产业的深度融合。这种差别的存在，既影响了金融资源的均衡配置，也制约了金融服务的普及和深化。随着互联网的发展，农村居民逐步摆脱了数字鸿沟的限制，数字化支付等数字金融服务的使用频率也越来越高。但是由于农村金融机构仍处于数字化转型期，数字化水平对农村产业融合发展的影响有待检验。各地区的数字普惠金融发展水平不均衡，这在一定程度上削弱了数字普惠金融的"普+惠"支持作用，弱化了普惠金融应有的普遍性和惠及性（张勋等，2020）[1]，甚至还可能加剧地区间的发展不平衡，形成"马太效应"。因此，关注并解决区域异质性问题，确保金融资源能够公平、有效地配置到各个地区，才能真正实现金融服务的普惠性。目前，已经有大量学者从区域异质性视角出发，探索数字普惠金融因地制宜推动农村产业融合发展的现实举措（周孟亮和陈文喆，2023；申云和李京蓉，2023）[2][3]。

基于此，提出以下假设：

H3：数字普惠金融对农村产业融合的影响具有区域异质性。

3.3.6 空间溢出效应

数字普惠金融作为一种崭新的金融运作模式，依赖于先进的数字技术，呈现出显著的空间辐射效应和正外部性（张林和温涛，2022）[4]。这种正外部性源自数字技术的高效数据处理、存储与分析能力，它能以极低的成本、适宜的方式和高速的速率，促使海量信息在不同地理位置的市场参与者间无障碍流动

---

① 张勋，杨桐，汪晨，等．数字金融发展与居民消费增长：理论与中国实践［J］．管理世界，2020，36（11）：48-63.

② 周孟亮，陈文喆．数字普惠金融与农村产业融合［J］．湘潭大学学报（哲学社会科学版），2023，47（2）：121-127.

③ 申云，李京蓉．数字普惠金融助力乡村产业融合发展的共富效应及空间分异［J］．华南农业大学学报（社会科学版），2023，22（4）：82-95.

④ 张林，温涛．数字普惠金融如何影响农村产业融合发展［J］．中国农村经济，2022（7）：59-80.

（潘明清和范雅静，2023）①。在以往的传统金融体系中，金融服务往往受限于地理距离和经济距离，影响其服务的广泛性和深度。然而，数字普惠金融有力地打破了这种空间局限，显著减少了地理距离对金融服务的影响，弱化了对特定路径的依赖，从而使金融服务能突破地域边界，广泛触及包括偏远农村在内的广大地区，不仅拓宽了金融服务的覆盖范围，更是极大地提高了服务质量和效率（张志元和李胖，2022）②。

数字普惠金融在推动农村产业融合发展中的影响力超越了单个地理边界，通过空间扩散效应，在更大范围内激发了农村区域整体经济的活力与发展潜力。这一过程中，数字普惠金融的核心作用在于构建了一个全方位、多层次的金融服务生态系统。该系统不仅局限于本地，而且还通过互联互通的技术手段向外延伸，对周边乃至更广阔农村区域的产业融合起到了至关重要的推动作用。

首先，稳健运行的数字普惠金融体系充分发挥了强大的金融服务扩散效能。倚仗数字科技的赋能。互联互通的金融服务网络，不仅极大地精简了跨区域金融服务的操作流程，大幅提升了金融服务效率，更确保了各地区农村产业在资本流动层面上的畅通无阻。同时，数字普惠金融依托其前沿的数据分析技术和敏锐的市场洞察能力，能够迅速捕获并针对性地满足周边农村市场的多元金融需求，为周边地区农村产业的融合发展提供实时、精准的市场动态与策略指导。其次，稳健的数字普惠金融体系积极发挥知识与技术传递功能。通过组织系列跨区域的数字普惠金融相关合作交流会议和专题培训项目，可以有效提升数字普惠金融发展滞后地区民众的金融素养和数字技术应用能力，使他们能够在日常的生产和经营活动当中充分运用数字普惠金融工具，推动农村产业升级转型，加速农村产业的深度融合进程。最后，稳健的数字普惠金融体系还致力于驱动区域间的产业协同效应。通过激励本地区企业积极参与数字普惠金融

---

① 潘明清，范雅静．数字普惠金融助推乡村振兴的机制与效应研究［J］．宏观经济研究，2023（3）：35-47.

② 张志元，李胖．共同富裕背景下数字普惠金融减贫有效性研究［J］．济南大学学报（社会科学版），2022，32（1）：117-132+176.

实践，并不断扩大在周边农村地区的业务布局，有助于共同探索符合农村产业特性的产融结合创新模式，从而推进区域内农村产业实现深层次、宽领域、高效率的协同融合发展。

数字普惠金融所依托的数字技术具有较强的正外部性，允许信息以较低的成本、合适的方式和较快的速度在不同地区市场参与者之间自由流动。使数字普惠金融可以降低地理距离和经济距离在金融供给中的重要性，减弱金融服务的路径依赖效应，并有效克服传统金融的空间地理排斥，突破空间区位限制，扩大金融服务边界，从而对周边地区的农村产业融合发展产生空间溢出效应。以高技术的渗透性融合为例，技术的发展可以促进地区间的产业融合，技术的发展又存在着外部性，进而地区间的产业融合存在着溢出效应。

基于此，提出以下假设：

H4：数字普惠金融对农村产业融合的影响具有空间溢出效应。

4　我国数字普惠金融发展
现状与水平测度

4.1　数字普惠金融的发展历程与现状

4.1.1　数字普惠金融的发展历程

数字普惠金融作为现代金融体系的重要组成部分，在促进金融包容性、提升金融服务效率方面发挥着关键作用。其发展经历了从"微型金融"阶段到普惠金融阶段，再到数字普惠金融的全面推广，各个阶段各具特色，共同推动了我国金融服务的普惠化进程。

4.1.1.1　"微型金融"阶段

"微型金融"是指为低收入或传统金融服务覆盖不足的群体提供的一系列金融服务，包括小额贷款、储蓄账户、保险和汇款等，目的是通过提供资金支持，帮助这些群体改善生活条件和经济状况。

微型金融的起源可以追溯到20世纪70年代。1976年，穆罕默德·尤努斯教授为了帮助孟加拉国吉大港大学周边村庄的农村贫困妇女摆脱贫困，成功说服当地银行向她们提供小额贷款，采用无须抵押和担保人的"五人小组"联保模式在她们内部形成约束机制，确保她们能够按期还款，结果这些村民的还款率非常高。实验成功后，这一模式在孟加拉国多个村庄迅速蔓延，并催生了格莱珉银行（Grameen Bank）的成立。穆罕默德·尤努斯教授坚信："信贷并非注定与穷人无缘。"穷人拥有摆脱贫困的勇气和决心，真正的问题在于他们无法像其他人一样从正规金融机构获得贷款，缺乏基本的物质条件或资源禀赋。微型金融通过改变资源配置，让贫困人民也能享受到金融服务，是金融史上的一大革新。这一微型信贷模式逐渐在多个发展中国家推广开来，奠定了普惠金融的雏形。

我国微型金融的发展历程，是一段从萌芽到壮大，不断推动金融行业变革与经济发展的重要历程。其起源可追溯至20世纪90年代初。2000年，农村信用社在中国人民银行的大力推动下，全面推广小额信贷业务，使我国小额信贷业务的主体向正规金融机构过渡。这一转变不仅提升了微型金融的服务质量和覆盖范围，也为后续的专业化发展奠定了坚实基础。2005年，我国微型金融进入专业化微型金融组织发展阶段。政府鼓励民间资本进入微型金融市场，放宽金融机构的准入标准，促进了新型微型金融机构的涌现。这些机构以更加灵活、专业的服务方式，满足了小微企业和中低收入群体的金融需求，进一步推动了我国金融行业的多元化发展。

总的来说，微型金融具有小额性、灵活性和社会责任性的特点。第一，小额性。微型金融的核心在于提供小额度的贷款或其他金融服务，以满足那些因规模较小或信用记录不足而无法从传统金融机构获得服务的个人、微型企业或农户的需求。这种小额性使微型金融能覆盖更广泛的低收入群体，促进金融服务的普惠性。第二，灵活性。微型金融产品设计通常具有较高的灵活性，以满足不同客户群体的多样化需求。贷款期限、还款方式、利率结构等都可以根据客户的实际情况进行调整，以适应客户的经营周期、现金流状况等，从而减轻客户的还款压力，提高还款率。第三，社会责任性。微型金融不仅仅是一种商业活动，更是一种社会责任的体现。它致力于解决促进就业、提高生活水平等社会问题。因此，微型金融机构在追求经济效益的同时，也会注重社会效益和环境效益的协调发展。

4.1.1.2 普惠金融阶段

我国普惠金融的发展经历了从初步探索到全面推广的演进历程，是金融体系不断深化拓展的重要体现。21世纪初，引入普惠金融概念，国家层面高度重视。通过一系列政策引导与制度创新，逐步构建起了多层次、广覆盖、有差异的普惠金融服务体系。这一进程不仅涵盖了小微企业、农村居民、城镇低收入人群等传统金融服务难以触及的领域，还充分利用金融科技手段，推动了金融服务的数字化、便捷化转型。具体来说，"从无到有、从小到大"。普惠金融的发展时期可以分为：2005～2012年普惠金融的起步期、2013～2015年普惠金融的壮大期和2016年至今普惠金融的稳固期（见图4-1）。

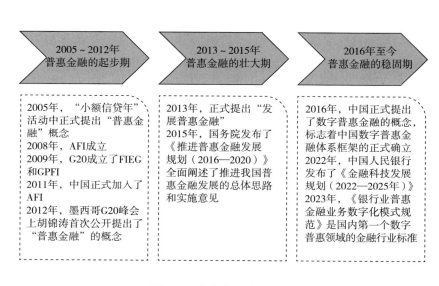

图4-1 普惠金融发展过程

第一，普惠金融的起步期。2005～2012年为普惠金融的起步期。这一阶段的特点是普惠金融体系初步成型，随着互联网的发展，金融服务逐渐向线上转移。

随着小额信贷模式的全球推广，联合国在2005年正式提出了"普惠金融"的概念。旨在构建一个能够无差别、全面地惠及全社会所有阶层和群体的金融服务体系，确保每个个体及企业，不论其社会经济地位如何，均能享有平等、公正的金融服务获取权。这一理念的提出，为国际社会指明了金融发展的新方向。为响应这一号召，国际组织与多国政府迅速采取行动。例如，2008年，普惠金融联盟（AFI）的成立；2009年，普惠金融专家组（FIEG）和全球普惠金融合作伙伴组织（GPFI）的成立。均旨在推动普惠金融政策的有效制定与实施，形成全球性的普惠金融发展浪潮。2011年，AFI签署《玛雅宣言》，明确普惠金融发展目标。中国亦加入其中，标志着中国在国际普惠金融领域的积极参与和承诺。2012年，时任主席胡锦涛在国际场合首次提出"普惠金融"的概念，强调国际合作与消费者保护的重要性，进一步提升了普惠金融在国际议程中的地位。

在这一国际背景下，我国普惠金融实践进入实质性阶段。特别是在农村地区，积极响应并践行普惠金融理念。我国通过"增量式"改革逐步放宽了金融机构准入门槛，推动了村镇银行、小贷公司等快速发展。通过建立一些小额信贷服务站和便民支付点等基础设施，积极为农民、个体经营者和小微企业提供小微信贷服务，有效缓解了农村及欠发达地区的资金短缺问题，促进了金融资源的均衡配置。这些措施不仅扩大了金融服务的覆盖面，还促进了地区经济的增长，与全球普惠金融的发展趋势紧密相连，展现了我国普惠金融实践的成效。

随着我国普惠金融实践的深入，普惠金融的发展也迎来了新的机遇。这一机遇主要源于互联网技术的不断进步，它为我国普惠金融服务的网络化、移动化提供了可能。在这一技术背景的推动下，我国的数字普惠金融初步成型。这一转型不仅提升了金融机构的效率，降低了运营成本，还丰富了普惠金融的产品与服务，满足了更多群体的多样化金融需求。例如，国家开发银行的小微企业贷款项目，以及宜信等互联网金融公司的兴起，均为小微企业和个人提供了便捷的融资渠道，展现了数字普惠金融的活力与潜力，也为我国普惠金融的深入发展提供了新动力。这一转型不仅推动了金融服务的创新与发展，成为我国普惠金融深入发展的新动力，还进一步促进了我国信用体系的建设与普惠金融知识的普及。2006年，中国人民银行依托数字技术建设的金融信用信息基础数据库，不仅为农村地区和小微企业提供了信用评估的基础，还推动了"信用村""信用乡镇"等模式的建立。这些举措加速了普惠金融在农村地区的深入发展，实现了从理念到实践的全面跃升，也为我国普惠金融的可持续发展奠定了坚实基础。

第二，普惠金融的壮大期。在 2013～2015 年，普惠金融的发展进入了关键的壮大期。此阶段，普惠金融的发展地位不仅得以正式确立，而且向数字化转型的趋势亦日益显著。这一转型不仅预示着普惠金融将与现代信息技术深度融合，还为后续普惠金融移动化业务的迅速扩张奠定了基础。因此，这一阶段是普惠金融从理论到实践、从传统到现代的重要转折点，具有承前启后、继往开来的重要意义。

在此期间，中国通过一系列政策正式提出并规划了普惠金融的发展。2013年 11 月 12 日，中共十八届三中全会通过了《中共中央关于全面深化改革若干重大问题的决定》。正式提出"发展普惠金融，鼓励金融创新，丰富金融市场层次和产品"。随后，国务院发布《国务院办公厅关于金融支持小微企业发展的实施意见》等一系列重要政策，对发展小微企业的普惠金融服务做出了规划。2015 年 12 月，国务院发布了《推进普惠金融发展规划（2016—2020 年）》。全面阐述了推进我国普惠金融发展的总体思路和实施意见，进一步明确了普惠金融的发展方向。这些政策的出台，为普惠金融的发展提供了有力的政策支持，在这一阶段起到了关键的引导作用。

随着国家政策的明确导向与强力推动，普惠金融的基础设施建设得到了显著加强，为金融服务向更广泛的社会阶层渗透提供了坚实的支撑。银行业作为普惠金融的主力军，在此期间实现了小微金融服务的增量扩面。通过设立小微企业专营机构、创新信贷产品、优化贷款审批流程以及深化与政府、担保机构的合作，有效缓解了小微企业面临的融资困境，促进了实体经济的健康发展。同时，银行机构通过增设农村金融服务站、布放自助服务终端等措施，将金融服务的触角延伸至偏远农村地区，满足了农民群众的金融需求，促进了农村经济的繁荣。例如，桂林银行通过设立多个社区支行，将金融服务深度渗透到社区层面，为小微企业及城乡居民提供了全方位的金融服务，有效提升了金融服务的可获得性。

与此同时，普惠金融的数字化转型也取得了显著进展，数字业务范围逐步扩大。以"余额宝"为代表的互联网金融产品，结合了普惠金融与互联网技术，积极拓展三四线城市和农村市场，践行了普惠金融的核心理念。同时，电子支付、P2P 小额信贷、众筹平台等新兴业态也快速发展，把普惠金融的数字业务扩展到了支付、借贷、理财等领域。在此过程中，通过大数据、云计算等信息技术，数字化的普惠金融还能够更加精确地划分用户群体，根据各个群体设计多样化和个性化的在线金融产品，从而增强金融服务能力。数字化的普惠金融产品和服务不仅扩大了传统普惠金融业务的范围，还带来了各种普惠金融产品和业务模式的创新。例如，建立了包括银行、证券、基金、保险和小额贷款在内的综合普惠金融体系和林权抵押贷款、农村土地承包经营权抵押贷款等创新模式，帮助农民和涉农企业更加便捷地获得资金支持，推动了普惠金融的深入发展。

第三，普惠金融的稳固期。2016 年至今为普惠金融的稳固期。这一阶段的特点是数字普惠金融战略地位稳固。

这一时期，国家提出并颁布了诸多相关政策文件，越来越重视数字普惠金融的发展。2016 年 9 月，G20 杭州峰会审议通过了《G20 数字普惠金融高级原则》，正式提出了数字普惠金融的概念。这一里程碑式的事件不仅预示着全球数字普惠金融工作迈入了一个崭新的发展阶段，同时也标志着中国数字普惠金融体系框架的正式确立。2017 年，李克强在全国政协常委会上，为各大商业银行设立普惠金融事业部提出了具体任务，使大型商业银行成为普惠金融的骨干力量。2022 年 1 月，中国人民银行发布了《金融科技发展规划（2022—2025 年）》。该规划为数字普惠金融的未来发展提供了明确的方向指引和战略布局，进一步推动了数字普惠金融的规范化、系统化发展。2023 年 8 月，中国人民银行发布了《银行业普惠金融业务数字化模式规范》，这是国内首个针对数字普惠领域的金融行业标准，其出台对于规范数字普惠金融行业的发展、提升服务质量具有深远的学术意义和实践价值，标志着我国数字普惠金融进入了一个新的规范化、标准化的发展阶段，对于推动全球数字普惠金融的发展也具有重要意义。

近年来，在国家多项政策的引导和支持下，数字普惠金融的战略地位逐步稳固，不仅有效缓解了小微企业长期面临的融资难、融资贵问题，还为乡村振兴战略的实施提供了强大的科技支撑，显著提升了农村地区的数字金融基础设施水平。首先，针对小微企业的融资难题，普惠金融已成为近年来金融领域的关注焦点。各大金融机构纷纷推出多样化的普惠产品，以满足小微企业的融资需求。根据中国人民银行2023年发布的金融机构贷款投向统计报告显示，截至2023年底，普惠小微贷款余额已达29.4万亿元，同比增长23.5%，尽管增速较上年末略有下降，但全年新增贷款仍达到5.61万亿元，同比增加了1.03万亿元。例如，中信银行的"科创e贷"为科创型小微企业提供了生产经营所需的流动资金贷款服务；兴业银行的"兴速贷"则是一款针对小微企业主和个体工商户的免抵押、系统自动评估授信额度并放款的线上放贷产品。为了使小微企业主能够更便捷地获得资金支持，金融机构还积极运用互联网和大数据等先进技术，对贷款企业进行综合信用评估。采用高度自动化和数据驱动的评估体系，从而加速了贷款的审批和放款流程。其次，在乡村振兴方面，数字科技的应用也发挥了重要作用。我国通过持续优化农村数字金融基础设施，推动了农村信用体系的建设。金融机构构建了覆盖涉农领域的信用信息数据库，实现了普惠金融在农村地区的广泛覆盖。以广东省为例，根据中国人民银行广州分行在2023年2月发布的数据显示，截至2022年末，该省已评定信用村1.6万个，占全省行政村的70%以上。银行机构对近万个信用村实行了"整村授信"，授信总金额高达1572亿元，惠及近20万个涉农主体。此外，全国首个省级金融支农促进会也在广东成立，进一步促进了农村金融的发展。这一系列举措和成效，不仅巩固了数字普惠金融在我国经济社会发展中的关键作用，也为后续应对各种挑战奠定了坚实基础。

总的来说，我国普惠金融的发展，历经了从初步探索的"微型金融"阶段到全面深化的普惠金融阶段的过程。在发展过程中，我国的普惠金融和数字普惠金融的发展呈现出扩张迅速、稳中有进的特点，在服务范围、产品多样性等维度上不断创新改善，显现出强劲的增长势头与广阔的发展潜力。从"微型金融"向普惠金融和数字普惠金融的跨越，不仅是我国金融领域的一座重要里程碑，也是对传统金融服务模式的一次深刻革新与成功实践。

4.1.2 数字普惠金融的发展现状

目前，我国的数字普惠金融展现出蓬勃的发展态势，其主要特点可概括为以下四个方面：第一，政策层面的大力支持为数字普惠金融的发展提供了有力保障，助力其深入渗透至社会经济各个领域。第二，依托互联网平台，数字普惠金融展现出独特的平台优势，产品业务呈现出多元化发展的良好态势。第三，随着技术的不断进步和应用场景的拓宽，数字普惠金融的服务规模持续扩大，服务成效日益显著，惠及更广泛的人群。第四，面对复杂多变的国内外经济形势，数字普惠金融既迎来了前所未有的发展机遇，也面临着诸多挑战，机遇与挑战并存成为其发展的显著特征。

4.1.2.1 政策支持，助力发展数字普惠

近年来，我国政府在推动数字普惠金融发展的战略部署上展现出系统性与前瞻性，陆续发布一系列政策措施，构建了发展普惠性科技金融的全方位支持框架。这些政策措施主要聚焦于四大方面：第一，强化普惠金融的科技创新驱动力，激发行业活力与创造力。第二，加快完善数字金融基础设施建设，为数字普惠金融发展提供坚实的底层支撑。第三，同步加强数字普惠金融监管体系的建设，确保在鼓励创新的同时，有效防范潜在风险，维护金融稳定。第四，打造可持续发展的数字普惠金融生态机制，确保金融服务的可持续性和稳定性。这一系列相互关联、相辅相成的措施，共同构筑了我国数字普惠金融高质量发展的坚实基础与强劲动力。具体政策如表4-1所示。

表4-1　2021~2024年普惠金融（含数字普惠金融）的相关政策

发布时间	发布单位	政策文件	相关内容
2021年3月	国务院	《中华人民共和国国民经济和社会发展第十四个五年规划和2035年远景目标纲要》	加快推动金融机构数字化转型，健全金融科技治理体系等
2021年4月	中国银保监会办公厅	《关于2021年进一步推动小微企业金融服务高质量发展的通知》	保持稳定高效的增量金融供给、着力优化金融供给结构、丰富普惠保险产品业务、做优机制体制和专业能力、做活存量金融资源配置

续表

发布时间	发布单位	政策文件	相关内容
2022 年 1 月	中国人民银行	《金融科技发展规划（2022—2025 年）》	明确金融数字化转型发展目标，注重金融创新的科技驱动和数据赋能
2022 年 2 月	国务院	《推进普惠金融高质量发展的实施意见》	普惠金融供给侧结构性改革迈出新步伐，金融基础设施和发展环境得到新改善，防范化解金融风险取得新成效，普惠金融促进共同富裕迈上新台阶
2022 年 3 月	中国人民银行	《关于做好 2022 年金融支持全面推进乡村振兴重点工作的意见》	深化信息协同和金融科技赋能，支持县域商业发展、市场主体培育和农村流通网络建设。做好农民就地就近就业创业金融服务，拓宽农业农村绿色发展融资渠道
2023 年 2 月	广东省人民政府	《2023 年广东省金融支持经济高质量发展行动方案的通知》	积极争取国家支持广东省在普惠金融方面先行先试作为重点任务之一，同时提高金融数字化发展水平
2023 年 6 月	中国人民银行 金融监管总局 中国证监会财政部农业农村部	《关于金融支持全面推进乡村振兴　加快建设农业强国的指导意见》	增强金融服务能力，发展农村数字普惠金融
2023 年 8 月	中国人民银行	《银行业普惠金融业务数字化模式规范》	通过数字化经营、场景化创新、精准化服务、智能化风控、线上化作业等 5 项举措，对银行业普惠金融业务进行数字化规范。该《规范》也成为国内首个数字普惠领域的金融行业标准
2023 年 9 月	国务院	《关于推进普惠金融高质量发展的实施意见》	明确未来五年推进普惠金融高质量发展的指导思想、基本原则和主要目标，涵盖优化普惠金融重点产品、健全多层次普惠金融机构组织体系、完善高质量普惠保险体系、有序推进数字普惠金融发展等内容
2024 年 3 月	国家金融监管总局	《关于做好 2024 年普惠信贷工作的通知》	银行业金融机构要增强数字化经营能力，通过数据积累、人工校验、线上下交互等方式，不断优化信贷审批模型
2024 年 5 月	农业农村部、工业和信息化部等部门联合印发	《2024 年数字乡村发展工作要点》	增强农村数字普惠金融服务实效，深化实施金融科技赋能乡村振兴示范工程，鼓励金融机构运用新一代信息技术因地制宜打造惠农利民金融产品与服务

第一，为促进普惠金融科技创新，提升技术水平，中国政府采取了一系列战略举措。2019 年，中国人民银行发布了《金融科技发展规划（2019—2021

年）》。明确提出推动金融科技创新，支持普惠金融领域的技术应用。2022年1月，又发布了《金融科技发展规划（2022—2025年）》。强调要坚持"数字驱动、智慧为民、绿色低碳、公平普惠"的发展原则。核心任务是加快金融机构的数字化转型，强化金融科技的审慎监管。这一系列规划不仅为数字普惠金融的发展提供了清晰路径，还明确了"到2025年显著提升金融科技整体水平及核心竞争力"的目标。2022年1月，中国银保监会办公厅发布《关于银行业保险业数字化转型的指导意见》，为普惠金融线上化、集约化、数字化转型提供了政策支持。中国政府在推动金融科技创新方面，积极利用人工智能、大数据、区块链等先进技术，优化金融服务模式，简化授信审批流程，强化风险管理，从而提高了小微企业、个体工商户及涉农主体获取金融服务的便捷性和服务质量。同时，通过支持金融科技企业的研发和应用，鼓励传统金融机构与科技公司合作，开发能够精准满足小微企业、农村居民等群体需求的金融产品。2023年9月，国务院发布的《关于推进普惠金融高质量发展的实施意见》，细化了普惠金融重点领域的产品与服务策略，为未来普惠金融的高质量发展提供了明确的指导思想、基本原则及主要目标。

第二，中国致力于建设数字普惠金融的基础设施，构建数据要素市场。数字金融基础设施建设是发展普惠金融的重要支撑。近年来，中国加快推进了数字支付系统的普及，推动移动支付和数字货币的研发与应用，以提高金融服务的便捷性和覆盖率。同时，通过构建完善的信用信息体系和数据共享平台，政府加强了金融数据的安全性和互通性，确保更多人能够获得稳定的金融服务。2022年3月，中国人民银行发布了《关于做好2022年金融支持全面推进乡村振兴重点工作的意见》，要求拓展农业农村绿色发展融资渠道，有利于促进数字普惠金融在农村地区的发展。2024年5月，农业农村部等多个部门联合印发《2024年数字乡村发展工作要点》。这些政策均强调了数字普惠金融在促进乡村振兴中的作用，通过提升农村网络基础设施、推动农村电商发展等措施解决偏远地区金融服务不足的问题，使更多的人群能够享受便捷的金融服务。数字人民币的试点和推广正是这一战略的具体体现，它不仅扩大了金融服务覆盖面、提高了支付效率，还降低了金融门槛，更有利于促进公平和包容。与普惠金融的理念相适应。

第三，随着金融科技创新与数字金融的快速发展，健全数字普惠金融监管体系，提升监管水平成为保障市场健康运行的关键。近年来，国家逐步将数字普惠金融全面纳入监管体系，以确保数字化业务在审慎监管的框架下健康发展。《金融标准化"十四五"发展规划》和《数字中国建设整体布局规划》等政策的发布，说明了国家越来越重视对数字普惠金融的监管能力。2023 年 8 月，中国人民银行发布了《银行业普惠金融业务数字化模式规范》。这是国内第一个数字普惠领域的金融行业标准，具有重要意义。政府通过制定和完善这些相关政策和法律法规，建立风险监测、风险防范和风险处理机制，提升了对数字化金融的监管能力，以防范金融风险，确保市场稳定。例如，北京率先试点金融科技"监管沙盒"，目的是在受控环境下测试新金融科技产品和服务，降低系统性风险。试点的成功标志着我国金融科技监管框架落地实施初见成效。

第四，为了打造良好、可持续发展的数字普惠金融生态机制，中国政府在多个层面进行了努力。2021 年 4 月，中国银保监会办公厅发布了《关于 2021 年进一步推动小微企业金融服务高质量发展的通知》。致力于解决小微企业的融资痛点，优化基础金融服务，并丰富普惠金融产品业务，更好地为小微企业提供低成本高质量的产品和服务。政府通过促进金融科技企业、银行、第三方支付平台、监管机构等多方的协作，为"三农"和小微企业提供更优质的普惠金融服务，形成一个互联互通、创新驱动的数字金融生态环境。政府还鼓励金融机构与小微企业供应链各方的规范协作与信息共享，推动数字政务与智慧政务的结合，不仅提升了金融服务的整体效能，还为金融创新提供了肥沃的土壤，使普惠金融能够更深入地渗透到社会的各个层面。

4.1.2.2 平台优势，产品业务多元发展

数字普惠金融作为金融科技与普惠金融深度融合的产物，其显著优势之一在于强大的平台构建能力。它不仅为金融机构提供了广泛的触达渠道，还依托云计算、大数据、人工智能等先进技术实现了高效、便捷的金融服务。依托这一优势，金融机构能够灵活设计并快速推出多样化的金融产品，满足不同客户群体的个性化需求。从基础的存贷款、支付结算服务，到保险、理财、基金、

供应链金融等复杂金融解决方案。数字普惠金融的产品线日益丰富，服务范围不断拓展。这种多元化不仅提升了金融服务的深度和广度，也促进了金融市场的竞争与创新，为经济发展注入了新的活力。

数字普惠金融多元的产品业务主要体现在数字化支付、互联网保险、互联网理财、网络借贷领域。第一，在数字普惠金融的框架下，数字化支付作为其核心组成部分，极大地推动了金融服务的普及。根据 Statista Consumer Insights 的数据，支付宝和微信是中国最受欢迎的数字支付平台。大约 90% 的中国在线支付用户表示他们在过去 12 个月中曾使用过这两个平台。通过这些移动支付平台，金融服务得以覆盖到农村和偏远地区，打破了传统金融服务的地域限制。这些移动支付平台不仅打破了传统金融服务的地域界限，使金融服务得以延伸至农村及偏远地区，还通过即时支付、二维码支付、NFC 支付等多种创新支付方式，显著缩短了交易时间并提升了用户体验。中国的这种数字支付模式已逐渐扩展到国际市场，尤其是在"一带一路"沿线国家和地区，显著提升了中国在国际金融领域的影响力。第二，互联网保险业务通过数字化服务流程，不仅简化了保险购买与理赔过程，还有效降低了保险产品的成本，使保险服务能够覆盖更广泛的社会群体。例如，阿里巴巴与众安保险合作推出的"退货运费险"，在淘宝天猫平台上为消费者提供了保障，同时促进了消费意愿。蚂蚁保险、众安保险等平台利用大数据分析和流量引导，为消费者提供定制化保险产品，满足个性化需求，并优化了风控等业务流程，以消费者为中心提供精准、个性化、多样化的服务。此外，互联网平台还积极与传统保险公司合作，助力有数字化转型需求的保险公司提升线上服务能力，推动更深层次的生态合作。第三，互联网理财的兴起为普通大众提供了低门槛的投资渠道，显著增强了金融市场的参与度。以蚂蚁科技集团股份有限公司（以下简称蚂蚁集团）的余额宝和理财通为代表等理财平台，通过提供多样化的投资产品，满足了不同风险偏好和投资需求的用户群体。互联网理财平台降低了理财的进入门槛，使更多普通人能够分享金融市场的收益，促进了财富的公平分配。互联网理财的兴起打破了传统金融行业的壁垒，使金融产品和服务更加普及和便捷。具体来说，互联网理财行业提供的产品和服务主要涵盖货币基金、定期理财等。这些产品通过互联网平台直接面向投资者，使他们能够轻松进行投资、赎回和查询，大大节省了时间和精力。第四，网络借贷的兴起极大地促进了资金的流通。通过移动端和互联网金融平台有效整合和处理资金信息，网络借贷实现了投融资者与资金提供者之间的精准匹配。P2P 网络借贷模式作为具有代表性的网络借贷形式，降低了借贷门槛，为传统金融体系难以覆盖的用户提供了资金支持，它们为缓解小微企业和个人的融资难题发挥了积极作用。

这些业务的不断拓展，不仅便捷了生活、优化了客户体验，也为金融机构的可持续发展奠定了坚实基础。总之，数字普惠金融以其平台优势和产品业务的多元发展，正深刻改变着金融服务的面貌，推动着金融行业的转型升级。

4.1.2.3 规模扩大，服务成效颇为显著

数字普惠金融通过云计算、大数据、人工智能等先进技术，不断扩大各个普惠金融业务的范围和规模，构建了一个高效、便捷、广泛覆盖的金融服务生态系统。通过数字普惠金融，金融机构更能够触及以往难以覆盖的偏远地区及弱势群体，显著提升了金融服务的普惠性和可得性。

在数字化支付领域，业务规模扩大成效显著。中国人民银行发布的中国普惠金融指标分析报告（2022 年）显示，银行业金融机构的电子支付业务笔数从 2012 年的 202.378 亿笔增长至 2022 年的 2789.65 亿笔，交易金额从 830.496 万亿元增加至 3110.13 万亿元。同时，根据 2023 年 3 月中国人民银行官网发布的 2022 年支付体系运行总体情况显示，非银行支付机构的网络支付业务笔数也显著增长。从 2012 年的 98.28 亿笔提升至 10241.81 亿笔，金额从 6.206 万亿元攀升至 337.87 万亿元。这些数据反映了中国数字支付交易量的急剧上升。同时，网络支付用户的比例也显著提高。根据中国互联网络信息中心 2023 年的数据。2017 年至 2023 年 6 月，中国网络支付用户规模持续增长，网络支付用户的五年复合增长率为 11.41%。而且网络支付用户在网民中的占比也有所上升，从 2017 年的 68.8% 增加到 2022 年的 85.4%。根据中商情报网 2023 年公布的数据显示，截至 2023 年 6 月，中国的网络支付用户总数已达到 9.43 亿人，同比增长了 4.28%。数字支付的普及极大地推动了金融服务的普惠性，使金融服务能够覆盖到更广泛的地区和人群。

此外，在互联网保险、互联网理财和网络借贷等领域，数字普惠金融也取得了显著成效。根据中国保险行业协会的数据，开展互联网保险业务的企业数量从 2013 年的 60 家增长到 2022 年的 129 家。在此期间，互联网保险的保费规模也从 290 亿元增长到 4782.5 亿元，年均复合增长率达到 32.3%。互联网理财方面，iiMedia Research 2022 年公布的数据显示，中国互联网理财用户从 2015 年的 2.4 亿人增加至 2022 年的 6.7 亿人。网络借贷行业也在不断优化，2023 年上半年，中国网络借贷行业市场规模已达到 10.85 万亿元，为小微企业和个人提供了重要的资金支持。

如图 4-2 所示，2011~2022 年我国数字普惠金融的支付、信贷、保险业务分类指数。总的来说，各项业务指数整体呈现上升趋势。其中保险的上升趋势最为明显。具体来看，数字普惠的信贷业务指数从 2011 年的 46.90 增长到 2022 年的 249.76，整体增长了 433%，仅在 2012~2014 年出现小幅度的下降。对比支付和保险业务，信贷业务的使用程度还是较低，说明人们更偏好于线下的贷款业务。数字普惠的支付业务指数从 2011 年的 46.54 增长到 2022 年的 252.23，整体上升了 442%，说明人们对手机银行、网上银行、云闪付、支付宝、微信支付等数字支付的使用不断增加。数字普惠的保险业务指数从 2011 年的 47.12 上升至 2022 年的 574.51，上升幅度达到了 1119%。说明数字化保险业务的使用受到广泛欢迎，也体现出人们越来越注重于购买保险以抵御风险。

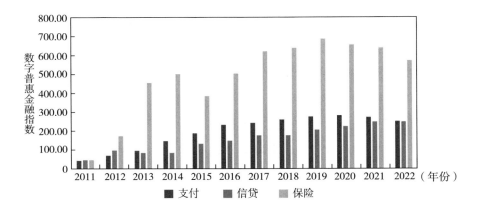

图 4-2　2011~2022 年我国数字普惠金融各项业务发展指数

总的来说，数字普惠金融通过业务规模的不断扩大和服务的持续优化，在多个领域都取得了显著成效，为更多人带来了便捷、高效的金融服务体验。

4.1.2.4 形势复杂，机遇与挑战并存

党的二十大报告强调，要"加快构建以国内大循环为主体、国内国际双循环相互促进的新发展格局"。在我国新的历史发展阶段，数字普惠金融不仅是金融领域落实"双循环"战略的关键渠道[①]，还在服务高水平对外开放中起到了重要作用。根据海关总署在 2023 年初发布的 2022 年全年进出口数据，2022 年我国货物贸易进出口总额为 42.07 万亿元，创历史新高，为小微外贸企业开辟了国际化发展的广阔空间。然而，面对国际环境的复杂多变和国内经济的诸多挑战，小微外贸企业亟须融资支持以应对困境。因此，推动普惠金融高质量发展，特别是精准对接外贸小微企业的融资需求，对于培育外贸新优势、激发外贸主体活力以及促进"双循环"战略的实施具有深远意义。

数字普惠金融推动国内国际双循环的内在逻辑主要体现在两个方面。第一，数字普惠金融通过助力小微企业融资，有效打通了经济内循环。根据网商银行小微观察站 2023 年发布的相关数据显示，小微企业作为中国经济发展的基石，占全国市场主体的 90%。在就业、专利发明、GDP 和税收等方面做出巨大贡献。然而，渠道有限、成本高的融资难题一直是制约小微企业发展的瓶颈。数字普惠金融以其普惠和包容的本质，通过相关普惠产品为小微企业提供了有力的融资支持，促进了其生产规模的扩大和生产效率的提升，实现了资源的优化配置，并促进了资本与实体经济的良性互动。根据微众银行 2024 年官方发布的数据及报告显示，截至 2024 年 6 月末，微众银行已与超过 400 家核心企业建立合作，为 30 多万家上下游小微企业提供了超过 5000 亿元的资金支持，显著提升了融资额度并降低了成本。第二，数字普惠金融扩大了外贸信贷的投放量，有力推动了国内国际双循环。在"双循环"战略下，强化国内循环、扩大对外开放，形成更高质量、更主动的对外开放格局。改革开放以来，我国通过外向型经济模式，培育了一批外贸小微企业，这些企业成为全球市场的重要参

---

① 张永恒，杨哲. 数字普惠金融畅通国内国际双循环的机理及效应研究 [J]. 西部经济管理论坛，2023，34（4）：8-20.

与者，把"中国制造"的名号推向了全球。然而，面对全球经济的不确定性，我国的对外贸易还面临着挑战。因此，小微企业在稳外贸、突破国际市场壁垒方面至关重要。数字普惠金融帮助小微外贸企业更好地参与全球价值链，推动了中外经济的深度联动和对外开放战略的深化。例如，中国建设银行推出的"跨境快贷—外贸贷"线上产品，为外贸小微企业提供了便捷的融资支持。

在国内国际双循环的背景下，数字普惠金融也迎来了新的机遇。第一，相关"稳外贸"的政策支持外贸的高速增长，有利于小微企业的海外业务拓展，也将为数字普惠金融的发展提供了一大方向。中国的进出口优势显著，根据海关总署在2023年初发布的数据显示，2022年，我国货物贸易进出口额首次突破40万亿元。商务部确立2022年为"外贸巩固提升年"，并实施了市场多元化、外贸创新提升质量等行动。同年，国务院也发布了《关于做好跨周期调节进一步稳外贸的意见》，对外贸小微企业提供了有力的普惠金融支持。这些政策有效推动了经济复苏，使普惠金融成为促进外循环的重要力量。第二，外贸新业态模式催生了新的外贸需求，围绕新业态和新场景的普惠金融服务可以根据需求制定更适宜的金融产品。2021年7月，国务院发布了《关于加快发展外贸新业态新模式的意见》，明确指出跨境电商、外贸综合服务企业和海外仓等新业态是推动外贸发展的关键力量。该意见鼓励金融机构为这些具有真实交易背景的外贸新业态企业提供便捷的金融服务。与传统外贸相比，新业态展示了显著的普惠金融特征。小微企业是外贸新业态的主要组成部分，根据网商银行小微观察站2023年公布的数据显示，在阿里国际站、速卖通等主流跨境电商平台上，超过70%的跨境电商卖家为小微企业。参与市场采购贸易的大部分企业则是由家庭作坊演变而来的个体工商户。而且，新业态通过信息技术和专业化优势，能帮助小微企业更好地开拓海外市场，缩短交易链条，降低经营成本，显著弥补了其在市场规模、信息和人才资源上的不足，为小微企业参与国际经济合作提供了重要渠道。未来，数字普惠金融可以推出更多相关的远期外汇结售汇、进出口信用证押汇等普惠金融产品，更好地适应外贸需求。第三，在互联网发展的背景下，对小微企业的"精准画像"成为数字普惠放贷的重点。金融机构需充分利用大数据技术，优化和完善其信用评估体系。2021

年，国务院发布了《加强信用信息共享应用促进中小微企业融资实施方案》。要求建立符合中小微企业特点的信用评价指标体系，实现全面的信用评价，供银行及其他机构参考。2022 年 3 月，中共中央办公厅、国务院办公厅出台了《关于推进社会信用体系建设高质量发展促进形成新发展格局的意见》。从顶层设计的角度对我国社会信用体系进行了全面规划。银行可以在如"信用中国"网站、国家企业信用信息公示系统等信用平台上收集关于企业经营状况、股东结构等详细信息，结合移动互联网等数字技术，运用大数据完善小微企业的身份标签并根据风险细分客群，提高这些小微企业征信情况的透明度，降低信息的不对称和银行的信息成本，从而更好地落实数字普惠金融服务。第四，实体经济的数字化转型要求为数字普惠金融的发展带来了机遇。实体经济的数字化转型要求体现在智能制造、数字供应链、电子商务、数据驱动决策支持以及数字化客户体验等方面。为了更好地支持和适配实体经济需求，数字普惠金融应该深入渗透到经济循环体系的各个领域和环节，促进数字技术主导下的金融资本与产业资本的融合，形成新的技术经济模式，促进实体经济的数字化转型。

综上所述，数字普惠金融在国内国际双循环的新发展格局中面临着形势的复杂性和机遇与挑战并存的局面。然而，通过精准对接小微企业融资需求、推动外贸信贷投放、抓住政策机遇、创新金融产品以及深入渗透实体经济数字化转型等领域，数字普惠金融将能够充分发挥其作用，推动金融行业的转型升级和经济的持续发展。

4.2　数字普惠金融的指标构建与测度

早期，国外学者构建了数字普惠金融指标。例如，Beck 等[①]选取的指标是以人均储蓄和人均 GDP 的比值、每千人的存款账户量、每百平方千米的 ATM

---

① Beck T, Demirguec-Kun A, Levine R. Finance, inequality and the poor [J] . Journal of Economic Growth, 2007, 12 (1): 27-49.

机器数量等八项指标构成的。在此基础上，Sarma（2008）[1] 从银行的渗透性、金融服务获取便捷度和使用深度三个维度进行评估，构建了第一个比较全面的数字普惠金融指标体系，即普惠金融指数（IFI）。此外，Gupte 等（2012）[2] 考虑了金融服务成本的因素，Arora（2012）[3] 考虑到了银行金融服务的覆盖范围、便利程度和成本，Rahman 和 Coelho（2013）[4] 考虑到了金融服务的可获得性、服务质量和使用情况。在二十国集团领导人第七次峰会上，G20 国家领导人采纳了全球普惠金融合作伙伴的建议，通过了 G20 普惠金融指标体系。该体系强调，普惠金融的评估应从金融服务的可获取性、利用率以及深入性三个方面进行构建。中国人民银行金融消费权益保护局发布的《中国普惠金融指标分析报告（2018 年）》，通过金融服务的使用情况、获取渠道的便捷性以及服务质量三个维度，共设定了 21 类 51 项指标来评估普惠金融指数。此外，关于数字普惠金融指数的合成方法有多种选择，常见的包括熵值法和综合指数法等。例如，葛和平和朱卉雯（2018）[5] 则利用熵值法计算中国数字普惠金融指数，并分析了其省域差异及影响因素。作为实证研究的一个热门领域，普惠金融对经济效应的影响受到了广泛关注。

郭峰等（2020）[6] 设计了一套符合中国国情的数字普惠金融指数系统，该系统基于三大支柱——数字金融的覆盖面、用户使用深度以及普惠金融的科技化水平。33 个精细指标共同勾勒出一幅翔实图景，准确捕捉并全面展示了当今中国数字普惠金融演进的各个层面动态。具体指数框架如图 4-3 所示。

① Sarma M. Index of financial inclusion［R］. Indian Council for Research on International Economic Relations，New Delhi，2008.

② Gupte R，Venkataramani B，Gupta D. Computation of financial inclusion index for India［J］. Procedia-Social and Behavioral Science，2012，37（1）：133-149.

③ Arora R U. Finance and inequality：A study of Indian states［J］. Applied Economics，2012，44（34）：4527-4538.

④ Rahman Z，Coelho F. Financial inclusion indicators：Quality dimensio［R］. Kuala Lumpur：Global Policy Forum，2013.

⑤ 葛和平，朱卉雯. 中国数字普惠金融的省域差异及影响因素研究［J］. 新金融，2018（2）：47-53.

⑥ 郭峰，王靖一，王芳，等. 测度中国数字普惠金融发展：指数编制与空间特征［J］. 经济学（季刊），2020，19（4）：1401-1418.

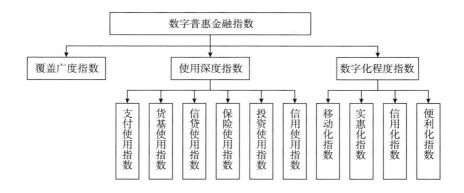

图 4-3　数字普惠金融指数框架

　　郭峰教授团队对指标实施无量纲化处理与权重确立，利用算术平均综合方法生成了各地区历年数字普惠金融指数。鉴于该指数具备高度的合理性、精确性和业界公认的权威性，已被众多学者采纳①②③，因此，本书选取此指标体系作为探究数字普惠金融相关问题的重要参考依据。

　　运用数字普惠金融指数系统，本书量化分析了我国的数字普惠金融发展水平。我国 2011~2022 年的数字普惠金融发展水平如图 4-4 所示。12 年间，中国在数字普惠金融领域取得了突破性的跃升，其发展水平得到显著提升。这一进程不仅展现了金融科技在中国的蓬勃生机，也深刻揭示了数字普惠金融在推动经济社会全面发展中的重要作用。2011 年，我国各省份数字普惠金融发展水平的中位数值为 33.58，数字普惠金融处于发展初期阶段，普及程度和深度相对有限。历过多年的发展，该指标有了显著变化。2022 年，这一数值跃升至 378.83，是 2011 年的 11 倍多。这不仅充分展示了数字普惠金融强劲的增长势头和短短十余年间所取得的巨大成就，也凸显了中国在推动金融科技创新方面的决心和实力。对中位值增速进行剖析，可以发现随着数字金融市场日趋完

　　① 彭澎，徐志刚. 数字普惠金融能降低农户的脆弱性吗？［J］. 经济评论，2021（1）：82-95.

　　② 马亚明，周璐. 基于双创视角的数字普惠金融促进乡村振兴路径与机制研究［J］. 现代财经（天津财经大学学报），2022，42（2）：3-20.

　　③ 钟凯，梁鹏，王秀丽，等. 数字普惠金融有助于抑制实体经济"脱实向虚"吗？——基于实体企业金融资产配置的分析［J］. 国际金融研究，2022（2）：13-21.

善，数字普惠金融增速呈现出减缓趋势。这一现象并不能说明其发展趋于停滞，而是行业发展的自然规律体现。这一过渡阶段意味着数字普惠金融的发展将更加稳健、可持续，将为未来的长期发展奠定坚实基础。

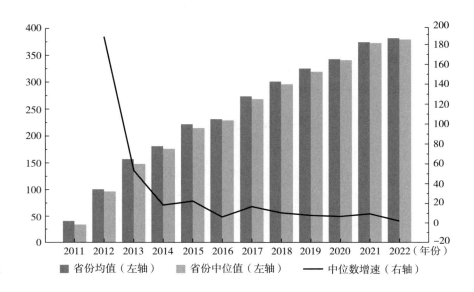

图 4-4　数字普惠金融发展水平

　　将数字普惠金融及其三个子维度覆盖广度、使用深度和数字化程度的历年中位值进行比较分析，我们可以更加细致地了解其发展状况。如图 4-5 所示，首先，数字普惠金融总指数整体呈现出稳定且持续上升的趋势。这意味着2011~2022 年，我国在数字普惠金融领域已经收获了明显的进展与成效，其整体发展水平在不断提升。其次，覆盖广度指数的持续稳定上升表明，数字普惠金融服务的覆盖范围在逐步扩大。这得益于技术的不断进步和普及，使越来越多的人能够接触到并享受到数字普惠金融服务。无论是城市还是农村，无论是大型企业还是小微商户，数字普惠金融都在逐步打破地域和规模的限制，为更多人带来金融便利。使用深度指数的上升趋势则揭示了人们对于数字普惠金融服务的依赖程度在不断增加。随着人们对于数字技术的熟悉和信任，他们开始更加频繁和深入地使用各种数字普惠金融产品。这种深入使用不仅提升了人们的金融素养，也进一步推动了数字普惠金融的发展。最后，数字化程度指数在2015 年增长最快，随后震荡上升。这反映出数字普惠金融服务的数字化水平在不断提高。随着现代数字技术的创新运用，数字普惠金融服务的便捷性、高效性和安全性明显增强，能够更好地满足人们的多样化需求。

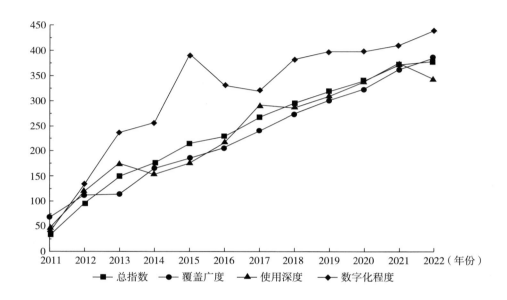

图 4-5 2011~2022 年数字普惠金融子维度发展水平

4.3 我国数字普惠金融发展存在的问题

4.3.1 发展不均、环境差异导致供求失衡

中国数字普惠金融服务面临显著的供求失衡问题，这主要源于城乡差距和区域发展不均。

城乡差距表现为城市地区金融科技服务的普及程度高、产品更加多样化。

而农村地区的金融服务往往可及性不足和适配性不够，城乡形成了明显对比。具体来说，在城市地区，数字普惠金融服务如小额贷款、投资理财和支付工具等较为普及，金融科技平台的覆盖率和使用频率较高。然而，农村地区基础设施建设不足、网络覆盖有限和金融服务网络稀缺，导致数字金融服务的可及性较差，农民和农村居民在使用数字金融服务时面临困难。同时，农村地区与城市地区的居民对金融产品的需求有所不同，现有产品未能针对农村市场的特殊需求做改善。现有的标准化金融产品如消费贷款、信用卡等往往是根据城市居民的需求设计的，可能要求客户具有良好的信用记录或抵押品。而农民和小微企业主对产品更多需求是低门槛、小额短期的贷款，所以现有的金融产品在农村市场的适配性较差。

如图4-6所示，区域差异体现为东南沿海地区及京津地区的数字普惠金融发展情况位于国家前列，数字普惠金融市场相对成熟，服务质量高。而中西部地区的数字普惠金融服务市场尚处于起步阶段，服务不完善且创新能力不足。以移动支付为例，浙江省的移动支付普及率已经非常高，居民在日常生活中广泛使用移动支付进行消费和转账。而在西藏自治区，由于网络覆盖有限和智能设备普及率低，移动支付的普及程度仍然较低，居民在使用移动支付时面临较大的困难。

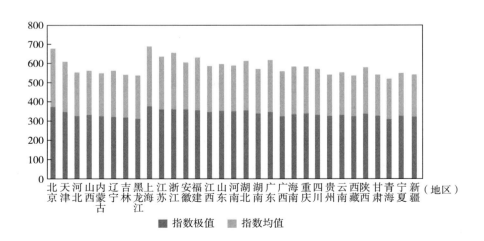

图4-6 2011~2022年各地区数字普惠金融指数水平差异

因此，中国城乡和区域之间的数字普惠金融发展存在显著的差异。为了量化具体的差异，图4-6显示了2011~2022年我国31个省份的年平均数字普惠金融指数的极值和均值。前三名分别是上海、北京和浙江，均值分别为297.14、291.33、281.04，明显高于其他省份，是数字普惠金融发展的排头兵。其他省份的年均数字普惠金融指数大多在200~250，说明经过多年发展，各地数字普惠金融水平都迈上了新台阶。

图4-7显示了三个子维度指数的地区差异，其中覆盖广度、使用深度、数字化程度均采用均值。具体来说，这三个维度的指数均显示，发展较好的是北京市，发展较慢的是西藏自治区。在覆盖广度维度，北京市均值为343.72，西藏自治区为229.03，两者均值差为114.69。在使用深度维度，北京市均值为353.70，西藏自治区为239.26，两者均值差为114.44。在数字化程度维度，北京市均值为362.24，西藏自治区为249.20，两者均值差为113.04。可以看出，中国各地区数字普惠金融的发展存在较大差异，主要原因可能在于经济发展水平、基础设施建设、政策支持力度、金融科技应用程度和市场需求的不同。

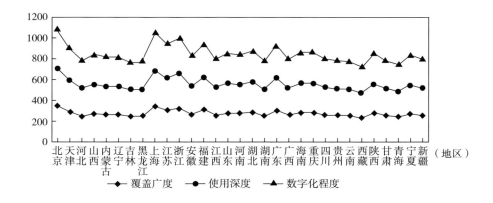

图4-7 2011~2022年各地区数字普惠金融指数均值分布差异

第一，经济发展水平不同。导致我国数字普惠金融存在地区发展不平衡的根本原因是地区间的经济发展差异。数字普惠金融的发展依赖于数字普惠金融基础设施的建设，而数字普惠金融设施建设的过程需要投入较多人力、物力及财力。经济发达的地区能够为数字普惠金融基础设施的建设提供充分的经济支撑，这就容易形成发展的"马太效应"。大量资源及人才流入数字普惠金融建设更为完备的地区，而发展较为落后的地区对资源及人才的吸引能力则有待提高。长此以往可能会使地区间的发展差距进一步拉大，不利于区域间的协调发展。例如，上海、北京和广东等地经济发展水平较高，金融市场成熟，居民收入较高，对金融服务的需求也较大。这些地区拥有更多的资源投入到金融科技的研发和应用中，从而推动了数字普惠金融的发展。相比之下，西藏、新疆和青海等地经济相对滞后，金融市场不够发达，对新技术的接受和应用速度较慢，导致数字普惠金融的发展水平较低。

第二，基础设施建设程度不同。城市地区的数字基础设施较为完善，互联网覆盖率高，智能手机普及率高，这为数字普惠金融的发展提供了坚实的基础。例如，北京和上海等一线城市的金融科技公司可以利用高效的网络环境和先进的技术平台，快速推出和推广数字金融产品和服务。而农村和偏远地区，特别是偏远山区的基础设施相对落后，互联网覆盖不足，智能设备普及率低，限制了数字普惠金融的普及和应用。

第三，政策支持力度不同。政府在数字普惠金融发展的过程中扮演了重要角色。一些地区被指定为数字普惠金融示范区，享受更为优惠的政策支持。例如，浙江省被指定为金融科技创新的试点地区，政府出台了一系列政策措施鼓励浙江省金融科技企业的发展，加大对数字普惠金融项目的资金支持和政策扶持，这些措施显著提升了当地数字普惠金融的发展水平。

第四，金融科技应用程度不同。金融科技公司在数字普惠金融发展中起到了重要作用。在金融科技公司集中的地区，如深圳和杭州，数字普惠金融的发展显著领先。这些地区不仅有大量的金融科技公司，而且金融科技创新活跃，技术应用广泛，带动了数字普惠金融的快速发展。而在金融科技公司较少的地区，数字普惠金融的发展可能相对滞后。

第五，各个地区的数字普惠金融市场需求不同。市场需求也是影响数字普惠金融发展的关键因素。经济特区如深圳和厦门，由于对外开放程度高，商业活动频繁，对金融服务的需求旺盛，促进了数字普惠金融的发展。而一些经济活动相对较少的普通地区，市场需求不足，金融科技产品和服务的推广和应用受到限制，数字普惠金融的发展相对较慢。

这些问题强调了在推进数字普惠金融发展的过程中，需要综合考虑区域经济差异、政策支持和基础设施建设，以实现服务的均衡和公平发展。

4.3.2 创新不足、需求脱节导致产品趋同

在数字普惠金融的发展进程中，创新不足已成为一个显著制约因素，导致金融产品的同质化现象日趋严重。具体而言，当前市场上的数字普惠金融产品未能充分考量小微企业主和中低收入群体的独特需求，从而未能针对这些特定群体提供定制化的金融服务方案。

首先，市场上的数字普惠金融产品大多集中在支付、转账、贷款等基础金融服务上。这些产品虽然满足了用户的基本需求，但没有根据不同群体的特殊需求创新特定的产品。这是因为许多金融机构在推出数字普惠金融产品时，往往只是简单地将传统金融产品数字化，而没有充分考虑小微企业主或中低收入群体的特殊性质。以数字普惠贷款产品为例，小微企业和农户的运营环境具有较大的差异性和不确定性，尤其是在收入的季节性波动、农产品价格的波动以及融资需求的灵活性方面。例如，小规模家庭经营的农户主要需要满足日常开支，如建房和婚嫁，其资金需求小额、短期且频繁。一些创业或生产扩张中的农户则需购置大量生产资料，并面临经营风险。通常需要长期、大额的借贷，且对资金时效性要求较高。而稳定生产的乡镇企业主则主要需求生产周转资金，其贷款的期限和规模具有行业特征。然而，目前的农村信贷产品仍以标准化的消费贷和抵押贷为主，未能充分覆盖这些多样化需求。此外，尽管农户对数字农业保险等金融产品有一定需求，但当前的数字普惠金融产品主要集中于贷款，数字普惠保险服务的种类和质量亟待提升。还有一些数字普惠理财产品，如余额宝、定期理财产品等，尽管在形式上有所不同，但实际上大多数理财产品的投资策略和风险水平也是趋同的，不能给小微企业或中低收入群体更合适的选择。

其次，当前数字普惠金融业务的风险管理和服务模式也存在趋同问题。在风险管理方面，尽管金融科技引入了大数据、人工智能等技术手段，提升了信贷风险的控制水平，但其应用往往局限于通用型的风控模型，缺乏针对不同行业或客户群体的差异化处理。许多金融机构依赖于标准化的信用评分系统或贷款审批模型，这些模型基于类似的数据源，如用户的交易记录、社交行为等。虽然不同平台可能有自己的数据处理和评分算法，但核心数据源和评分逻辑的相似性，导致信用评分结果在市场上趋于一致，从而影响了信用产品的多样性，难以充分考虑小微企业和农户等客户群体的特殊情况。例如，小微企业的现金流波动较大，且财务透明度较低，使用传统的信用评分系统可能无法准确评估其风险。这种风控模式忽视了特定行业的经营特点和风险因素，导致许多具有潜力的小微企业和农户难以获得资金支持。在服务模式方面，趋同问题主要体现在不同机构和平台之间缺乏差异化竞争。许多数字金融平台的业务模式和产品设计大多依赖于相似的技术架构和风控手段，而且不同机构如大中小银行之间缺乏差异化的竞争和优势互补的机构体系。这导致资源配置效率低下，不同平台或不同机构推出的数字普惠金融服务在功能和形式上趋于一致。这种趋同不仅限制了创新，也使金融服务的附加值难以体现。

总的来说，当前数字普惠金融业务的趋同问题，限制了其在满足小微企业主和中低收入群体需求上的能力。未来，金融机构需加强对特定行业和客户群体的深入分析，结合其经营特点和风险因素，开发差异化的数字普惠金融产品和服务模式，才能真正实现普惠金融的初衷，推动行业的可持续发展。

4.3.3 风险高发、监管薄弱导致金融风险

数字普惠金融的快速发展虽然为金融服务的普及和普惠性带来了巨大的机遇，但也引发了一系列监管问题。

第一，由于技术还不够完善，数字普惠金融仍存在信息安全、系统稳定性方面的问题。一方面，信息安全是数字普惠金融面临的重要技术挑战之一。大量的个人信息和交易数据被数字化和集中化，这使网络风险显著增加。金融科技公司往往需要收集、处理和存储大量的个人和企业数据，如果这些数据得不

到妥善保护，可能会导致严重的信息泄露和隐私侵权事件。此外，随着金融服务的数字化，网络金融欺诈的风险也在增加。因此，金融机构需要投入大量资源来加强信息安全防护，包括加密技术、防火墙、入侵检测系统等，以确保用户数据的安全。另一方面，系统稳定性也是数字普惠金融发展中不可忽视的技术问题。由于数字普惠金融服务需要依赖复杂的金融科技系统和网络基础设施，任何系统故障或网络中断都可能导致服务中断或数据丢失，给用户带来损失和不便。

第二，数字普惠金融领域的监管政策尚待健全。一方面，要针对数字普惠金融的快速扩张性质制定相应的政策规范。目前，数字普惠金融领域的数字平台凭借其"轻资产"与科技驱动的特性，能够迅速扩张市场，乃至形成垄断态势。这种快速集中化不仅抑制了市场的有效竞争，还可能加剧中小金融机构的生存挑战，从而对金融生态系统的整体健康构成威胁，监管部门需要对此高度重视。另一方面，金融行业的混业经营模式进一步复杂化了监管环境，需要建立适应这种经营模式的监管框架，填补监管空白。近年来，随着金融行业逐渐开放混业经营，诸如中国平安集团、招商局集团等大型金融控股集团开始在银行、保险、证券等多个领域跨界运营。混业经营往往伴随着金融产品与服务的不断创新，而这些创新产品有时超出了现有监管框架的监管范围。此模式增强了金融系统内部各组成部分之间的相互依赖，使个别机构的风险更容易蔓延至整个金融体系，增加了系统性金融风险的发生概率。传统的针对单一业务的监管方式已难以有效应对这种复杂多变的风险格局。因此，需要通过完善监管制度和政策、加强跨部门监管协调等措施的实施，来提升我国金融监管的效能和水平，确保金融市场的稳定和健康发展。

第三，数字普惠金融的创新性要求较高的市场反应速度。但传统的监管体系通常较为滞后，无法快速应对新兴的金融科技产品和服务。这种矛盾导致了金融科技企业在创新过程中往往面临"先行先试"的合规风险。具体来说，监管政策的制定和实施通常需要经过严格的法律程序，包括政策研究、公众咨询、立法审批等环节，这导致监管政策的出台往往滞后于市场发展的需求，传统的监管模式无法及时响应市场变化。此外，数字普惠金融监管体系面临信息不对称和不透明的问题。各类数字普惠金融的参与主体众多，信息流通复杂，存在信息不对称情况，部分参与主体可能存在违规行为，通过不公平手段获取利益。

因此，在数字普惠金融的发展过程中，需要建立一个更加灵活、有效的监管体系，以平衡创新发展与风险防控之间的关系。

4.3.4　金融素养不足，知能匮乏导致数字鸿沟

在探讨数字普惠金融的发展进程中，居民的文化素质与金融意识成为不可忽视的关键因素。由于不同群体对金融服务的接纳度与利用能力不同，直接影响了数字普惠金融的普及与深化。这一影响在城市与农村之间，以及不同地理区域间，催生了显著的数字鸿沟现象。

首先，聚焦于城市与农村之间的差异，数字鸿沟主要体现在两个核心维度：金融知识的普及不足与数字基础设施的滞后。一方面，根据《消费者金融素养调查分析报告（2021）》的数据显示，乡村地区金融消费者的平均得分为64.61，较城镇地区低3.45分，凸显出农村地区在金融知识教育上的短板。这一现状不仅限制了农村居民在金融产品选择上的判断力，还易使其陷入盲目跟风的境地。同时，金融机构对农村地区的金融知识宣讲与教育投入不足，进一步加剧了这一知识鸿沟。另一方面，农村地区的数字基础设施建设相对滞后，网络覆盖有限、传输质量波动大，加之高昂的基础设施与移动终端投入成本，共同构成了金融机构在农村地区推广数字普惠金融服务的障碍，从而拉大了城乡之间的数字鸿沟。

其次，从不同地理区域的视角来看，数字鸿沟主要体现在开放程度与科技文化水平的差异上。改革开放以来，中国东部与南方地区凭借其较高的开放度，吸引了大量优秀人才，居民教育水平与金融意识显著提升，为适应数字化时代及主动接纳数字普惠金融服务奠定了坚实基础。相比之下，中国西部与北方地区因开放相对滞后，面临人才流失、教育水平相对落后以及科技文化水平不足的挑战。这些地区的居民与企业在数据分析与应用能力上存在显著差距，导致了算法意识与数据资源的不平等分配，进一步加剧了区域间的数字鸿沟。

综上所述，普惠金融虽旨在促进金融服务的广泛可及性，但在实际操作中却可能无意中放大了区域间的数字不平等。这种由"观念鸿沟""知识鸿沟"与"科技鸿沟"交织而成的复杂"数字鸿沟"，不仅阻碍了数字普惠金融的均衡发展，还对其长期可持续性构成了严峻挑战。因此，缩小数字鸿沟，提升全民文化素质与金融意识，成为推动数字普惠金融深入发展、实现金融包容性增长的关键所在。

4.4 数字普惠金融发展的国际经验与启示

4.4.1 发达国家，拓展创新重视风险

发达国家在数字普惠金融的发展方面积累了丰富的经验，提供了宝贵的国际启示。相较于发展中国家，发达国家在金融体系的完善性、开放性以及数字化程度上处于领先地位。它们不仅通过金融科技推动了普惠金融的深入发展，还在创新风险控制和征信体系中走在前列，为全球数字金融发展提供了范例。

一方面，发达国家致力于不断拓展创新数字普惠金融业务，以形成一个全面的数字普惠金融生态系统，为用户提供广泛的数字普惠金融服务。以瑞典为例，该国大力建设无现金支付基础设施，并推广像 Swish 这样的移动支付平台，使得金融服务覆盖到更广泛的社会群体。无论是城市还是农村，金融服务的可得性和便捷性都得到了大幅提升。此外，美国也在不断拓展和创新移动支付、互联网贷款和智能投顾等数字普惠金融业务。以 PayPal 为例，作为全球最大的在线支付平台之一，PayPal 提供了便捷的支付服务，允许用户通过多种方式进行资金的充值和转出，大大提升了支付的灵活性与便利性。网络贷款平台则利用先进的数字技术，为中低收入群体和小微企业提供了快速获得贷款的渠道，特别是那些传统银行难以覆盖的"长尾客户"。智能投顾领域同样是美国的创新亮点。通过数字科技降低成本，美国的智能投顾公司如 Wealthfront 和

Betterment 以极低的费用提供高质量的投资建议和管理服务。这一低成本策略不仅提升了用户参与度，还扩大了金融服务的普惠性，推动了智能投顾的广泛普及。

另一方面，发达国家在创新数字普惠金融产品的同时，高度重视数字普惠金融所带来的风险。例如，美国正不断利用金融科技完善大数据征信体系，以实现在控制风险的前提下更广泛地开展数字普惠金融业务。美国目前的大数据征信体系，是在益百利、艾可菲和全联三大征信机构以及 FICO 等信用评分机构的基础上，利用大数据和机器学习技术来优化个人和企业的信用评估流程。这不仅提升了信用评估的精准度，还扩展了金融服务的覆盖面。通过 FICO 评分和机器学习算法模型，美国的金融机构能够更好地识别贷款风险，并有效扩大融资的对象范围，特别是那些传统金融机构忽略的客户群体。为了应对数字普惠金融可能带来的风险，英国则通过"监管沙盒"策略为金融科技创新提供了广阔的发展空间。监管沙盒允许金融科技公司在受控环境中测试其创新产品和服务，这种策略不仅鼓励了创新，还确保了消费者的权益保护。通过这种方式，英国成功促进了数字金融产品的开发和应用，为其他国家提供了有益的借鉴。

对于发达国家的这些成功实践，其他国家可以借鉴宝贵的经验，并结合自身国情进行适应性创新。一方面，各个国家可以参考发达国家创新数字普惠金融业务的成功案例，打造一条独具地方特色的数字普惠金融生态链。各个国家不能仅局限于发展单一的数字普惠金融业务，而是可以通过多方面地发展如移动支付平台、数字普惠金融贷款和数字普惠智能投顾等多样化的数字普惠金融服务，形成一个完整的数字普惠生态圈来整体提升金融普惠性。另一方面，各个国家在发展数字普惠金融业务时，必须关注对应的风险管理和监管框架的建设。各个国家可以借鉴发达国家的做法，利用数字技术加强监管体系的建设，以更全面地监控信用风险，防止系统性风险。

总而言之，发达国家在数字普惠金融领域取得的成功经验，对各个国家而言都有宝贵的借鉴意义。这些经验促使各个国家在推进数字普惠金融时，更加注重拓展业务范围、创新业务模式，并高度重视该领域可能带来的风险挑战。

4.4.2 发展中国家，新兴市场创新服务

发展中国家的金融发展水平相对滞后。然而，通过创新基础普惠金融服务和政策支持，一些发展中国家克服了传统金融体系局限，在数字普惠金融领域取得了显著成就，为全球提供了宝贵的经验与启示。

第一，发展中国家注重基础金融服务的推广。一方面，发展中国家会从提升基础设施水平来推广数字普惠金融服务。在一些发展中国家，广泛的手机普及率和逐渐完善的网络覆盖，为数字金融服务的扩展提供了基础支持。另一方面，发展中国家的数字普惠金融主要集中在满足支付和汇兑等基本金融需求，更有利于提高数字普惠金融服务的接受度。以肯尼亚的 M-Pesa 为例，这项移动货币转账服务自 2007 年推出以来，已成为肯尼亚最广泛使用的金融工具之一。M-Pesa 让未能接触传统银行服务的群体能够使用移动电话进行存款、取款、转账等基本金融活动，不仅促进了小微企业的发展，还显著降低了贫困率。还有巴基斯坦的 Easypaisa 平台，专注于服务传统银行覆盖不足的广大农村人口。它不仅提供转账服务，还包括储蓄账户和保险产品，这些功能设计简单、成本低，特别适合低收入人群。该平台帮助大量用户获得了金融服务，使他们能够通过手机进行日常金融交易。

第二，发展中国家在产品设计上注重对客户群体的细分，特别是考虑低收入人群和小微企业的需求。例如，印度的 Aadhaar 项目通过分配唯一的数字身份，使得数百万此前无法获得金融服务的人群能够轻松开户并验证身份。这一系统特别为低收入人群和农村居民设计，简化了金融服务流程，极大地提升了金融服务的可得性。还有基于肯尼亚的微型保险公司 Pula，专门为小农户提供气候风险相关的保险产品。Pula 通过卫星数据和人工智能技术，结合种子和化肥等农资价格，将天气指数保险与农户日常使用的物资绑定。这种设计不仅简化了理赔流程，还帮助低收入小农户规避农业生产中的风险。

第三，发展中国家在推动数字普惠金融发展的同时，重视提高公众的金融和数字素养。因为发展中国家的金融发展水平和开放程度较低，所以开展数字普惠金融的前提是要通过金融教育、数字技能培训等措施，使更多人理解并使

用数字普惠金融服务，从而扩大普惠金融的覆盖面。例如，印度尼西亚在全国范围内开展数字扫盲活动，重点面向社区提供多种在线课程和免费培训，并编写出版相关教材，提升民众的数字素养和缩小城乡数字鸿沟。

第四，发展中国家通过政府、金融机构、电信公司、技术公司等多方合作来推动数字普惠金融的发展，形成了良好的生态系统。这种多方合作有助于整合资源，提供更为便捷和多样化的金融服务。其中，政府的政策支持和有效的监管框架至关重要。许多国家通过制定普惠金融政策、提供税收优惠、建立国家层面的普惠金融战略等方式，推动了数字普惠金融的发展。例如，印度政府推出了"数字印度"计划，旨在通过印度政府、私营部门、技术公司和金融机构等多方合作推动数字普惠金融的发展。墨西哥的 BanRegio 银行与多家电信公司合作，推出了基于手机的银行业务，推动了移动支付、数字银行和在线贷款等的数字普惠金融业务的发展。显然，得益于政府、金融机构、电信公司及技术企业等多方面的协同合作，发展中国家的数字普惠金融领域正展现出蓬勃的发展态势。

通过这些经验，发展中国家展示了如何利用数字技术在有限的资源条件下实现普惠金融的目标。这些成功案例也为其他发展中地区和国家提供了宝贵的借鉴和参考。

总体来说，我国为了数字普惠金融进一步的发展，可以通过这些措施来实现。

第一，构建完善的数字普惠金融监管体系。监管机构应采取相应措施并在政策上支持数字普惠金融的发展。金融业监管部门应转变监管模式，从以前的"分业监管"到现在提出的"穿透式监管"。结合数字普惠金融特性，提升科技监管能力，积极推进数据安全方面的立法，加大对互联网征信的监管力度，同时监管者也要在创新和风险之间寻求平衡。

第二，提升金融机构对数字普惠金融的认识。应当让金融机构充分认识到，发展数字普惠金融是金融服务实体经济的内在要求，同时也是促进金融机构转型的重要途径。要从大局角度出发，追求长远利益发展而非短期效益。加强数字普惠金融的资源配置和战略部署，加强培养多方面复合型专业人才，强调岗位轮换机制确保业务和技术岗位人才的适当交流，以获得丰富的实际工作经验，提高整体素质和充足人才库。

第三，加强基础设施建设。一方面，要进一步改善互联网基础设施，提高移动互联网络的覆盖率，提高网络运行速度，加快人民群众经济生活的触网率。另一方面，建立与加强政府各部门之间的沟通合作机制，制定统一标准和互联规则，加强公共机构之间的数据交换与共享，形成大数据技术支持全国统一的数字化征信平台系统，实现与数字普惠金融的共同发展。

第四，搭建有效的资源整合平台。建立有效的平台，利用来自全国各个领域的资源，开展热点难点课题研究，挖掘具体典型案例，推动成果和经验的应用和传播为数字普惠金融服务实体经济提供有力支撑。同时，做好各方的桥梁纽带，客观反映政府与市场之间的问题和需求，正确解读监管政策，促进双向积极互动。对于市场参与者，积极推广银行、金融机构和互联网公司等的交流协作，实现互利共赢，为数字普惠金融发展创造良好的行业环境。

5 我国农村产业融合发展现状与水平测度

5.1 农村产业融合发展历程

5.1.1 农村产业融合发展历程

5.1.1.1 初探期（2015~2018年）：思想引导，初步探索

2014年，中央农村工作会议首次将产业链、价值链等词汇引入农业，农村三大产业的融合与创新频繁被提及，一系列相关实施政策也开始陆续出台。这为农村地区全面推进乡村振兴，实现人民共同富裕开启了新篇章。农村产业融合发展可追溯到2015年。农业农村部于该年出台《关于推进农村一二三产业融合发展的指导意见》文件，在政策制度上明确提出发展农村产业融合推进我国乡村产业建设。此后，党的十九大报告更是进一步指出要通过实施乡村振兴战略解决农业农村农民问题。其中，以"产业兴旺"为首的二十字总要求，着重阐明振兴乡村产业是一切农村工作的出发点。而随着国家对乡村振兴战略的深入实施，"一二三产业融合"（以下简称"三产融合"）理念逐渐深入人心。这一理念强调农业、农产品加工业与农产品市场服务业的有机融合，

旨在通过产业间的交互与渗透，实现农业增效、农民增收和农村繁荣。自提出以来，该理念已成为指导农村产业发展的重要指导思想，引领着农村经济的转型升级。2018年，农业农村部在全国范围内印发《关于实施农村一二三产业融合发展推进行动的通知》。进一步推动了农村产业融合发展的实施，力图到2020年，建成一批农村产业融合发展先导区和示范园，初步形成融合发展体系，为实施乡村振兴战略提供有力支撑。在"一二三产业融合"理念的指导下，各级农业农村部门认真贯彻中央决策部署，把农村一二三产业融合发展作为农业农村经济转型升级的重要抓手和有效途径，结合当地资源禀赋和产业特点，积极推动政策落实和示范带动，并取得了积极成效。例如，我国农业大省—黑龙江，在保障国家粮食安全方面发挥了举足轻重的作用。然而，随着经济的发展和国际国内环境的变化，黑龙江省的粮食生产优势逐渐减弱。为解决这一问题，改善农村生活水平，提高生产质量，2016年，黑龙江省在中央文件的支持下出台了实施意见，强调以市场需求为导向，以完善利益联结机制为核心，以制度、技术和商业模式创新为动力，以新型城镇化为依托，通过推进农业供给侧结构性改革，奠定了产业融合的基础。2017年，又发布文件支持返乡下乡人员创业创新促进农村一二三产业融合发展。旨在通过人才引进和创新激励，促进农业种植、畜牧养殖、农产品加工、流通、农业服务、乡村旅游餐饮、林下经济以及劳务市场等产业的融合发展，激发农村各产业的发展潜力，加速了产业融合的进程。与此同时，安徽省为积极响应国务院办公厅《关于推进一二三产业融合发展的指导意见》，并于2016年印发了该"意见"。这在强化农村家庭经营、促进农民合作社持续健康发展、培育多元化社会化服务组织等方面发挥了重要作用。同年，四川、广西、河南等地颁布相关"意见"文件，提出了一系列具体的行动、工程和计划。例如，农业产业化发展工程、农田水利"最后一公里"建设五年行动计划等，极大地推动了农业供给侧结构性改革，并建立起健全的产业融合发展体制机制，推动了乡村振兴发展。

在此阶段，国家密集出台了一系列政策文件，为农村产业融合发展提供了政策指引和支持。各地区各有关部门深入贯彻落实中央决策部署，不断完善配套政策，持续加大工作力度，为农村产业融合发展提供了坚强支撑。主要体现为各地依托资源推动农业供给侧结构性改革的同时，推动标准化、集约化和品牌化，并与旅游、休闲等业务相融合，打造复合型农村经济模式，这极大促进了农村一二三产业深度融合的进度，为乡村振兴和农业现代化奠定基础，也为下一阶段示范点的建立做铺垫。

5.1.1.2 发展期（2019~2021年）：深入实施，示范创建

经过了几年的发展，各地政策百花齐放，农村产业融合进程提前进入深入实施与示范创建阶段，先导示范区逐步建立。2019年，农业农村部确认153个县（市、区）为全国农村一二三产业融合发展先导区创建单位，通过示范创建引领全国农村产业融合发展。早在2016年，在黑龙江省出台的《关于推进农村一二三产业融合发展的实施意见》[①] 文件中，就已明确支持各地创建和培育农村一二三产业融合发展先导区。之后，在2021年的《黑龙江省乡村产业发展"十四五"规划》[②] 中，政府突出强调产业融合应当由市场决定、突出当地特色、县域统筹、深度融合、并在规划中提出了到2025年的具体发展目标。这将有助于推动示范区在产业融合方面取得实质性进展，鼓励示范区在产业融合过程中探索创新模式。与此同时，2020年，山东省出台《山东省财政金融政策融合支持乡村振兴战略制度试点实施意见》[③]。通过加大试点县支持力度、拓宽直接融资渠道、加大担保政策支持力度、积极发挥保险保障作用、强化政府引导基金作用等方式，解决了涉农主体融资难融资贵的问题，推动了农村产业融合示范区的快速发展。此外，2021年，山东省人民政府进一步印发《山东省"十四五"推进农业农村现代化规划》[④]。在规划中山东将依托创新创业平台打造农业产业强镇，通过标准化原料生产，集约化加工转化，为农

---

① 黑龙江省人民政府办公厅. 关于推进农村一二三产业融合发展的实施意见［EB/OL］. https：//www. hlj. gov. cn/hlj/c108373/201604/c00_31183744. shtml，2016.

② 黑龙江省农业农村厅. 黑龙江省乡村产业发展"十四五"规划［EB/OL］. https：//www. hlj. gov. cn/hlj/c108411/202112/c00_31182753. shtml，2021.

③ 山东省人民政府办公厅. 山东省财政金融政策融合支持乡村振兴战略制度试点实施意见［EB/OL］. http：//czt. shandong. gov. cn/art/2020/4/10/art_235548_155. html，2020.

④ 山东省人民政府. 山东省"十四五"推进农业农村现代化规划［EB/OL］. http：//www. shandong. gov. cn/art/2022/2/10/art_100623_39912. html，2021.

村产业融合示范区的建立提供了明确的发展目标和方向，并明确了多项政策支持和资源倾斜措施，在推动农村产业融合示范区的快速发展中提供了宝贵的经验样本。由此可见，通过各地示范区的建立，强化产业融合的协作优势，并提升产业的整体发展水平。同时，通过推广成功的新经验和新模式，可以扩大产业融合的影响力，进一步加速我国农村各产业的融合进程。

在此阶段，各地推动示范区建立的方式，主要体现在推动全产业链绿色发展，详细规划相关资金使用，提供资金支持，并进一步明确发展布局。这为我国农村产业融合注入了新动力，极大推动了示范区的总产值快速增长，农业、农产品加工业、第三产业等各个产业环节均实现了显著增长。例如，江西省的示范园区在 2020 年总产值达 346.78 亿元，较 2018 年增长 19.46%①。此外，通过园区的典型示范引领，还能推动全省农业与现代产业要素跨界配置，进而逐步走出一条立足资源优势，以农产品精深加工业为支撑，"点、线、面"结合，各具特色的农业全产业链融合发展模式。不难看出，农村产业融合示范区的建立推动各地经济发展。

5.1.1.3 深化期（2022~2024 年）：持续推动，深化发展

2022 年，中央一号文件进一步强调"持续推进农村一二三产业融合发展"，并将其作为文件的重要部分，彰显了国家对农村产业融合发展的高度重视。2023 年，《习近平关于"三农"工作的重要论述学习读本》中指出要紧紧围绕发展现代农业，围绕农村一二三产业融合发展，构建乡村产业体系，推动乡村生活富裕。2024 年的中央一号文件首次将"千万工程"作为典型案例写入文件，肯定了其在乡村全面振兴中的重要意义，并继续强调促进农村一二三产业融合发展、推动农产品加工业优化升级、推动农村流通高质量发展等举措。与此同时，地方政府也在积极探索乡村产业融合新道路。山东省政府在《山东省黄河流域生态保护和高质量发展规划》② 中提出要加快农村一二三产业的融合发展，强调依托县、乡、村三级产业融合发展平台，集聚多种要素，

---

① 国家发展和改革委员会. 江西省推进农村产业融合发展示范园创建经验总结 [EB/OL]. https：//www.ndrc.gov.cn/fggz/nyncjj/xczx/202207/t20220719_1330948.html，2023.

② 山东省人民政府. 山东省黄河流域生态保护和高质量发展规划 [EB/OL]. http：//www.shandong.gov.cn/art/2022/2/15/art_107860_117496.html，2022.

吸引多主体参与，以优势产业、特色农业、乡土产业为重点，积极发展多种业态。并在 2023 年的政府工作报告中提出重点工作是要积极发展多样业态的农业，拓宽广大农民的致富道路。黑龙江省政府更是在已有经验的基础上，运用"千村示范、万村整治"工程经验，以发展现代化大农业为主攻方向，明确发展绿色农业为鲜明导向，提出提升乡村产业发展水平、乡村建设水平、乡村治理水平等具体目标，并明确了强化科技和改革双轮驱动、强化农民增收举措等政策措施。这些举措不仅有助于促进农村经济的多元化和可持续发展，更是推动乡村振兴、实现共同富裕的重要途径，对于构建城乡融合发展新格局具有重要意义。

历经多年发展，在乡村振兴战略的大背景下，农村产业融合的深入推进成为驱动农村经济转型升级的核心引擎。这一过程中，各类新型农业经营主体如雨后春笋般涌现并迅速壮大，它们不仅是农业现代化的重要标志，更是推动农村产业融合发展的关键力量。家庭农场、农民合作社、农业产业化龙头企业等新型主体，通过创新经营模式、优化资源配置、强化技术创新以及拓展市场渠道等方式，深刻改变了传统农业的生产方式和组织形态，为乡村产业融合注入了新的活力。其中，新型农业经营主体主要通过规模化经营和集约化管理，有效整合了土地、资金、技术、信息等生产要素，实现了资源的优化配置。而家庭农场则主要通过土地流转，实现了土地适度规模经营，提高了农业生产效率。农民合作社不仅能联合农户，还可以通过增强市场议价能力降低生产成本。农业产业化龙头企业则依托其强大的资本和技术实力，引领农业产业链上下游协同发展，促进农业产业结构的优化升级。值得一提的是，技术创新是新型农业经营主体提升农产品附加值和市场竞争力的关键。这些主体积极引进和研发先进农业技术，如智能农业、精准农业等，提高了农业生产效率和产品品质。与此同时，新兴主体还注重农产品深加工和品牌建设，这不仅延长了农产品产业链，提升了产品附加值，满足了消费者对高品质农产品的需求，而且通过线上线下相结合的方式，拓展了国内外市场，拓宽了农产品的销售渠道。需要明确的一点是，新型农业主体的根基在于广大农户，他们之间存在共同利益。因此，农业主体与农户应该紧密合作，推动我国农村产业融合模式的多样化发展，为乡村振兴注入了强劲的动力。近年来，新型农业经营主体与农户之间建立了紧密的利益联结机制，通过合同制、股份制、合作制等方式，与农户建立稳定的合作关系，保障了农户的收益，实现了风险共担、利益共享。在此背景下，我国农村地区正迎来前所未有的发展机遇。随着国家对农业、农村和农民问题的持续关注与投入，农村地区积极探索产业融合的新模式，力求在现代化进程中实现跨越式发展。通过多年的探索与实践，我国农村产业融合已经取得了显著成就，不仅涌现出了一系列创新的融合业态，还形成了多种成熟且行之有效的发展模式。这些模式涵盖了农业与旅游、电商、加工等多个领域的深度融合，不仅促进了农业产业链的延伸和价值链的提升，还有效带动了农村经济的多元化发展，为农民增收致富开辟了新途径。这些成功的实践案例，不仅为我国农村产业融合提供了宝贵经验，也为其他地区的乡村振兴工作提供了有益的借鉴与启示。例如，四川省的齐全农牧集团通过构建生态循环种养模式，实现了禽粪资源的有效利用和绿色经营，形成了农业内部交叉融合模式。即通过农业内部资源的整合与优化，实现经济与生态效益的双重提升。此外，将农产品种植、生产到销售的完整产业链条一体化，通过精深加工和多样化销售渠道增加农产品附加值也是一种新兴方式，这被称为农业产业链延伸型。例如，河北省塔元庄同福乡村振兴示范园通过延伸种植业养殖业的产业链条，提升了农产品的附加值和农民的可获收益。此外，打造新型农村旅游也是一大热点，天津市蓟州区西井峪村依托其极具历史特色的石头建筑开展特色乡村旅游，成功打造了高端民宿品牌，大幅提高了村民收入。这是农业的多功能性，推动农业向其他功能拓展延伸。而济南先行区与京东的"云联合"，发展出先进要素渗透型模式，利用互联网、大数据等现代信息技术推动农业生产的智能化和现代化，通过线上线下的服务渠道资源优势，构建了涵盖华北、华东等大区域的品牌圈，推动了当地农产品企业的发展和进一步壮大。

综上所述，我国农村产业融合在不断持续推动和深化发展。从中央到地方，各级政府均将农村一二三产业融合发展视为乡村振兴的重要抓手，通过制定一系列政策规划，强化资金管理与使用，推动现代农业建设，深化农村改革，培育新型农业经营主体，并依托地方特色资源，打造农业全产业链。

5.1.2 农村产业融合发展现状

为全面深入了解农村产业融合发展现状，本书将从农业产业链、农业多功能拓展、农业服务业融合、农业新业态培育几个方面进行阐述。

5.1.2.1 农业产业链发展现状

农业全产业链是农业研发、生产、加工、储运、销售、品牌、体验、消费、服务等环节和主体紧密关联、有效衔接、耦合配套、协同发展的有机整体。其将农业产前、产中、产后各环节纵向一体，并将农业与二三产业贯通融合，资源要素全流程优化，农业经营主体密切分工、有机联结的产业组织形式，是农业产业化发展的高级形态。旨在把农业产业链增值收益和就业岗位尽量留给农民。推动农业从抓生产向抓链条、从抓产品向抓产业、从抓环节向抓体系转变。因此，农业全产业链是乡村产业高质量发展的产物，是构建现代乡村产业体系的前提，能为全面推进乡村振兴和农业农村现代化提供有力支撑，延伸农业全产业链是发展乡村产业、促进农民增收的重要举措，也是建设现代化产业体系的重要内容。

一方面，农业全产业链在国民经济中占据重要地位。打造农业全产业链，顺应产业升级的一般规律，能够实现农业从抓生产向抓链条、从抓产品向抓产业、从抓环节向抓体系的转变，是提高农业综合效益和竞争力的必由之路，是促进乡村产业振兴和农民持续增收的必然选择。另一方面，延伸拓展产业链条，推进农业全产业链融合发展，是转变农业发展方式、重塑农业竞争力的关键之举。现代农业的竞争已由产品之间的竞争转变为产业链之间的竞争。我国农业产业链条较短、附加值较低。深入推动农业供给侧结构性改革，加快推进农业产业纵向和横向融合发展是关键，需做好延链、补链、强链，协同打造产业链供应链价值链，构建立体多维的现代农业产业体系。通过深度延伸农业产业链，农民能够参与种植、养殖、加工、销售乃至品牌运营的全链条中，不仅提升了农产品的附加值，还促进了农业与二三产业的紧密融合。这一过程不仅显著提高了农业生产效率，更为农村经济注入了新的增长点。为加快农业产业链延伸与农产品加工业发展，国家出台了一系列政策规划与指导意见。《全国乡村产业发展规划（2020—2025 年）》①及《农业农村部关于加快农业全产业链培育发展的指导意见》②等文件的发布，明确了乡村产业发展的总体思路、目标任务和政策措施，为农业产业链延伸与农村产业融合发展提供了政策保障与方向指引。这些政策文件强调了农业产业链延伸的重要性，提出了加快培育发展农业全产业链的具体措施，旨在提升农业产业链供应链的现代化水平，推动农业产业高质量发展。

而在具体实践中，农业产业链的延伸体现在产前、产中、产后等多个环节。产前环节，通过加强农业科研和种业创新，农业生产资料的科技含量和质量显著提升，为农业生产提供了坚实的物质基础。产中环节，现代农业技术和管理模式得到了广泛的应用，如精准农业、智能灌溉等，这使农业生产效率和产品品质得到了不小的提升。同时，诸如高标准农田建设、农田水利设施建设等农业基础设施的不断完善，为农业生产提供了有力保障。在产后环节，通过引进和研发先进的农产品加工技术，使农产品的附加值和市场竞争力显著增强。

因此，农业产业链的深度延伸与农产品加工业的蓬勃发展，已成为推动农村经济转型升级、实现农业现代化的重要路径。农业产业链作为产业深度融合的基石，其构建与优化不仅关乎农业生产效率的提升，更深刻影响着农村经济的多元化与可持续性。

此外，农产品加工业作为农业产业链中的关键环节，通过前后向的延伸，不仅促进了农业资源的优化配置，还推动了农村一二三产业的深度融合，为乡村振兴注入了强劲动力，其重要性不言而喻。农产品加工业作为连接农业生产和市场流通的桥梁，它能通过对初级农产品的加工转化，不仅延长了农产品的保质期，丰富了产品形态，还显著提升了农产品的附加值。近年来，随着城乡居民生活水平的提高和消费结构的升级，对农产品加工品的需求日益增长，这为我国农产品加工业的快速发展提供了广阔的市场空间。如图 5-1 所示，农产

① 农业农村部. 全国乡村产业发展规划（2020－2025 年）［EB/OL］. https：//www.gov.cn/zhengce/zhengceku/2020-07/17/content_5527720.htm，2020.

② 农业农村部. 关于加快农业全产业链培育发展的指导意见［EB/OL］. https：//www.gov.cn/zhengce/zhengceku/2021-06/02/content_5614905.htm，2021.

品加工营业收入整体发展呈现出了明显的增长态势。截至 2023 年，全国规模以上农产品加工业的营业收入达到了 20.3 万亿元，同比增长 9.8%。这一现象背后，是农产品加工业在农业产业链中承上启下作用的充分发挥，以及对市场需求变化的敏锐捕捉与积极响应。

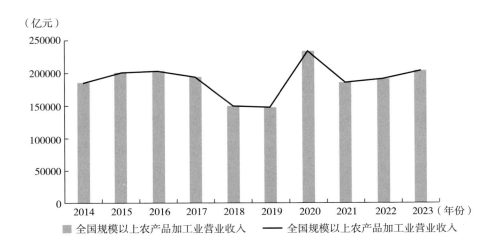

图 5-1　2014～2023 年农产品加工营业收入

5.1.2.2　农业多功能拓展发展现状

农业多功能拓展是一个综合性的概念。它指的是在开发和扩大农业产品基本功能的同时，深入挖掘并释放农业产业链中蕴含的政治、文化、生态、社会价值，从而实现农村产业的融合发展。这一过程不仅丰富了农业的内涵，还促进了农村经济的多元化和可持续发展。

农业多功能拓展，是当代农业领域一场深刻而全面的变革，它不仅重新定义了农业的角色与价值，还促进了农业与其他产业的深度融合，推动了农村经济的多元化和可持续发展。这一进程不仅体现在农业生产方式的转变上，更深刻地影响着农村社会的经济、文化、生态等多个层面，展现出一幅多元化、创新化、绿色化以及深度融合的壮丽图景。农业多功能拓展的首要特征在于其多元化的发展路径。在传统观念中，农业主要承担着提供食物和纤维的基本功能。然而，随着时代的进步和社会需求的多样化，农业的功能边界不断拓宽，形成了包括生态保护、农村发展、文化传承、休闲旅游等在内的多元化功能体系。生态保护方面，农业通过推广生态农业、有机耕作等模式，有效维护了生物多样性，改善了农村生态环境，为可持续发展奠定了坚实基础。农村发展方面，农业多功能拓展为农村地区注入了新的活力，促进了农业产业链的延伸和农村经济结构的优化，为农民提供了更多的就业机会和收入来源。文化传承方面，农业活动成为地方文化和传统的重要载体，通过农业旅游、节庆活动等形式，加强了城乡之间的文化交流，促进了文化的传承与发展。休闲旅游方面，农业与旅游业的深度融合，为城市居民提供了亲近自然、体验田园生活的机会，推动了农业休闲旅游产业的蓬勃发展。因此，挖掘农业的多重功能，发挥农业的文化价值、旅游价值、康养价值等，使农业同第三产业相结合，不仅可以充分利用当地自然资源，而且能够增加服务产品供给，进一步拓展产业边界。"农旅融合"是当前最为流行的农业多功能融合模式。2011 年，农业农村部通过精品线路推介重点县名单，吸引更多的城市居民到乡村休憩、体验和旅游，推动休闲农业和乡村旅游融合发展。随着消费升级，人们对生态环境的追求也日益增强，促使大量城市居民选择乡村作为节假日短途旅行的目的地，促进休闲农业等产业持续增长。农业多功能化也通过二三产业的就业带动效应，使农田能够承载更多就业人口，推动农业社会功能实现。如图 5-2 所示，截至 2023 年，休闲农业营业收入达到 8400 亿元，相较于 2015 年有巨大增长，总体呈现上升趋势。

5.1.2.3 农业服务业融合发展现状

不同于农业和旅游等服务业结合的农业多功能拓展，农业服务业融合聚焦于为农业生产提供社会化服务。在土地确权为农业适度规模经营提供政策保障后，农业生产的规模化、精细化发展对农业生产性服务需求日益增加。基于此，经营性农业服务组织为农业经营主体提供了农机服务、农资供应、政策性农业保险、农产品市场营销等生产性服务，为现代农业提供支持。农业服务业的融合发展离不开政策的引导和支持。近年来，国家高度重视农业服务业的发展，出台了一系列政策措施予以扶持。如 2023 年发布的《中共中央　国务院

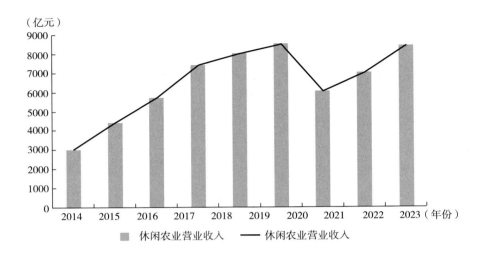

（亿元）

图 5-2　休闲农业营业收入

关于做好 2023 年全面推进乡村振兴重点工作的意见》①《关于金融支持全面推进乡村振兴　加快建设农业强国的指导意见》② 等。这些政策不仅为农业服务业提供了财政补贴、税收优惠等直接支持，还通过完善相关法律法规、加强市场监管等方式，为农业服务业的健康发展创造了良好的外部环境。同时，市场需求的不断增长也为农业服务业的发展提供了强大动力。随着城市化进程的加快和居民收入水平的提高，农产品需求不断增加，推动了农业市场规模的扩大。这为农业服务业提供了广阔的市场空间和发展机遇。

当前，农业服务业的融合发展已成为推动农业现代化、促进农民增收、实现乡村振兴的重要途径。随着服务体系的不断完善，农业服务业如同一张细密而坚韧的网，将农业生产的全过程紧密相连。从供应服务到销售服务，从加工服务到信息服务，每一个环节都紧密相连，形成了一个高效运转的农业社会化服务网络。随着农业服务业的深入发展，服务组织的形式日益多元化，既有乡村集体经济内部的服务组织，也有农业技术部门的专业服务团队，还有大中专

① 国务院办公厅. 中共中央国务院关于做好 2023 年全面推进乡村振兴重点工作的意见［EB/OL］. https：//www. mofcom. gov. cn/zcfb/zgdwjjmywg/art/2023/art_9a8e5679484449eeb0db0951f3cb6e22. html，2023.

② 国务院办公厅. 关于金融支持全面推进乡村振兴　加快建设农业强国的指导意见［EB/OL］. https：//www. gov. cn/zhengce/zhengceku/202306/content_6886854. htm，2023.

院校和科研单位等智力资源的积极参与。这些服务组织依托各自的专业优势，为农业生产提供了精准化、个性化的服务。例如，供销合作社系统通过整合资源，构建了一站式服务平台，将农资供应、田间管理、收储销售等多个环节融为一体，有效降低了农户的生产成本，提高了农业生产效率。同时，一些专业化的服务公司也应运而生，他们专注于某一领域或某一环节的服务，通过技术创新和模式创新，不断提升服务质量和水平，为农业生产注入了新的活力。农业服务业的融合发展还体现在服务模式的不断创新上。随着农业生产方式的转变和市场需求的变化，传统的服务模式已难以满足现代农业的发展需求。因此，各种新型服务模式应运而生，如代耕代种、代管代收、全程托管等。这些服务模式通过合同或其他组织形式，将农业生产与农业服务紧密结合起来，实现了农业生产的专业化、规模化和标准化。农户可以将自己不擅长或不愿承担的农业生产环节交给专业的服务组织来完成，从而有更多的时间和精力去从事其他经营活动或提高生活质量。这种服务模式的创新，不仅提高了农业生产效率，也促进了农业服务业的快速发展。

5.1.2.4 农业新业态培育现状

农业新业态是指多元要素融合而成的不同农产品（服务）、农业经营方式和农业经营组织形式。由于农业资源要素的多元性，近年来，通过不同方式的资源融合，已催生出服务型、创新型、社会化和工厂化等多种农业新业态，各种业态发展呈现出不同的阶段性特征。在当前农业现代化和乡村振兴战略的大背景下，农业新业态的培育正以前所未有的速度和广度推动着传统农业的深刻变革。这一进程不仅体现了农业生产的多元化发展，还彰显了科技创新与农业深度融合的强大动力，以及农业与服务业、旅游业、信息技术等产业相互融合的广阔前景。根据最新数据，综合来看，我国农业新业态培育呈现出多元化、创新性和融合化三大特点。

农业新业态的多元化发展特征显著。从设施农业到特色农业，从智慧农业到生物农业，再到再生农业，每一种新业态都以其独特的方式和技术手段，为农业生产注入了新的活力。设施农业通过构建可控的生产环境，有效提升了土地和劳动的生产效率，成为现代农业发展的重要支撑。特色农业则依托地方独特的农业资源，打造出具有市场竞争力的特色农产品，促进了农业结构的优化升级和农民收入的增加。智慧农业更是利用物联网、大数据、云计算等现代信息技术，实现了农业生产过程的智能化和精细化，极大地提高了农业生产效率和农产品品质。而生物农业和再生农业则分别通过生物技术和可持续的农业实践，推动了农业的绿色发展和生态环境的保护。

创新是推动农业新业态培育的重要动力。在农业新业态的培育过程中，科技创新始终扮演着核心角色。农业机器人技术的快速发展，使农业生产过程中的机械化、自动化水平不断提高，为农民减轻了劳动强度，提高了生产效率。生物技术的广泛应用，则为农作物品种的改良和农业生产方式的创新提供了有力支持。此外，智能农业技术的研发和应用，更是为农业生产带来了革命性的变化。通过实时监测和数据分析，农民可以更加精准地掌握农作物的生长状况，及时调整生产措施，从而实现了农业生产的精细化管理。

农业新业态的培育还呈现出与二三产业深度融合的特点。这种融合不仅丰富了农业的内涵和外延，也为农业的发展开辟了新的空间。农业与服务业的融合，催生了农业社会化服务、农村金融服务、农业产业链服务等新兴业态，为农业生产提供了全方位、多层次的服务支持。农业与旅游业的融合，则推动了休闲农业、乡村旅游等新型旅游业态的发展，为农民创造了新的增收渠道。同时，农业与信息技术的深度融合，更是为农业生产的数字化转型提供了有力支撑。通过构建农业信息平台、推广农业电子商务等方式，农产品的销售渠道得以拓宽，农产品的品牌价值得以提升，农业生产的整体效益也得到了显著提高。

因此，农业新业态多元化、创新化和融合化的发展态势不仅推动了农业生产的转型升级和提质增效，也为农业的可持续发展注入了新的动力。然而，我们也应清醒地认识到，农业新业态的培育还面临着诸多挑战和困难。如何进一步加大政策支持力度、完善基础设施建设、加强科技创新和人才培养等，都是未来需要重点解决的问题。只有这样，我们才能更好地推动农业新业态的培育和发展，为实现农业现代化和乡村振兴做出更大的贡献。

5.2　农村产业融合发展评价指标体系构建

5.2.1　已有研究与借鉴

当前，学术界关于农村产业融合并未形成一套系统性的指标体系，学者们出于不同原因，对农村产业融合评价指标体系的构建、指数计算方法观点不一。已有研究中的指标体系可以分为两大类。一类偏向于产业融合模式的评价，包含农业产业链延伸、农业多功能性扩展、农业新业态培育等；另一类偏向于将产业融合效益纳入综合评价指标体系。

从产业融合模式方面来看。依照农业产业链延伸、农业多功能性扩展、农业新业态培育、农业与服务业融合、利益联结机制完善五个方面进行评估。而李琳和田彩红（2024）[①] 的研究中，基于农业产业链延伸、农业多功能拓展和农业服务业融合三大维度，构建由 6 个具体指标组建的县域农村一二三产业融合发展的衡量标准。在余晋晶和葛扬（2023）[②] 的研究中，农村产业融合评估指标是基于农业产业链、农业多功能性拓展、农业新业态培育、农业技术渗透、农业服务业发展五个维度，只是其中两级指标有所差别。赵巍等（2023）[③] 也采用类似衡量方法，只是在三级指标中采用农产品商品率作为衡量产业链延伸的指标之一。

从产业融合及其融合效益来看。张林和温涛（2019）[④] 考虑到中央一号文件长期聚焦"三农"问题，在其研究中提出农业产业链延伸、农业多功能发

① 李琳，田彩红.农村一二三产业融合促进了县域共同富裕吗——来自长江经济带 579 个县域的证据［J］.农业技术经济，2024（4）：59-75.

② 余晋晶，葛扬.农业土地流转、农村产业融合与农民收入增长［J］.山西财经大学学报，2023，45（9）：78-93.

③ 赵巍，赵恬婧，马婧.数字普惠金融、农村产业融合与农业经济韧性［J］.农林经济管理学报，2023，22（5）：555-565.

④ 张林，温涛.财政金融服务协同与农村产业融合发展［J］.金融经济学研究，2019，34（5）：53-67.

挥、农业服务业融合发展、农民增收与就业、城乡一体化发展五个一级指标，并将包含农副加工业总产值、农民纯收入增长率、城乡居民消费支出比等 12 个具体指标纳入评估系统。此后两人改进了相关评估体系，将城乡发展替换为利益联结机制完善，简化了相应度量方式，用以探究数字普惠金融在农村产业融合中的作用。

有效评价和衡量农村产业融合程度、揭示农村产业融合发展情况已成为当前学术界关注的热点，国内外不少学者都对此进行了大量的探索。目前，农村产业融合度的测量方法大多借鉴传统的产业融合测度思路。为此，综合学术界对农村一二三产业融合模式的探讨，以及结合我国"一二三产业融合"的具体实践，总结归纳出产业融合的"4+1"模式，即 4 种基础模式（内融模式、延伸模式、拓展模式、渗透模式）与 1 种复合模式，而复合模式则是指 4 种基础模式（内融模式、延伸模式、拓展模式、渗透模式）的 2 种及以上组合。

本书在参考张林和温涛（2022）对农村产业融合指标评价体系的构建并兼顾数据的可得性基础上，从农业产业链延伸、农业多功能拓展、农业服务业融合、农业新业态培育及经济社会效应 5 个维度选取细化指标构建农村产业融合评价指标体系。

5.2.2　指标体系与需求

5.2.2.1　延伸农业产业链

为了推动农村高质量发展，须重视并延伸农业产业链。这包括加强农产品加工、储藏、保鲜、包装、运输等环节的建设，提升农产品的附加值。通过引入现代科技手段，如智能化、信息化技术，优化农业生产流程，提高生产效率。同时，鼓励和支持农产品深加工企业的发展，打造具有地方特色的农产品品牌，提升农产品的市场竞争力和影响力。延伸农业产业链不仅能够促进农业内部的协调发展，还能带动农村相关产业的兴起，为农村经济发展注入新的活力。因此，结合文献，本书采用以下数据作为衡量指标：第一，农业经济的稳定基石与增长引擎：第一产业总产值占比。作为衡量农业在区域经济中重要性的关键标尺，不仅直观展现了农业对地区生产总值（GDP）的直接贡献，更深层次地反映了农业作为国民经济基石的稳固地位与增长潜力。随着农业科技的不断创新与农业生产模式的现代化转型，农业部门通过提升生产效率、优化种植结构、培育特色农产品等措施，有效推动了第一产业增加值的持续增长。这一增长不仅巩固了农业的基础地位，更为其他产业的发展提供了坚实的支撑与广阔的市场空间，促进了经济体系的整体繁荣。第二，加工业繁荣与农民增收的双螺旋：人均农产品加工业主营收入。这一指标能够极大程度地反映出农产品加工业的发展状况。随着农产品加工技术的日益精进与加工企业的不断壮大，农产品被赋予了更高的附加值，成功跨越了传统农业的界限，有效补齐了农业现代化的短板。加工业的繁荣不仅关联和带动了农村一二三产业的融合发展，而且作为沟通城乡的桥梁，为众多中小微企业和农民带来了丰富的就业机会与稳定的收入来源。两个指标的相关原始数据来源于历年《中国统计年鉴》《中国农产品加工业发展报告》及各省份统计年鉴。

5.2.2.2 拓展农业多功能

农业展现出多元且深刻的多功能性，超越了其作为粮食及重要农产品供应者的基本角色。在经济学视角下，农业作为国民经济的基石，持续供给农产品与农副产品，为市场注入活力，促进经济增长，同时贡献资源、外汇及市场要素。从政治与社会维度审视，农业发挥着维护国家安全、促进社会和谐稳定以及提供就业与社会保障的重要作用。从生态功能方面来看，农业为生态环境提供重要支撑，促进生态平衡，并呈现独特的农业景观。在文化领域，农业是文化多样性的守护者，提供自然教育与休闲体验，通过民俗与民间信仰的传播，强化社会规范与价值观，进而增强民族认同感，对乡村治理与社会稳定具有深远的积极影响。拓展农业的多种功能包括发挥农业的生态保护功能，加强农田水利建设，保护农村生态环境，实现农业可持续发展。同时，挖掘农业的文化传承功能，保护和传承农村传统文化，发展乡村旅游、休闲农业等新兴产业，丰富农村文化内涵。此外，还可以利用农业资源发展教育、科研等公益事业，提升农村的社会服务功能。拓展农业多功能不仅能够提升农村的整体价值，还能为农民提供更多就业机会和增收渠道。因此，结合文献，本书采用以下数据作为衡量指标：

第一，在当今快速变化的全球经济格局中，"一村一品"示范村镇作为推动农业特色化、品牌化发展的先锋力量，其重要性越发凸显。这一战略不仅是对传统农业发展模式的一次深刻变革，更是农业现代化进程中不可或缺的一环。通过深入挖掘和利用各地独特的资源禀赋、气候条件和文化传统，"一村一品"示范村镇成功地将地方特色转化为经济优势，形成了各具特色的农业产业体系。"一村一品"的核心理念在于"特"与"品"的有机结合。特，即特色，指的是每个示范村镇都应基于自身条件，发展具有鲜明地域特色和竞争优势的农产品或农业产业；品，即品牌，强调的是通过品牌化建设提升农产品的附加值和市场影响力。在这一理念的指导下，越来越多的村镇开始注重品牌塑造和市场营销，努力打造具有自主知识产权和市场竞争力的农业品牌。这些村镇通过引进先进技术和管理经验，不断提升农产品的品质和产量，同时加强品牌宣传和推广，使具有地方特色的农产品走出乡村，走向全国乃至全球市场。在这一过程中，农民的收入水平得到了显著提高，农村经济的活力也得到了充分释放。此外，"一村一品"示范村镇还发挥了重要的示范带动作用。它们通过自身的成功实践，为周边地区乃至全国范围内的农业产业发展提供了宝贵经验和借鉴。这种示范效应促进了农业产业的协同发展，形成了产业集聚效应，为农村经济的持续增长注入了新的动力。

第二，农业结构优化升级直接体现在"乡村非农就业占比"上。随着农业结构的不断优化升级，乡村经济正经历着一场深刻的变革。在这一变革中，乡村非农就业占比的提升成为衡量农业多功能拓展成效的关键指标。该指标不仅反映了乡村经济中非农产业的繁荣程度，更揭示了农村经济结构转型和产业结构升级的必然趋势。随着农业产业链的延伸和农业多功能性的拓展，乡村地区涌现出了一批批新兴产业和就业岗位。这些产业包括农产品加工、乡村旅游、农村电商等多个领域，它们不仅为农民提供了更加多样化的就业选择，还带动了农村经济的多元化发展。农产品加工产业的发展，使农产品的附加值得到了显著提升。通过深加工和精加工，农产品能够转化为更高价值的产品进入市场，从而增加农民的收入来源。乡村非农就业占比的提升，不仅为农民提供了更多的就业机会和收入来源，还促进了农村经济的多元化和可持续发展。随着非农产业的不断壮大和农业产业链的日益完善，农村经济结构将更加合理和高效，为实现乡村振兴和全面建设社会主义现代化国家贡献力量。

5.2.2.3 推进农业服务业融合

农村现代化是实现乡村振兴的必由之路。为了助力农村现代化进程，推进农业与服务业的深度融合是应有之义。这包括加强农村金融服务体系建设，为农民提供便捷、高效的金融服务；发展农村物流体系，提高农产品的流通效率；推广农业信息化技术，提升农业生产的智能化水平。同时，鼓励和支持农业与旅游、教育、文化等产业的融合发展，打造具有特色的农村旅游产品和服务项目。人均农林牧渔业服务业产值作为衡量这一领域发展水平的关键指标，其增长不仅体现了农业服务体系的完善与壮大，也深刻反映了农民在生产过程中享受服务支持的普及与深化。农林牧渔业服务业产值的提升，源于一系列为农业生产提供全方位、多层次服务的活动。这些服务涵盖了从产前的农业技术推广、种子供应，到产中的农机作业、病虫害防治，再到产后的农产品仓储、加工、物流及市场营销等各个环节。随着农业科技的进步和服务模式的创新，这些服务活动日益专业化、精细化，有效降低了农业生产成本，提高了生产效率，促进了农业资源的优化配置。人均农林牧渔业服务业产值的增长，直接反映了农民在生产过程中能够获得更多、更高质量的服务支持。这不仅有助于提升农产品的品质和市场竞争力，也显著增强了农民抵御自然灾害和市场风险的能力。同时，农业服务业的融合发展还带动了农村劳动力的转移和就业结构的优化，为农民提供了更多元化的职业选择和增收途径，进一步推动了农村经济的繁荣与发展。

5.2.2.4 培育农业新业态

农业新业态是指由农业、食品加工、物流、旅游等多个产业融合而成的新型农业产业形态。这一概念体现了农业产业升级和农村经济发展的重要趋势，具有创新性、综合性、科技性和可持续性的特点。积极培育农业新业态，保持农业的可持续高质量发展，是实施乡村振兴和城乡融合发展的必然选择。通过推广绿色农业、生态农业等新型农业生产方式，可以实现减少化肥农药的施（使）用量，进而保护农村生态环境。同时，鼓励和支持农民发展家庭农场、农民合作社等新型农业经营主体，提升农业生产的组织化程度和规模化水平。

此外，还可以利用互联网、大数据等现代信息技术手段，发展农村电子商务、农产品网络营销等新兴业态。培育农业新业态不仅能够提升农业的生产效率和产品质量，还能为农民提供更多元化的增收途径。

设施农业面积占比的显著提升，不仅是农业技术革新与产业升级的直观体现，更是农业现代化进程中的一座重要里程碑。因此，本书采用其作为衡量农业新业态的指标。这一指标的增长，深刻揭示了农业生产方式从传统向现代、从依赖自然到主动调控的根本性转变。通过运用现代工程技术和生物技术，设施农业为动植物创造了一个高度可控的生长环境，如温室、大棚等，有效抵御了外界不利因素的侵扰。这种创新的生产模式，不仅确保了农作物在最佳条件下茁壮成长，提高了产量与品质，还实现了农产品的反季节供应，极大地丰富了市场选择，满足了消费者多元化、高品质的需求。更为重要的是，设施农业面积占比的增长，彰显了农业资源的高效利用与可持续发展理念。在有限的土地资源上，通过精细化管理和技术革新，设施农业实现了单位面积产量的飞跃，提高了土地资源的产出效率。与此同时，精准灌溉、科学施肥等现代农业技术的应用，减少了水肥资源的浪费，降低了农业生产对环境的压力，为农业的绿色发展奠定了坚实基础。

5.2.2.5 聚焦经济社会效应

经济社会效应是经济效益和社会效益的综合体现。一个健康、可持续的经济体系应该是产业融合效应的基本目标，提高农村生活质量是乡村振兴的重要目标之一。因此，我们需要聚焦经济社会效应的提升，还应关注到农村基础设施建设，农民的居住条件和生活环境。此外，也需要考量农村公共服务水平，包括教育、医疗、文化等方面的服务水平。同时，还需要考虑农村社会治理体系以及农村社会和谐稳定。

综上所述，城乡居民收入比，作为衡量社会经济效应的一把精准尺子，不仅直观反映了城乡之间经济发展的相对差距，更深层次地揭示了社会资源分配的公平性、经济发展的包容性以及社会整体的和谐程度。因此，城乡居民收入比的变化趋势，成为观察社会经济效应、评估政策成效的重要窗口。首先，城乡居民收入比是衡量城乡发展均衡性的核心指标。在快速城镇化的背景下，城乡发展不平衡问题一直是制约经济社会全面发展的关键因素。一个合理的城乡居民收入比，意味着城乡之间在经济发展、就业机会、收入水平等方面实现了相对均衡，这是实现城乡一体化、促进区域协调发展的必要条件。其次，城乡居民收入比体现了社会资源分配的公正性。在社会主义市场经济体制下，资源的合理配置与高效利用是推动经济持续健康发展的关键。一个趋于合理的城乡居民收入比，表明社会资源在城乡之间的分配更加公正合理，既保障了城市居民的基本生活需求，又促进了农村地区的快速发展，体现了社会主义制度的优越性。最后，城乡居民收入比的变化对于构建共同富裕的和谐社会具有深远意义。共同富裕是社会主义的本质要求，也是全体人民的共同期盼。一个不断优化的城乡居民收入比，意味着城乡居民在享受改革发展成果上的差距逐步缩小，为最终实现全体人民共同富裕奠定了坚实基础。同时，这一变化也有助于增强社会凝聚力，促进社会稳定和谐。

5.3 农村产业融合发展水平测度

本书采用熵权 TOPSIS 法计算农村产业融合各项指标权重，进而综合测度各地区的农村产业融合水平。熵权 TOPSIS 法是一种综合评价方法。它巧妙地融合了熵权法与 TOPSIS 两种技术，用以处理多属性决策问题。该方法的关键环节在于，通过求解每个备选方案与理想最优方案和最不理想方案之间的加权欧式距离，从而推断出该方案相对于理想方案的贴近程度，并基于此来评判各个方案的优劣等级。具体来讲，若某候选方案在满足最大限度接近理想解的同时，又能最大限度远离非理想解，则此方案即被视作整个解决方案集中最优解（杨小勋和李家军，2017）[1]。这一方法为我们提供了一种有效的评价工具，能够帮助我们精准地判断并选出最佳的方案。具体计算步骤为：

第一步，构建评价矩阵。由 m 个被评价对象的 n 个指标构建评价矩阵 $X=$

---

[1] 杨小勋，李家军. 基于熵权法与 TOPSIS 法的国债利率风险评价［J］. 哈尔滨商业大学学报（社会科学版），2017（1）：20-25.

$(X_{ij})_{mn}$。

第二步，规范化处理。鉴于所选用的基础指标单位各异，为了实现评价指标的统一度量，本书对基础指标进行了无量纲化处理，形成规范评价矩阵 $E=(z_{ij})_{mn}$。相关公式如下：正向化：$\dfrac{X-X_{\min}}{X_{\max}-X_{\min}}$；逆向化：$\dfrac{X_{\max}-X}{X_{\max}-X_{\min}}$。其中，$X_{\min}$ 代表原始指标的最小值，$X_{\max}$ 代表最大值。

第三步，指标权重确定。基于规范矩阵计算第 j 个原始指标 X_j 的熵值 $R_j=-\dfrac{1}{\ln m}\sum_{i=1}^{m}f_{ij}\ln f_{ij}$。其中 $f_{ij}=z_{ij}\big/\sum_{i=1}^{m}z_{ij}$。若 $f_{ij}=0$，则令 $f_{ij}\ln f_{ij}=0$。随后，根据公式 $w_j=\dfrac{1-R_j}{\sum_{j=1}^{n}(1-R_j)}$ 计算第 j 个评价指标 X_j 的权重。

第四步，构建加权评价矩阵。通过 $l_{ij}=w_j\times z_{ij}$ 将指标 z_{ij} 进行转化，以此形成加权评价矩阵 $L=(l_{ij})_{mn}$。

第五步，计算农村产业融合指数。首先，计算加权评价矩阵的正理想解向量 $k_j^{+}=(k_1^{+},\cdots,k_m^{+})=\max(l_{1j},\cdots,l_{mj})$ 和负理想解向量 $k_j^{-}=(k_1^{-},\cdots,k_m^{-})=\min(l_{1j},\cdots,l_{mj})$。其次，计算各原始指标与正理想解和负理想解的距离，即 $K_i^{+}=\sqrt{\sum_{j=1}^{n}(k_j^{+}-l_{ij})^2}$ 和 $K_i^{-}=\sqrt{\sum_{j=1}^{n}(k_j^{-}-l_{ij})^2}$。最后，计算原始指标与最优方案的相对接近程度 $C_i=\dfrac{s_i^{-}}{s_i^{+}+s_i^{-}}$。以 C_i 充当农村产业融合指数，C_i 数值越大，代表该省农村产业融合发展水平越高，反之则越低。

由熵权 TOPSIS 法计算而来的 2011~2022 年我国省级层面农村产业融合水平如图 5-3 和表 5-1 所示。由图表数据可知，2011~2022 年，我国农村产业融合的整体发展呈现出了明显的增长态势。在历年的数据中，2015 年是一个关键的转折点。这一年，农村产业融合的中位数实现了飞跃式的增加。这一显著的变化并非偶然，它背后反映的正是自 2015 年以来，我国对农村产业融合发展的高度重视与大力支持。在政府的积极引导和各项政策的推动下，农村产业融合不仅得以快速发展，更在后续的年份中保持了震荡上升的趋势。这一趋势不仅体现了我国农村经济的活力和韧性，也预示着未来农村产业融合有着更广阔的发展空间。细分到省域层面来看，农村产业融合的发展水平呈现出了一定的地域差异。在省级层面上审视，农村产业融合的发展水平呈现出鲜明的层级特征。第一层级以北京、天津、上海及江苏等为代表的经济发达地区，凭借雄厚的经济实力、丰富的资源禀赋及前瞻性的政策导向，农村产业融合达到了高水平阶段。这些地区通过深度产业融合，不仅加速了乡村经济的转型升级，还实现了农民收入的持续、稳健增长，成为农村产业融合发展的典范。第二层级则涵盖了一系列具备一定经济基础但融合程度尚待提升的中等发展省份。这些地区在产业融合上展现出一定的潜力，但受限于资源分配、技术创新能力或政策实施力度等因素，尚未能全面释放其潜力。这些省份正积极探索适合自身特色的融合路径，力求在保持经济增长的同时，进一步优化农村产业结构。第三层级则主要包括像贵州、云南等经济基础相对薄弱、产业融合尚处于起步阶段的地区。这些地区受制于自然条件、经济基础及发展环境等多重挑战，农村产业融合的发展水平相对较低。然而，这并不意味着它们缺乏发展潜力。相反，这些地区拥有独特的自然资源和文化底蕴，通过精准施策、加大扶持力度，有望在未来成为农村产业融合的新增长点，实现农村经济的跨越式发展。

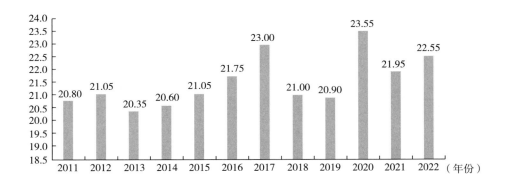

图 5-3　农村产业融合发展水平

表 5-1　省级层面农村产业融合水平

地区	2011 年	2012 年	2013 年	2014 年	2015 年	2016 年	2017 年	2018 年	2019 年	2020 年	2021 年	2022 年	均值
北京	71.9	70.1	67.6	66.5	65.3	63.1	65.3	65.2	65.1	66.2	71.7	71.3	67.4
天津	74.9	79.8	70.4	71.1	74	72.1	64.2	63.4	56.1	58.9	56	68.4	67.4

续表

地区	2011 年	2012 年	2013 年	2014 年	2015 年	2016 年	2017 年	2018 年	2019 年	2020 年	2021 年	2022 年	均值
河北	26.2	25.2	20.5	21.3	22.2	23.1	23.8	21.6	21.3	23.2	22.8	23.1	22.9
山西	13.8	16	16	17.4	18	17.2	17.5	17.3	16.7	17.2	17.4	16.7	16.8
内蒙古	19.9	20.4	20.8	20.2	20.4	21.4	22.3	22.3	20.5	23.9	21.6	22	21.3
辽宁	49.4	51.7	57.1	53.3	51.6	43.4	39.2	34.4	32.2	35	23.1	28.5	41.6
吉林	23.3	26.3	24.3	23.7	23.3	23.2	21.1	20.2	17.7	18.9	18.5	17.3	21.5
黑龙江	18.5	20.1	18.3	18	18.1	18.3	19.5	19.8	19.1	20.5	20.9	20.5	19.3
上海	56.2	60.6	53.4	51.2	48.1	45.6	48.2	46.5	45.8	45.8	49.3	49.1	50.0
江苏	30.7	35.2	34.4	43.1	47.6	47.7	49.2	51.2	49.1	47.2	32.5	49.1	43.1
浙江	31.2	27.8	25.9	26.1	27.5	27.5	29.2	32.1	29.7	31.6	29.1	31.8	29.1
安徽	12.6	12.8	12.9	13.7	15.5	15.3	16.7	16.9	17.3	17.3	18.7	20.1	15.8
福建	21.8	22.5	22.1	22	22.8	22.1	26.1	26.7	27.9	26.6	30.2	31.3	25.2
江西	13.4	12.7	12.4	12.8	13.8	14	15	15.1	15.5	15.7	19.4	18.9	14.9
山东	36.1	36.6	31.4	31.9	33.8	35	35.1	35.7	33.5	37.9	33.8	38.7	35.0
河南	15.2	15.4	14.5	15.2	16.2	16.2	16.4	16.5	16.6	16.6	19.7	20.1	16.6
湖北	17.8	18.8	21.5	25.9	26.8	26.4	28.4	28.1	26.9	27.6	29.1	31.1	25.7
湖南	14	13.7	13.4	13.8	14.4	14.6	16.9	16.8	17.4	17	20.6	20.1	16.1
广东	14.3	14.1	14.3	14.7	14.9	14.3	15.9	15.8	16.3	16.1	19.3	19.2	15.8
广西	9.6	10.1	9.4	9.6	10.3	10.5	11.4	11.3	11.3	11.7	14.1	13.3	11.1
海南	48.7	46	14.6	13.8	13.8	14.5	16.2	16.8	17.3	18.1	19.9	20.1	21.7
重庆	21.7	21.7	24	25.8	27.8	28.9	32.2	32.7	34.7	36.5	22.3	25.1	27.8
四川	12.5	12.6	14.8	14.5	16.2	15.3	16.9	17.4	15.7	16.2	15.9	16.6	15.4
贵州	6	7	7.8	8.1	9.1	8.5	9.2	9	9	9.4	13	12.1	9.0
云南	6.7	6.7	6.9	7.2	7.6	8	9.2	9.6	8.8	9.5	10.4	9.6	8.4
陕西	15.1	17.2	18.7	19.5	20.5	21.3	24.4	20.4	28	28.6	27.6	29.8	22.6
甘肃	16.2	16.5	16	17.1	17.7	18.2	20.2	18.6	17.6	17.2	15.1	18.1	17.4
青海	27.1	36.6	42.9	43.4	41.1	43.9	44.5	43	45.4	46.9	43.4	42.8	41.8
宁夏	38.9	39	42.9	42.9	43.2	46.2	46.8	44.8	46.3	48.8	41.5	42.4	43.6
新疆	25.6	24.9	20.2	21	21.6	22.6	23.7	22.9	23.6	27.7	25.9	25	23.7

因此，针对不同层级的省份，应采取差异化的支持策略，促进农村产业融合的均衡发展。对于第一层级的省份，应鼓励其继续深化融合创新，发挥引领

作用；对第二层级的省份，需加强政策引导和资源倾斜，助其突破瓶颈；而对第三层级的省份，则需特别关注其基础条件改善和特色优势挖掘，为其产业融合创造良好条件，共同推动全国农村经济的全面振兴。

5.4　我国农村产业融合发展存在的问题

5.4.1　产业结构失衡，相对供给不足

当前，农村产业融合过程中面临着融合深度不足的问题，这直接影响了农业产业链的延伸和农业附加值的提升。具体表现为：农业与二三产业的融合层次较低，主要停留在简单的加工和销售环节，缺乏深层次的合作与联动；农产品供给结构不合理，优质、特色农产品供给不足，难以满足市场多元化、个性化需求；农业科技创新能力和品牌建设滞后，导致农产品市场竞争力不强。

农业与二三产业融合层次低的困境。我国农村地区一二三产业的低层次融合主要体现在农产品加工和销售环节的简单叠加。例如，初级农产品的包装、储藏和运输，以及缺乏更深层次的价值链整合和协同创新。由于我国农产品加工企业多数规模较小，技术水平有限，难以开发出具有高附加值的产品，导致农业产业链的增值空间被大大压缩。同时，农业与服务业的融合也仅停留在农家乐、乡村旅游等初级形态，未能与金融、信息、物流等现代服务业形成深度互动，限制了农业产业链的进一步拓展和升级。这种融合层次处于较低层级，其根源在于多个方面的制约因素。首先，制度障碍是阻碍农村产业融合深入发展的关键因素之一。现行土地制度、金融制度等对农村产业融合的支持力度不足，导致资本、技术、人才等要素难以自由流动和高效配置，从而限制了农村产业融合的深度和广度。其次，技术创新不足也是制约农村产业融合的重要因素。农业科技创新体系尚不完善，科研成果转化率低，难以满足农业产业升级的迫切需求。最后，市场机制的不健全也加剧了这一问题。农产品市场体系不

完善，信息不对称、价格波动大，使农业与二三产业的合作面临诸多不确定性和风险，影响了合作的稳定性和可持续性。

农产品供给结构不合理的挑战。随着消费升级和市场需求的变化，消费者对农产品的需求日益呈现出多元化、个性化的趋势。然而，当前农产品供给结构却与这一趋势严重脱节，形成了普通农产品过剩与优质、特色农产品供给不足的矛盾。这种供需矛盾不仅导致农民收入水平难以提升，还制约了农业产业链的延伸和附加值的提升。首先，意识的落后，导致农业生产与市场需求的不匹配。长期以来，农业生产以追求产量为主，但却忽视了品质和特色的提升。这种生产模式导致农产品同质化严重，缺乏市场竞争力。其次，农业生产方式相对落后，缺乏现代科技支撑与科学管理手段，导致农产品在品质控制、口感优化、营养价值提升等方面难以达到消费者日益增长的多元化需求。再次，农业科技创新不足，导致市场上中低端农产品供给过剩，而高档次、高技术含量的优质农产品则供不应求。农业科技的应用也不广泛，许多先进的农业科技成果没有得到有效的推广和应用，使农业生产仍然停留在传统的、低效率的模式上。技术创新与应用的滞后，不仅限制了农业生产效率的提升，也阻碍了农业产业链向高附加值环节的延伸。最后，流通环节不畅，市场信息不畅也是导致农产品供给结构不合理的重要原因之一。农民获取市场信息的渠道有限，难以准确把握市场需求变化。同时，农产品流通体系不完善，导致市场信息传递不畅，加剧了供需矛盾。

5.4.2 农业基础不牢，设施差距较大

城乡之间的差异是当前社会面临的重大问题之一，其中农业和基础设施的差距尤为突出。

农业，作为农村经济的基石，其基础的不稳固直接制约了农村的整体发展。首先，从生产力角度来看，农业生产方式相对传统，现代化程度不高。尽管近年来我国的农业机械化、信息化水平有所进展，但相较于城市工业和服务业的快速发展，农业的生产效率提升依然有限。这种生产方式的滞后，不仅限制了农产品的产量和质量，也影响了农业资源的有效配置和利用。其次，农业

产业结构单一，缺乏多元化发展的动力。在多数农村地区，农业仍以种植业为主，畜牧业、渔业等产业比重较低，且产业链条短，附加值不高。这种单一的产业结构使农村经济对外部市场的依赖性强，抗风险能力弱。一旦遇到自然灾害、市场波动等不利因素，农村经济往往首当其冲，受到严重影响。最后，农业科技创新不足，也是农业基础不牢的重要原因之一。农业科技创新是推动农业现代化、提高农业生产效率的关键。

基础设施的差距则导致了生活质量的区别。如果说农业基础的不稳固是农村经济发展的软肋，那么基础设施的差距则是导致农民和城市居民生活质量存在天壤之别的直接原因。交通、通信、教育、医疗等基础设施作为现代社会不可或缺的基本条件，其城乡之间的差异不仅影响了农民的基本生活需求满足，也制约了农村社会的全面进步。在交通领域，农村地区的交通网络相对稀疏，道路质量参差不齐。这不仅增加了农民出行的成本和时间，也限制了农产品的流通和市场拓展。在通信领域，虽然互联网和智能手机的普及为农村带来了新的信息获取方式，但网络覆盖不全、信号不稳定等问题仍然困扰着部分农村地区，影响了农民与外界的交流和互动。

城乡之间在农业基础和基础设施方面的差距，并非一朝一夕形成，而是历史与现实多重因素交织作用的结果。从历史角度来看，长期的城乡二元结构体制导致了资源分配的不均衡。随着市场经济的发展和城市化进程的加速，城乡之间的经济联系日益紧密，但差距并未因此缩小反而有所扩大。一方面，城市经济的快速发展吸引了大量农村劳动力和资源向城市集聚，进一步削弱了农村的经济基础；另一方面，农村在基础设施建设方面的投入相对不足，难以满足农民日益增长的生活需求。

5.4.3　相关要素欠缺，利益联结松散

农村产业融合和乡村振兴的推进离不开各类要素的支撑，但当前农村地区普遍面临着人才匮乏和金融欠缺的问题。人才匮乏导致了农村发展的"空心化"的困境。人才作为推动社会进步与经济发展的核心资源，在农村地区却显得尤为稀缺。在农村地区，由于教育水平相对较低、培训体系不完善以及职

业发展前景有限等原因，专业技术人才本就难以培养。长期以来，农村地区的优秀青年和专业技术人才纷纷涌向城市，寻求更广阔的发展空间与更高的生活水平，导致农村"空心化"现象日益严重。这一现象不仅削弱了农村经济发展的内生动力，也加剧了城乡之间的发展不平衡。此外，社会文化因素也在一定程度上加剧了城乡之间的差距。城市居民和农村居民在生活方式、价值观念、消费习惯等方面存在差异，这种差异不仅影响了城乡之间的交流和融合，也制约了农村基础设施的改善和提升。同时，农村地区的人才流失现象严重，缺乏高素质的人才来推动农村经济的发展和基础设施的建设。青年人才的流失使农村在创新能力、市场洞察力以及新技术应用等方面明显滞后。青年本是社会的未来与希望，他们富有活力、勇于探索，是推动社会变革的重要力量。然而，在农村地区，由于就业机会有限、收入水平偏低以及生活设施不完善等，许多青年选择离开家乡，前往城市寻求发展。这不仅导致农村人口结构失衡，也使农村在产业升级、技术创新等方面缺乏新鲜血液。并且，专业技术人才的缺乏更是限制了农村产业的多元化与高端化发展。现代农业、乡村旅游、农村电商等新兴产业的发展离不开专业技术人才的支撑。这导致农村产业在转型升级过程中面临技术瓶颈与人才短缺的双重困境。

金融是现代经济的血脉，对于农村经济的发展同样至关重要。然而，在农村地区，金融服务体系的不完善与金融资源的匮乏却成为制约农村经济发展的重要因素之一。一方面，农村金融机构数量少、服务覆盖面窄，难以满足农民多样化的金融需求。在广大农村地区，尤其是偏远山区和贫困地区，金融机构的布点密度低、服务种类单一，导致农民在存取款、贷款、保险等方面面临诸多不便。这不仅增加了农民的融资成本与时间成本，也限制了他们利用金融手段发展生产和创业的可能性。另一方面，农村金融市场发育不充分、风险防控机制不健全，导致农民难以获得足够的资金支持。此外，农村地区也普遍存在经济基础薄弱、信用体系不完善以及信息不对称等，金融机构在评估农村项目风险时往往持谨慎态度，导致贷款审批难度大、利率高。这使许多有潜力的农村项目因资金短缺而难以实施或发展壮大。

除了人才与金融要素的欠缺外，农村产业融合过程中还面临着利益联结松散所带来的挑战——农村产业融合"碎片化"。这主要表现在以下两个方面：一是产业间协同不足。农村产业融合要求不同产业之间形成紧密的协作关系与产业链条。然而，在实际操作中，由于各产业之间缺乏有效的沟通与合作机制，导致产业链条断裂、协同效应不强。这不仅降低了产业融合的整体效率与效益，也影响了农村经济的可持续发展。二是农户参与度不高。农户是农村产业融合的主体与受益者。然而，在实际操作中，由于信息不对称、利益分配机制不明确以及农户自身能力不足等原因，导致农户参与产业融合的积极性不高、程度不深。这不仅削弱了产业融合的内生动力与活力，也影响了农户自身利益的实现与提升。

6 数字普惠金融影响农村产业融合发展的实证分析

6.1 研究设计

6.1.1 变量选取

第一，被解释变量。农村产业融合水平。本书在参考张林和温涛（2022）对农村产业融合评价指标体系的构建并结合数据的可得性，从农业产业链延伸、农业多功能拓展、农业服务业融合、农业新业态培育及经济社会效应 5 个维度选取细化指标构建农村产业融合评价指标体系（见表 6-1 和表 6-2）。

表 6-1　农村产业融合水平评价指标体系

一级指标	二级指标	三级指标	指标计算方法	方向
农村产业融合水平	农业产业链延伸	第一产业总产值占比	第一产业增加值/地区生产总值	负
		人均农产品加工业主营收入	农产品加工业企业主营业务收入/农村人口数	正
	农业多功能拓展	每百万人专业村镇数量	"一村一品"示范村镇数量/农村人口数	正
		乡村非农就业占比	乡村二三产业从业人数/乡村从业总人数	正

续表

一级指标	二级指标	三级指标	指标计算方法	方向
农村产业融合水平	农业服务业融合	人均农林牧渔业服务业产值	农林牧渔服务业产值/农村人口数	正
	农业新业态培育	设施农业面积占比	设施农业总面积/耕地总面积	正
	经济社会效应	城乡居民收入比	城镇居民可支配收入/农村居民可支配收入	负

表6-2 具体变量定义

类型	变量名称	符号	计算方法
被解释变量	农村产业融合水平	LNIRI	见上文
核心解释变量	数字普惠金融水平	LNDIF	见上文
机制变量	金融市场服务与中介能力	FL	由受教育程度、就业率和金融机构金融业务收入三个指标利用熵值法测度
	金融市场资源配置	FE	农业保费收入/农林牧渔业增加值
	金融市场风险控制能力	FR	地方财政金融监管支出/地方财政一般预算支出
控制变量	农村基础设施	INF	农村用电量/农村人口数
	地区生态环境	EOC	化肥施用量/耕地面积
	农业受灾程度	DIS	农作物受灾面积/农作物播种面积
	农村社会救济	SOC	农村居民最低生活保障人数/农村人口数
	地区经济水平	ECO	地区生产总值/年末地区常住人口

第二，核心解释变量。数字普惠金融水平。采用北京大学数字普惠金融中心发布的2011~2022年省级层面指数数据。

第三，机制变量。本书从金融市场动态能力视角出发，进行影响机制的深入分析。其中，金融市场服务与中介能力（FL）用地区金融素养水平衡量。地区金融素养水平由受教育程度、就业率和金融机构金融业务收入三个指标利用熵值法测度（刘原宏和杨治辉，2023）[①]；金融市场资源配置（FE）用地区

[①] 刘原宏，杨治辉．数字普惠金融省域发展特征及影响因素研究［J］．统计与决策，2023，39（11）：139-144.

金融效率水平衡量。地区金融效率水平由农业保费收入除以农林牧渔业增加值得到（丁志国等，2014）[1]。该比值越大，代表着金融效率越高，资源配置越强；金融市场风险控制能力（FR）用地区金融监管水平衡量。地区金融监管水平由地方财政金融监管支出除以地方财政一般预算支出得到（张晓燕和姬家豪，2023）[2]。比值越大，意味着金融监管越有力，风险控制能力越强。

第四，控制变量。本书选取农村基础设施（INF）、地区生态环境（EOC）、农业受灾程度（DIS）、农村社会救济情况（SOC）、地区经济水平（ECO）作为控制变量。

农村基础设施（INF）。基础设施建设在农村产业融合发展中扮演着至关重要的角色。良好的基础设施，可以为农村不同产业之间的联系和交流提供支撑和保障，促进产业朝更高效率、更环保可持续的路径实现变革与发展。因此，本书用农村用电总量与农村人口数的比值来衡量农村基础设施建设情况，比值越大代表该地区基础设施建设越完善，对农村产业融合发展的支持作用越明显。

地区生态环境（EOC）。"绿水青山就是金山银山"，生态环境是地区发展的基石。农村产业融合更要遵循"效益+保护"的高质量发展理念，只有在重视地区生态环境保护的前提下，农村产业融合才能更加有效地打破农业与工业、服务业的行业壁垒，生产出多样的融合型产品。本书用化肥施用量与耕地面积的比值来衡量地区生态环境，比值越大，代表该地区生态环境越差，对农村产业融合发展的抑制性越强。

农业受灾程度（DIS）。农业生产质量的高低对于农村产业融合起着基础性作用。而农业受灾程度可以客观直接地反映该地区农业生产质量，因此本书采用农作物受灾面积与农作物播种面积的比值衡量农业受灾程度。该比值越大，则代表该地区农业生产的受灾程度越大，对农村产业融合的负向影响越明显。

农村社会救济情况（SOC）。依据马斯洛需求层次结构，进阶需求的追求以初级需求的满足为前提。换言之，只有当人类确保基本生存需求及安全感得

---

① 丁志国，张洋，高启然. 基于区域经济差异的影响农村经济发展的农村金融因素识别［J］. 中国农村经济，2014（3）：4-13+26.

② 张晓燕，姬家豪. 金融科技与金融监管的动态匹配对金融效率的影响［J］. 南开管理评论，2023，26（1）：43-56.

以实现后，才会继续向更高层级需求迈进。而农村社会救助的受益群体主要是那些无劳动能力的人员。这部分人员的低层次需求只有靠救助才能实现，因此某一地区的农村社会救济需求程度越严重，则表示该地区农村无劳动能力的人员占比越多，从事农村产业融合发展的劳动力占比也就相对越少，进而支持农村产业融合发展的劳动力资源也就相对欠缺。

地区经济水平（ECO）。地区经济发展状况直接反映其整体发展水平高低。经济越繁荣，则相应用于投入农村产业融合的存量资金就越多，农村产业融合的经济基础就越牢固。因此，本书用地区生产总值与年末地区常住人口的比例来衡量，比值越大，代表该地区经济水平发展越好，对农村产业融合的正向影响越强。

2015 年，中央一号文件正式提出"农村一二三产业融合"的概念。本书在选取样本数据时兼顾了论证力度、农村产业融合发展进程和农业产业化在时间序列上的相继特征（苏毅清等，2016；张林和温涛，2022）①，参照张林和温涛（2022）② 将研究时间确定为 2011~2022 年，研究单元确定为除西藏自治区外的我国 30 个省（自治区）。其中，测算被解释变量农村产业融合水平的细化指标数据来自于《中国农业年鉴》、《中国金融年鉴》、《中国机械工业年鉴》、《中国农村统计年鉴》、各省份统计年鉴、国家农业部网站及国家统计局网站。核心解释变量数字普惠金融水平数据来自于北京大学数字普惠金融指数。机制变量数据来自于《中国农村统计年鉴》、《中国保险年鉴》、各省份统计年鉴及国家统计局网站。控制变量数据均来自于国家统计局网站，缺失的个别数据采用线性插值法予以补齐。

6.1.2　模型设定

为检验数字普惠金融及其子维度对农村产业融合的影响效应。本书构建基准回归模型如式（6-1）所示：

---

① 苏毅清，游玉婷，王志刚. 农村一二三产业融合发展：理论探讨、现状分析与对策建议 [J]. 中国软科学，2016（8）：17-28.
② 张林，温涛. 数字普惠金融如何影响农村产业融合发展 [J]. 中国农村经济，2022（7）：59-80.

$$LNIRI_{it} = \alpha_0 + \beta_0 \times Y_{it} + \rho_0 \times X_{it} + \theta_i + \delta_t + e_0 \tag{6-1}$$

其中，$LNIRI_{it}$ 是被解释变量，代表农村产业融合水平。变量 Y_{it} 代表省份 i 在 t 年时的数字普惠金融及其子维度发展水平。X_{it} 代表控制变量，θ_i 代表个体固定效应，δ_t 代表时间固定效应，α 为常数项，β 与 ρ 为待估参数，e 为随机误差项。

为实证研究数字普惠金融对于农村产业融合的影响机制，本书构建中介效应模型和调节效应模型如式（6-2）、式（6-3）和式（6-4）所示：

$$M_{it} = \alpha_1 + \beta_1 \times LNDIF_{it} + \rho_1 \times X_{it} + \theta_i + \delta_t + e_1 \tag{6-2}$$

$$LNIRI_{it} = \alpha_2 + \beta_2 \times M_{it} + \rho_2 \times X_{it} + \theta_i + \delta_t + e_2 \tag{6-3}$$

$$LNIRI_{it} = \alpha_3 + \beta_3 \times LNDIF_{it} + \beta_4 \times M_{it} + \beta_5 \times LNDIF_{it} \times M_{it} + \rho_3 \times X_{it} + \theta_i + \delta_t + e_3 \tag{6-4}$$

其中，式（6-2）、式（6-3）为中介效应模型，式（6-4）为调节效应模型，M_{it} 为机制变量，其余变量及待估系数意义同上。

为实证检验数字普惠金融对于农村产业融合的空间溢出效应，本书构建空间杜宾模型（SDM）如式（6-5）所示：

$$LNIRI_{it} = \beta_6 W_{ij} LNIRI_{it} + \beta_7 W_{ij} LNDIF_{it} + \beta_8 LNDIF_{it} + \rho_4 \times W_{ij} X_{it} + \rho_5 \times X_{it} + \theta_i + \delta_t + e_4 \tag{6-5}$$

其中，W_{ij} 为空间权重矩阵，$W_{ij} LNIRI_{it}$ 为因变量的空间滞后项，$W_{ij} LNDIF_{it}$ 为自变量的空间滞后项，$W_{ij} X_{it}$ 为控制变量的空间滞后项，其他同上。

6.2 数字普惠金融影响农村产业融合发展的基准分析

为了确保数据的稳健性，方便后续进行实证分析，本书在实证分析前对被解释变量农村产业融合水平和核心解释变量数字普惠金融水平进行对数化处理。如表 6-3 所示的描述性统计结果可知，农村产业融合水平的均值为

3.1405,最小值为 1.7917,最大值为 4.3795。这揭示了我国不同省份农村产业融合发展水平具有显著的差异化特点。数字普惠金融发展水平的均值为5.3377,最小值为 2.9085,最大值为 6.1327,可见数字普惠金融在不同省域的发展存在明显的非均衡性。而控制变量和机制变量也同样呈现出显著的区域异质性。

表 6-3　数据描述性统计

变量	平均值	标准差	最小值	最大值
农村产业融合水平 LNIRI	3.1405	0.5471	1.7917	4.3795
数字普惠金融水平 LNDIF	5.3377	0.6660	2.9085	6.1327
农村基础设施 INF	0.2040	0.5077	0.0134	4.1275
地区生态环境 EOC	0.0392	0.0191	0.0056	0.0985
农村社会救济 SOC	0.0782	0.0468	0.0110	0.2394
农业受灾程度 DIS	0.1411	0.1157	0.0041	0.6959
地区经济水平 ECO	5.8600	3.0621	1.5908	19.0526
服务中介能力 FL	0.2663	0.1449	0.0450	0.8360
资源配置能力 FE	0.8101	0.1524	0.4457	1.2270
风险控制能力 FR	0.0028	0.0030	0.00001	0.0190

各变量的相关性分析结果(见表 6-4)。除个别变量外,其余变量均存在显著的相关性。相关性分析结果表明,数字普惠金融水平(LNDIF)与农村产业融合水平(LNIRI)的相关性系数为 0.154,在 1% 的水平上显著,表明数字普惠金融对农村产业融合水平发展存在一定的正向作用。关于控制变量如农村基础设施(INF)和地区经济水平(ECO)与农村产业融合在 1% 的水平上显著正相关,对农村产业融合水平起到正向促进作用。地区生态环境(EOC)和农村社会救济(SOC)与农村产业融合水平(LNIRI)在 5% 及以下水平显著负相关。地区受灾程度(DIS)与农村产业融合水平(LNIRI)的相关性不显著。上述控制变量与农村产业融合水平(LNIRI)的相关性分析结果表明,本书选取的控制变量较为合理。机制变量中金融素养与金融监管和农村产业融合水平(LNIRI)在 5% 及以下水平上显著正相关,表明本书选取的机制变量也较为合理。

表6-4　相关性分析

变量	LNIRI	LNDIF	INF	EOC	DIS	SOC	ECO	FL	FE	FR
LNIRI	1									
LNDIF	0.154***	1								
INF	0.480***	0.193***	1							
EOC	-0.124**	-0.148***	0.226***	1						
DIS	-0.0860	-0.405***	-0.235***	-0.149***	1					
SOC	-0.430***	-0.213***	-0.540***	-0.343***	0.362***	1				
ECO	0.599***	0.571***	0.616***	0.0510	-0.407***	-0.598***	1			
FL	0.445***	0.129**	0.620***	0.244***	-0.283***	-0.611***	0.660***	1		
FE	0.00500	0.338***	0.00900	-0.112**	-0.0700	0.248***	0.0640	-0.309***	1	
FR	0.105**	0.093*	0.0590	-0.0380	0.0240	-0.0740	0.111**	0.0650	0.097*	1

注：***代表在1%的置信水平上显著，**代表在5%的置信水平上显著，*代表在10%的置信水平上显著。

在完成变量相关性分析后，本书进一步运用了方差膨胀因子（VIF）来核实这些变量是否存在多重共线性，所得结论如表6-5所示。结果显示，所有变量对应的VIF值均低于5这一阈值，这意味着本书所涉及的变量并未遭遇严重的多重共线性问题，从而不会对回归分析结果产生重大干扰。

表6-5　多重共线性检验

变量	VIF	1/VIF
LNDIF	2.06	0.4857
INF	1.27	0.7881
EOC	1.35	0.7401
DIS	1.32	0.7577
SOC	2.09	0.4794
ECO	4.15	0.2407
FL	3.95	0.2530
FE	1.49	0.6706
FR	1.04	0.9611
Mean VIF	2.08	

　　为排除潜在的伪回归问题，需要对涉及的变量进行单位根检验操作。特别是在面板数据场景下，需针对同根和异根条件下的单位根特性分别进行验证。鉴于数据可能存在的多样性，本书采用了 LLC 检验方法对应处理同根情况下的单位根检验，而对于异根情境，则选择了 IPS 检验工具。检验结果如表 6-6 所示，我们发现三个变量的面板数据原本处于非平稳状态，但在对这些变量进行一阶差分处理后，它们皆转为平稳状态，这意味着这些变量实质上是一阶单整的。

表 6-6　单位根检验结果

变量	LLCtest	IPStest	结论
LNIRI	−34.9103***	−5.3003***	平稳
LNDIF	−7.7182***	−7.0919***	平稳
INF	−5.6301***	−0.8738	不平稳
EOC	0.0551	−0.9329	不平稳
DIS	−10.1568***	−7.3021***	平稳
SOC	−8.2546***	−2.9596***	平稳
ECO	−4.4746***	0.3227	不平稳
dLNIRI	−8.5272***	−8.8675***	平稳
dLNDIF	−8.7338***	−7.0815***	平稳
dINF	−7.6648***	−7.5150***	平稳
dEOC	−7.2182***	−6.9796***	平稳
dDIS	−12.6381***	−9.7886***	平稳
dSOC	−6.8917***	−5.5677***	平稳
dECO	−7.5665***	−5.6827***	平稳

　　注：***代表在1%的置信水平上显著，**代表在5%的置信水平上显著，*代表在10%的置信水平上显著。

　　如表 6-7 所示，面板数据在 1% 的水平下拒绝 F 检验、LM 检验和 Hausman 检验的原假设，因此选择双向固定效应模型进行后续回归。控制变量的显著性较差，因此相比农村基础设施、地区生态环境、农村社会救济、农业受灾程度和地区经济水平而言，数字普惠金融对农村产业融合进程有着更为突出的推动作用。

表 6-7　基准回归结果

变量	（1）LNIRI	（2）LNIRI	（3）LNIRI	（4）LNIRI
LNDIF	0.410*** （0.0876）			
LNCOV		0.164*** （0.0353）		
LNDEP			0.216*** （0.0635）	
LNDIG				−0.0398 （0.0601）
INF	0.0286 （0.0259）	0.0260 （0.0258）	0.0172 （0.0261）	0.0151 （0.0271）
EOC	−0.886 （1.492）	−0.718 （1.490）	−1.135 （1.534）	−0.277 （1.541）
DIS	0.0437 （0.0947）	0.0843 （0.0962）	0.0173 （0.0958）	0.00162 （0.0980）
SOC	−0.894* （0.488）	−0.842* （0.489）	−0.946* （0.495）	−1.005** （0.504）
ECO	0.0355*** （0.0126）	0.0320*** （0.0124）	0.0224* （0.0121）	0.0144 （0.0132）
Constant	2.188*** （0.427）	3.218*** （0.236）	3.081*** （0.325）	4.160*** （0.227）
双向固定	Yes	Yes	Yes	Yes
R-squared	0.182	0.181	0.156	0.126
F test	79.73***			
LM test	1084.66***			
Hausman test	94.99***			

注：括号内数值为标准误；***代表在1%的置信水平上显著，**代表在5%的置信水平上显著，*代表在10%的置信水平上显著。下同。

为了进一步研究数字普惠金融各个维度对农村产业融合发展的具体影响，本书分别就数字普惠金融各个维度进行回归。可以发现，在数字化程度（LN-

DIG）列（4）中，系数并不显著。而在覆盖广度（LNCOV）、使用深度（LNDEP）列（2）、列（3）中，两者均在1%水平上通过显著性检验。系数分别为0.164和0.216，表现出对农村产业融合发展的显著推动作用。这表明现阶段数字普惠金融确实会助力农村产业融合发展，但目前主要依靠广度和深度的发展，数字化作用还需进一步提升，接下来本书将从此三个方面做进一步深入分析。

6.2.1 广度方面

长期以来，农村地区由于地理位置偏远、基础设施薄弱以及传统金融服务模式的局限性，往往成为金融服务的"盲区"。传统金融机构受限于物理网点的布局成本与维护成本，难以在广袤的农村区域实现全面覆盖，而数字普惠金融的出现极大地消除了这些障碍（叶文辉和龚灵枝，2023）[①]。得益于移动互联网的普及，农民只需一部智能手机，便能轻松接入金融服务的世界。物联网、云计算等先进技术的融入，更是进一步打破了信息孤岛，使金融服务能够无缝渗透农村的每一个角落。这种广度的扩展，对于农村产业融合发展而言，具有里程碑式的意义。它意味着那些原本因资金短缺而难以启动或扩张的农村产业项目，如今有了更多的融资渠道和可能性。无论是种植业的规模化经营、养殖业的现代化转型，还是乡村旅游的兴起、农产品电商的蓬勃发展，都离不开金融服务的支持。数字普惠金融的广泛覆盖，为这些产业提供了必要的资金"血液"，推动了农村经济的多元化和可持续发展。

此外，在传统金融体系中，金融资源往往呈现出"马太效应"——即强者越强、弱者越弱。城市和经济发达地区由于经济活跃、需求旺盛，吸引了大量的金融资源；而农村地区则因经济相对落后、风险较高，难以获得足够的金融支持。这种金融资源的不均衡配置，严重制约了农村经济的发展和农民的增收。而数字普惠金融可以通过降低金融服务门槛和成本，使金融资源能够更加

---

① 叶文辉，龚灵枝. 数字普惠金融与包容性增长：理论分析与展望 [J]. 经济问题，2023（12）：49-57.

公平地流向农村地区（张岳和周应恒，2021；曹俊勇和张乐柱，2023）①②。农民和小微企业不再为了获得贷款而奔波于各大银行之间，也不再需要承担高昂的担保和抵押费用，他们只需通过手机 App 等线上平台，就能轻松申请到贷款、保险等金融服务。这种便捷、高效的金融服务模式，不仅提高了农村金融服务的可得性和覆盖面，还有效缓解了农村金融资源匮乏的问题，促进了金融资源的均衡配置。

进一步地，此前农民往往因缺乏金融知识和经验而处于劣势地位，他们难以准确评估金融产品的风险和收益，也难以做出理性的金融决策。这种金融素养的缺失，不仅限制了农民对金融服务的利用效率，还增加了他们面临金融风险的可能性。而数字普惠金融的普及，则为提升农民金融素养提供了有力支持（周南和张龙耀，2022）③。通过线上教育、金融知识普及等方式，数字普惠金融将复杂的金融知识转化为易于理解和接受的信息，帮助农民更好地了解金融产品和服务。同时，数字普惠金融还注重培养农民的金融风险防范意识，引导他们树立正确的金融观念和行为习惯。这种全方位的金融教育，不仅提高了农民对金融服务的认知度和信任度，还提高了他们参与金融市场的积极性和能力。随着农民金融素养的不断提升，农村产业融合发展的步伐也将更加稳健和有力。

数字普惠金融还优化了金融服务体验，主要体现在数字支付与区块链技术等前沿科技的应用上。这些技术不仅简化了交易流程，提升了交易的安全性与便捷性，还有效降低了交易成本，提高了交易效率。经营主体得以突破时空限制，通过手机 App 等平台实现全天候的资金管理与支付结算，极大地提升了经营活动的灵活性与效率，为农村产业融合的深化发展注入了新的活力。

---

① 张岳，周应恒. 数字普惠金融、传统金融竞争与农村产业融合 [J]. 农业技术经济，2021（9）：68-82.

② 曹俊勇，张乐柱. 数字普惠金融对农村产业融合发展的动态影响——基于系统 GMM 及门限效应的检验 [J]. 西南金融，2023（1）：43-55.

③ 周南，张龙耀. 传统金融基础、数字禀赋与农村数字金融普惠 [J]. 财贸研究，2022，33（12）：49-58.

6.2.2 深度方面

数字普惠金融不仅扩展了金融服务的广度，更在深层面实现了对传统金融模式的深刻变革，为农村经济的转型升级和可持续发展注入了新的活力。

首先，数字普惠金融则通过大数据、云计算等先进技术的应用，实现了对金融需求的精准捕捉与深入分析。金融机构能够借助这些技术手段，对农村产业的生产经营情况、市场发展趋势等进行全面评估，从而设计出更加符合产业特点的金融服务方案。这种精准化、个性化的服务模式，不仅提高了金融服务的针对性和有效性，还增强了农村产业主体对金融服务的满意度和信任度。具体而言，金融机构可以利用大数据分析，识别出农业产业链上下游企业的融资痛点和需求差异，进而设计出供应链金融解决方案。通过整合产业链资源，优化资金配置，实现风险的有效分散和控制，为农村产业融合发展提供更加稳定、可持续的资金支持。同时，金融机构还可以根据农村产业的实际情况，定制出包括信贷、保险、支付结算等在内的综合金融服务方案，满足农村产业主体多元化的金融需求。

其次，数字普惠金融的深入发展，为农村产业的转型升级提供了强有力的支撑（储佩佩和张姣，2023）[①]。在高端化方面，数字普惠金融通过支持农业科技创新和农业机械化发展，推动了农业生产方式的现代化和智能化。金融机构可以为农业科技创新项目提供融资支持，促进农业科技成果的转化和应用，提高农业生产效率和产品质量。同时，数字普惠金融还可以支持农业机械化的发展，推动农业装备水平的提升，降低农业生产成本，提高农业生产效益。在智能化方面，数字普惠金融与物联网、人工智能等技术的结合，为农村产业提供了更加智能化的解决方案。例如，通过物联网技术实现对农业生产过程的实时监测和数据分析，为农业生产提供精准化管理；通过人工智能技术优化农业生产模型，提高农业生产的预测能力和决策水平。智能化技术的应用，不仅提高了农业生产的效率和质量，还为农村产业融合发展提供了新的增长点。在绿

---

① 储佩佩，张姣. 数字普惠金融对农村产业融合的影响——基于农村双创促进机制视角［J］. 财会月刊，2023，44（23）：143-150.

色化方面，数字普惠金融通过支持农村绿色产业的发展和生态环境的保护，推动了农村经济的可持续发展。在金融机构的资金支持下，绿色技术得到了研发和应用，这将推动农村产业向低碳、环保、可持续的方向发展。同时，数字普惠金融还能在农村生态环境的保护和治理工作中提供支持，为农村产业融合发展提供良好的生态环境保障。

最后，数字普惠金融促进了金融与产业的深度融合。通过构建金融生态体系，与农村产业主体建立紧密的合作关系，共同推动农村产业融合发展。而在这一过程中，金融机构不再仅是资金的提供者，而是成为农村产业发展的重要参与者和推动者。主要在于，金融机构可以与农业合作社、农业企业等建立战略合作关系，共同开发金融产品和服务。通过深入了解农村产业的需求和特点，金融机构可以设计出更加符合产业实际的金融服务方案，提高金融服务的针对性和有效性。同时，金融机构还可以利用自身的资源和优势，为农村产业提供市场信息、技术咨询、人才培训等全方位的支持服务，帮助农村产业主体提升竞争力和可持续发展能力。此外，金融机构还可以通过构建金融生态体系，促进农村产业内部的协同发展。通过整合产业链上下游资源，优化资源配置和利益分配机制，实现产业间的优势互补和互利共赢。这种协同发展的模式不仅有助于提升农村产业的整体竞争力，还有助于推动农村经济的多元化和可持续发展。

6.2.3　数字方面

近年来，数字普惠金融在我国农村地区取得了显著进展。通过大数据、云计算、人工智能等技术的广泛应用，有效拓宽了金融服务的覆盖面，为农村产业融合发展提供了有力支持。然而，尽管取得了一定成效，但数字普惠金融在助力农村产业融合发展方面仍面临诸多挑战，导致实际效果未达预期。可能的原因在于尽管农村地区的互联网普及率有所提升，但对于部分地区而言，数字基础设施建设仍相对滞后。网络不稳定、信号覆盖不全等问题制约了数字普惠金融的深入发展，金融服务站点、自助设备等基础设施的建设也需进一步加强。此外，农村地区与城市地区在数字化水平上存在较大差距，形成了数字鸿沟。这导致部分农村地区无法享受到数字普惠金融带来的便利和优惠，进一步加剧了城乡发展不平衡。再者，人才的流失及要素不全，实惠力度不足，这导致农户可能在面对复杂的金融产品时感到困惑和不安，从而降低了他们的参与度和信任度。

因此，应该加强数字基础设施建设，构建坚实的物质基础。数字基础设施是数字普惠金融得以深入农村、服务"三农"的前提和基础。持续加大投入，完善农村地区的网络覆盖，特别是要确保偏远地区也能享受到高速、稳定的网络服务。这包括扩建光纤网络、优化无线通信基站布局、推广5G等新一代通信技术，以及为农户和农业企业提供经济实惠的智能终端设备。还应鼓励金融机构加大在金融科技领域的研发投入，积极探索区块链、人工智能、大数据等先进技术在农村金融服务中的应用场景。例如，利用区块链技术提高交易透明度和安全性，降低信任成本；运用人工智能技术进行风险评估和信贷审批，提高服务效率和质量；通过大数据分析农户和农业企业的经营状况，实现精准营销和个性化服务。这些创新应用不仅能够提升金融服务的智能化水平和效率，还能有效降低服务成本和风险，为农村产业融合发展提供更加便捷、高效、安全的金融支持。数字金融的发展离不开专业人才的支撑。我们应加大对数字金融人才的培养和引进力度，建立健全人才培养体系和激励机制。

然而，变量间的关联复杂多样，不一定呈单向驱动关系。本书综合考虑两大可能性：第一，涉及反向因果关系的可能性。农村产业高度融合的地方由于对金融服务需求强烈，很可能带动该地区数字金融的同步发展。第二，存在遗漏变量的可能性。虽然本书已精心筛选了一系列控制变量，但农村产业融合受多元因素交织影响，难免存在未被观察到的变量对回归结果产生误差。因此，借鉴既有研究，本书首先对核心解释变量进行滞后一期处理，如表6-8所示。列（1）中，数字普惠金融系数估计值为正且具有较强显著性，进一步证实了数字普惠金融对农村产业融合的推动作用具有长期稳定性。其次选用各省会城市到杭州的距离（LNDIST）作为工具变量。由估计结果列（2）、列（3）可知，在第一阶段的回归中，工具变量与数字惠普金融之间的相关性显著不为零，也说明了工具变量与内生变量高度相关，验证了工具变量的有效性。第二阶段回归中数字普惠金融的系数为-0.687且在1%的显著性水平下通过检验，表明距离越远，数字普惠金融发展越滞后，从而对农村产业融合的推动作用越不明显，验证了回归的结果的可靠性。

表6-8　内生性检验结果

变量	（1）LNIRI	（2）第一阶段 LNDIF	（3）第二阶段 LNIRI
LNDIF			-0.687***
			(0.112)
L. LNDIF	0.329***		
	(0.0806)		
LNDIST		-0.780***	
		(0.0699)	
INF	0.0387	-0.0425**	0.0112
	(0.0243)	(0.0165)	(0.0265)
EOC	-2.492*	1.716*	-0.183
	(1.376)	(0.957)	(1.533)
DIS	-0.0697	-0.122**	-0.00647
	(0.0928)	(0.0606)	(0.0972)
SOC	-0.512	-0.253	-0.998**
	(0.463)	(0.314)	(0.503)
ECO	0.0352***	-0.0607***	0.0106
	(0.0128)	(0.00738)	(0.0118)
Constant	2.582***	9.967***	8.821***
	(0.410)	(0.562)	(0.900)
R-squared	0.1929	0.9820	0.1245

为确保实证的严谨性和可信度，本书从三个维度进行稳健性检验。一是变换样本数量。我国各区域经济发展水平不一，而各直辖市凭借雄厚的经济实力、优越的地理位置优势和便捷的交通网络，加之受惠于优惠政策和丰富的文化积淀，持续吸引全国各地的人才汇集，这些独特优势都有可能对实证结论构成潜在影响。基于此，本书在对四大直辖市指标数据进行筛除后，重新进行了

实证研究，检验结果如表6-9的列（1）所示。二是更换被解释变量的测度方法。采用线性加权求和法合成各省份农村产业融合发展指数，检验结果见表6-9列（2）。三是缩尾处理，将样本中低于1%和高于99%的数据点替换成相应百分位数处的数值，以减少极端数值对回归分析带来的偏差，检验结果见表6-9列（3）。由表6-9可知，数字普惠金融指数回归系数均显著，且正负方向也与上文回归结果一致，说明本书的实证结果是稳健的。

表6-9 基础回归稳健性检验结果

变量	（1）LNIRI	（2）LNIRI	（3）LNIRI
LNDIF	0.415 ***	0.247 ***	0.400 ***
	（0.0905）	（0.0633）	（0.0917）
INF	0.691 ***	0.0321 *	0.0325
	（0.140）	（0.0187）	（0.0270）
EOC	0.555	−3.972 ***	−0.887
	（1.607）	（1.079）	（1.508）
DIS	0.0586	−0.0107	0.0173
	（0.0931）	（0.0684）	（0.100）
SOC	−1.084 **	−0.687 *	−0.837 *
	（0.468）	（0.353）	（0.491）
ECO	0.118 ***	0.0357 ***	0.0388 ***
	（0.0177）	（0.00913）	（0.0135）
Constant	1.276 ***	3.335 ***	2.203 ***
	（0.342）	（0.308）	（0.453）
双向固定	Yes	Yes	Yes
R-squared	0.3208	0.2151	0.1746

凭借数字技术在信息匹配、流程简化等方面的独特优势，数字普惠金融能够精准、高效地匹配农村产业融合供需两端的需求，强化金融可得，吸引要素集聚，使各个产业之间的协调更加顺畅，为农村产业融合发展带来更多的活力和创意。结合上文分析及表6-9中结果，数字普惠金融在以下三个方面直接影响乡村产业融合，验证了之前的H1。

6.3 数字普惠金融影响农村产业融合发展的机制分析

在"服务与中介—资源配置—风险控制"动态能力理论框架下，结合前文机理分析，依次选取金融功能的服务与中介能力（FL）、资源配置能力（FE）和风险控制能力（FR）三个指标进行影响机制检验。

6.3.1 服务与中介能力效应分析

如表6-10所示，回归结果展示了数字普惠金融对金融市场服务与中介功能能力的影响结果，数字普惠金融回归系数为0.047，且在10%的统计水平上通过了显著性检验。这表明，数字普惠金融凭借数字与普惠双重特征优势，使地区金融市场"长尾群体"的金融可得性得到显著提升，金融市场服务与中介功能得到很好发挥。数字普惠金融通过数字普惠金融凭借线上加线下的模式，具有低成本、电子化和覆盖广的优点，可以不受地理环境的限制，拓宽金融服务边界，缓解弱势群体的资金使用的隐形排斥，并借助大数据完善农户数字化征信体系构建多层次的数据收集、处理和分析体系，实现了金融信息的全面透明化。这不仅包括金融机构内部的运营数据，还包括来自政府、企业、农户等多个方面的社会经济数据。这些数据的实时更新和共享，使金融市场能够更准确地把握宏观经济形势、行业发展趋势以及微观主体的经营状况，从而提高了金融市场的服务与中介能力。此外，通过数据分析和挖掘，能够深入地了解不同客户的个性化需求，实现金融服务的定制化。例如，根据农户的种植结构、养殖规模、市场渠道等信息，为其量身定制贷款产品、保险服务或理财方案。这种个性化、定制化的服务模式不仅提高了金融服务的满意度和忠诚度，还增强了金融市场对客户需求变化的敏感度，进一步提升了金融市场的服务与中介功能。

表 6-10 服务与中介功能能力效应检验

变量	(1) FL	(2) LNIRI
LNDIF	0.047* (0.0249)	
FL		0.503** (0.202)
INF	-0.0239*** (0.00737)	0.0242 (0.0268)
EOC	-0.432 (0.425)	-0.00629 (1.522)
DIS	-0.0187 (0.0270)	0.00584 (0.0965)
SOC	-0.0914 (0.139)	-0.946* (0.500)
ECO	0.00348 (0.00359)	0.0103 (0.0117)
Constant	0.528*** (0.121)	3.679*** (0.217)
双向固定	Yes	Yes
R-squared	0.2149	0.1415

　　而金融市场服务与中介功能的显著提升，不仅是金融市场自身进化与优化的关键，更是推动农村产业融合向纵深发展的重要引擎。它不仅深化了金融市场对农村产业融合复杂生态的理解，还促进了金融资源的高效配置与精准投放，为农村经济的多元化、现代化转型提供了强有力的支撑，使金融市场能够精准理解与把握农村产业融合主体的实际金融需求。随着服务与中介功能的提升，金融市场能够通过先进的信息技术手段，不断追踪、监测农村产业融合进程中的各种微观主体动态，包括经营情况、资金流动、项目进展等多元信息。并在此基础上，精准识别农村产业融合经营主体在不同发展阶段、不同业务环节的具体金融需求。无论是短期周转资金的需求，还是长期投资项目所需的资本注入，甚至是对冲风险所需要的金融衍生品，都能做到有的放矢、精准匹配。

　　而信息驱动决策的能力则进一步强化了金融市场对农村产业融合的支持力度。在快速变化的市场环境中，信息的时效性和准确性对于决策至关重要。金融市场服务与中介功能能力的提升，使金融机构能够迅速整合并分析来自农村产业融合一线的海量数据，形成具有前瞻性的市场判断。这种基于数据的决策模式，不仅提高了决策的科学性和准确性，还大大缩短了决策周期，使金融支持能够更加及时、有效地作用于农村产业融合的各个环节。同时，通过对农村产业融合趋势的深入洞察，金融市场还能引导社会资本向具有发展潜力的领域流动，促进农村产业结构的优化升级。

由此，通过精准匹配需求和信息驱动决策两大途径，为农村产业融合发展注入了新的活力与动力。它不仅解决了农村产业融合过程中的资金难题，还促进了金融与产业的深度融合与协同发展，为农村经济的全面振兴提供了坚实的金融保障。H2a 得以验证。

6.3.2 资源配置的效应分析

如表 6-11 所示，列（1）揭示了数字普惠金融对金融市场资源配置能力的影响力。结果显示其系数估值为 0.212 并具有较强显著性，这意味着数字普惠金融这一结合数字技术和普惠金融特质的服务创新形式，犹如金融行业的"鲶鱼"，带动了金融服务质量的提升与效率优化，从而显著提高了金融市场资源配置能力。由列（2）可知，金融市场资源能力的进步，同样对农村产业融合发展产生了积极正面的影响。由此，我们可以明确金融市场资源配置能力作为数字普惠金融撬动农村产业融合发展的重要传导机制。首先，金融市场资源配置能力的提升，是深化产业链整合、促进农村产业融合发展的关键。在传统的农村金融体系中，资金往往难以精准对接到产业链的每个环节，导致资源错配和效率低下。农村产业融合发展要求产业链上下游之间的紧密协作与高效协同，而金融市场资源配置能力的提升为此提供了坚实的支撑。金融市场通过强化信息收集与分析能力，能够更准确地把握农业生产和农村产业的实际需求与潜在机遇。借助大数据、云计算等现代信息技术手段，金融市场能够实时追踪产业链上各个环节的经营状况、资金流动及市场反馈，为精准服务提供数据支持。其次，随着农村产业融合的不断深入，新业态、新模式层出不穷，为农村经济注入了新的活力。金融市场资源配置能力的提升，为新业态的发展提供了强有力的金融支持。金融市场通过提升风险评估与价值挖掘能力，能够更准确地评估新业态的市场潜力与风险水平。针对"互联网+"农业、休闲观光农业、乡村旅游等新型业态，金融市场能够设计出符合其特点的金融服务方案，如基于互联网平台的小额信贷、旅游项目融资等，满足其多样化的融资需求。同时，金融市场还能够引导社会资本向新业态倾斜，形成多元化、多层次的金融支持体系。通过银行信贷、股权投资、政策性资金等多种渠道，金融市场为新业态提供了充足的资金保障，促进了其快速成长与规模扩张。此外，金融市场还能够促进不同产业之间的跨界融合与协同发展，通过金融资源的有效配置，推动农业与旅游、文化、科技等产业的深度融合，构建多元化的农村产业融合价值链。在推动农村产业融合发展的过程中，金融市场资源配置能力的提升还促进了可持续发展的实现。

表 6-11　资源配置能力效应检验

变量	（1）FE	（2）LNIRI
LNDIF	0.212 *** （0.0350）	
FE		0.514 *** （0.135）
INF	0.0174 * （0.0103）	0.00691 （0.0259）
EOC	−0.542 （0.596）	−0.0920 （1.502）
DIS	0.0882 ** （0.0378）	−0.0384 （0.0955）
SOC	−0.703 *** （0.195）	−0.610 （0.504）
ECO	−0.0161 *** （0.00504）	0.0255 ** （0.0122）
Constant	−0.236 （0.170）	3.677 *** （0.183）
双向固定	Yes	Yes
R-squared	0.6244	0.1630

此外，得益于数字普惠金融的资源配置能力，越来越多的农民和返乡创业者开始尝试新的农业经营模式和商业模式。他们通过电商平台销售农产品、开展乡村旅游、开发特色农产品加工等方式，拓宽了收入来源，促进了农村产业结构的调整和升级。因此，在数字普惠金融的推动下，金融生态的协同效应得到了强化。政府、金融机构、企业、农户等各方主体形成了紧密的合作关系和利益共同体。这种协同效应的形成，不仅提高了金融资源的配置效率和使用效益，还促进了农村经济的全面振兴和繁荣。

6.3.3 风险控制能力的效应分析

通过分析金融市场风险控制能力，以金融市场风险控制能力作为调节变量，探究在不同金融市场转变能力环境下，数字普惠金融对农村产业融合的影响差异。若发现交互效应系数为正且具有统计显著性，则可以理解为在适当的金融市场风险控制能力运行框架内数字普惠金融能够更有效地推动农村产业的融合发展；反之，若交互项系数为负且达到显著水平，则表示当前金融市场风险控制能力与数字普惠金融的协同发展存在一定矛盾或不适应之处。

如表 6-12 所示，交互项系数（LNDIF×FR）显著为正，从而确认了金融市场风险控制能力正向调节的特征事实。即当金融市场风险控制能力加强时，在数字普惠金融的支撑下，金融市场通过引入创新型数字技术和金融服务模式，激发并提升了市场响应和转型能力，进而有效推进了农村产业融合进程。

表 6-12 风险控制能力效应检验

变量	LNIRI
LNDIF	0.564 *** (0.148)
FR	-3.607 (4.029)
LNDIF×FR	14.64 ** (6.391)
INF	0.0136 (0.0249)

变量	LNIRI
EOC	-0.641 (1.444)
DIS	0.0409 (0.0914)
SOC	-0.169 (0.482)
ECO	0.0439*** (0.0135)
Constant	1.352* (0.707)
双向固定	Yes
R-squared	0.1888

　　随着数字金融逐渐成为金融领域的主流发展趋势，数据泄露、金融欺诈等风险事件频发，金融安全的重要性越发突出。同时，金融产品与服务的不断创新也带来了新的金融风险，对金融安全提出了更高的要求。金融市场加强风险控制能力，不仅能够保证金融资源得到合理高效的配置与利用，还能够守住金融风险底线、保障金融生态稳中向好。传统金融风险评估模型往往依赖于有限的历史数据和专家经验，难以应对复杂多变的金融市场环境。而数字普惠金融则利用大数据和人工智能技术，构建了更加精准、高效的风险评估模型。这些模型能够综合考虑多种因素，对客户进行全方位的风险画像，为金融机构提供科学的决策依据。这种风险评估能力的提升，使金融市场在面对不确定性时能够做出更加迅速、准确的反应，从而提高了金融市场的稳定性和韧性。与政府、金融机构和乡村产业主体的紧密合作，可以加快构建公共数据平台，夯实乡村金融数据基础，整合各类信息资源，缓解乡村地区的"数据孤岛"问题，为风险评估提供准确可靠的数据。具体而言，提升风险控制能力增强了数字金融产品的定制化与安全性，使金融机构能更准确地把握农村产业的具体需求，设计出贴合实际的金融产品，同时有效管理流动性与信用风险，降低了企业获取和利用金融资源的门槛与成本。此外，这一转变还激励了传统金融机构的数

字化转型步伐，迫使其重新审视风险管理策略，避免短视的高风险行为，转而投资于长期可持续的发展路径。这不仅优化了金融机构的内部治理与风控体系，还提升了整个金融行业的韧性与竞争力，为农村产业融合提供了更加坚实、可靠的金融支持体系。

值得注意的是，农村产业融合离不开农业经营主体，要做好经营主体的风险保障，要通过与各种保险机构共建现代农业的风险防线，专注利用数字普惠金融与保险机构相链接，形成农业保险保防救赔一体化数字金融新模式。而传统的农村保险市场往往面临着服务对象稀少、覆盖范围有限等问题，导致市场竞争力偏弱，规模效应不易形成。数字普惠金融通过平台化的运营模式，打破了传统金融机构之间的垄断格局。数字普惠金融与传统保险市场的融合，也在逐渐改变传统保险服务模式下的工作方式和内容。传统保险服务往往缺乏真正意义上的保险定制化，无法满足消费者个性化的需求。数字普惠金融则依托于科技和信息掌握，更加注重定制化服务，并且可以通过智能化的风险管理和理赔手段，实现更快速、更高效的服务。这种定制化和智能化的保险服务模式也进一步提升了消费者对于数字普惠金融的信任度和使用率。同时，也带来了丰富的保险产品和服务选择范围，从而更好地适应农户对保险业务的多元化需要，为农村产业经营者提供更加全面的保障和支持，提高农村产业的可持续发展能力。H2c 得以验证。

6.4 数字普惠金融影响农村产业融合发展的异质性

6.4.1 区域发展失衡，资源错配程度是重点

在城乡要素资源市场化改革进程中，我国不同省域在改革效率、侧重方向等方面存在一定差异，从而造成城乡资源错配程度在不同省域也相应展现出各自的特点与差异。本书借鉴已有研究，对农业部门（农村地区）与非农部门

（城镇地区）的资源错配程度进行测度（王颂吉和白永秀，2013）①，并根据年份均值中位数划分为资源错配程度高和资源错配程度低两个样本，考察农业部门和非农部门不同要素错配程度下数字普惠金融及其三个子维度覆盖广度（LNCOV）、使用深度（LNDEP）、数字化程度（LNDIG）对农村产业融合的影响效果。

如表 6-13 和表 6-14 所示，在农业部门和非农业部门，资源错配程度高样本中数字普惠金融及其子维度覆盖广度、使用深度的回归系数均表现出较强显著性，数字化程度的红利效益和资源错配程度低样本则均不显著。其原因可能是，资源配置较为的均衡地区可以为数字普惠金融发展提供完善的基础设施、金融市场及交易环境等"硬件"条件。如高速互联网、移动通信网络以及云计算、大数据等新型信息技术平台。这些基础设施的普及与升级，为数字普惠金融的广泛应用提供了坚实的物质基础，使金融服务跨越地理界限，覆盖更广阔的农村地区，实现了金融资源的有效下沉。从而有助于优化数字普惠金融传导机制，创新数字普惠金融传导渠道，破除城乡金融资源流动障碍，消弭农村产业融合壁垒，增强农村产业融合发展活力。此外，资源配置的均衡性还促使这些地区政府与企业更加重视金融生态建设，积极创新数字普惠金融的传导机制与渠道。通过政策引导与市场机制的双重作用，城乡间的金融资源流动障碍得以破除，农村产业融合发展的壁垒被逐步打破。这不仅为农村产业提供了更多元化的融资渠道与更低成本的资金支持，还促进了农村产业与现代金融的深度融合，增强了农村产业融合发展的活力与可持续性。

表 6-13　基于城乡资源错配程度的异质性分析

变量	（1）农业部门资源错配程度低	（2）农业部门资源错配程度高	（3）非农业部门资源错配程度低	（4）非农业部门资源错配程度高
LNDIF	0.236	0.486 **	0.377	0.399 ***
	(0.254)	(0.221)	(0.288)	(0.149)

① 王颂吉，白永秀．城乡要素错配与中国二元经济结构转化滞后：理论与实证研究［J］．中国工业经济，2013，304（7）：31-43.

变量	(1) 农业部门资源错配程度低	(2) 农业部门资源错配程度高	(3) 非农业部门资源错配程度低	(4) 非农业部门资源错配程度高
INF	0.652***	0.0183	0.0284	0.780*
	(0.149)	(0.0241)	(0.0357)	(0.444)
EOC	−2.500	−0.116	1.634	−5.780***
	(2.293)	(2.118)	(2.614)	(2.207)
DIS	−0.170	0.106	−0.0111	−0.0212
	(0.155)	(0.112)	(0.155)	(0.0902)
SOC	−1.294	−1.020	−0.810	−0.820
	(0.831)	(1.106)	(1.420)	(0.684)
ECO	0.0692	0.0269	0.0414	0.140**
	(0.0447)	(0.0318)	(0.0453)	(0.0700)
Constant	2.063*	2.005*	1.841	0.815
	(1.163)	(1.113)	(1.443)	(1.068)
双向固定	Yes	Yes	Yes	Yes
R−squared	0.4549	0.1494	0.1108	0.5053

表6-14　基于城乡资源错配程度的数字普惠金融分维度异质性分析

变量	(1) 农业部门资源错配程度高			(2) 非农业部门资源错配程度高		
LNCOV	0.178***			0.138***		
	(0.0570)			(0.0982)		
LNDEP		0.271**			0.255***	
		(0.114)			(0.0855)	
LNDIG			−0.00804			−0.176
			(0.151)			(0.144)
Constant	3.326***	2.988***	4.235***	1.934***	1.990***	3.634***
	(0.450)	(0.556)	(0.468)	(0.702)	(0.360)	(0.345)
控制变量	已控制	已控制	已控制	已控制	已控制	已控制
双向固定	Yes	Yes	Yes	Yes	Yes	Yes
R−squared	0.1338	0.1059	0.0719	0.4908	0.4813	0.4638

通过比较农业部门及非农业部门的各项系数可以发现，数字普惠金融在农业部门地区对农村产业融合的促进效果更加明显。究其原因，首先，数字普惠

金融以其独特的模式和创新的技术手段，成功打破了传统金融服务的壁垒，实现了金融资源的优化配置与精准投放。长期以来，农业部门由于其特殊性，往往难以获得传统金融机构的青睐，导致金融资源在这一领域的配置存在显著的不足和错配。数字普惠金融的兴起，通过大数据分析、云计算、人工智能等先进技术的应用，能够更准确地识别农业部门的金融需求，将有限的金融资源合理分配给那些真正需要支持的经营主体。这种定向发力的方式，不仅有效缓解了农业部门的金融排斥问题，还为其产业融合发展提供了坚实的资金保障，切实体现了普惠金融的助农效益。其次，农业部门对金融支持的敏感度较高。这一特点在资源配置较为均衡的地区尤为突出。在这些地区，金融市场相对成熟，金融机构之间的竞争也更为激烈。为了抢占市场份额，金融机构往往会更加注重对农业部门的金融服务创新，以满足其多样化的金融需求。同时，政府也会通过政策引导和支持，鼓励金融机构加大对农业部门的投入力度。这种政府与市场的双重作用，使数字普惠金融在农业部门的应用更加广泛和深入。农业部门经营主体能够充分利用这些金融服务，提升自身的经营能力和市场竞争力，进而推动农村产业融合向更深层次、更广领域发展。

因此，数字普惠金融在农业部门地区对农村产业融合的促进效果之所以更加显著，既源于其独特的模式和创新的技术手段，也离不开农业部门对金融支持的高度敏感性和政府在资源配置中的引导作用。

6.4.2　区域功能差异，农业核心与否是关键

本书参考孙继国和孙尧（2022）[①] 的方法，以区域粮食生产和消费特性为参照标准，将研究对象细分为粮食生产核心区和非核心区（包括产销相对均衡区域与主要消费区域）两个农业分区类型。并在此基础上，对不同农业功能区域内部的影响效果进行了深入探讨，回归结果如表 6-15 所示。数字普惠金融回归系数在粮食生产非核心区显著为正，进一步验证了数字普惠金融在该区域对于农村产业融合的推动作用。并且现阶段，数字普惠金融在粮食生产非

---

① 孙继国，孙尧. 共同富裕目标下金融科技是否促进了乡村产业振兴 [J]. 财经论丛，2022，291（11）：51-60.

核心区主要通过覆盖广度及使用深度的发展来对农村产业融合产生推动效应，而在粮食生产核心区作用效果则不显著。这一现象并非偶然，而是多重因素交织作用的结果。一方面，非核心区省份往往具有较高的经济发展水平，这为数字普惠金融的普及与深化提供了坚实的经济基础。随着经济的增长，这些地区对金融服务的需求也日益多样化，为数字普惠金融的发展开辟了广阔的市场空间。另一方面，金融市场的发展及配套基础设施的完善，为数字普惠金融的广泛覆盖与深度应用提供了有力支撑。高速互联网、移动支付、大数据等先进技术的广泛应用，使金融服务能够跨越地域限制，精准触达农村地区的每一个角落，从而有效促进了农村产业与金融资源的深度融合。这种全方位的金融支持，不仅缓解了农村产业融资难、融资贵的问题，还促进了农村产业结构的优化升级，推动了农业与二三产业的深度融合。例如，通过数字普惠金融的支持，农村地区的特色农产品得以通过电商平台走向全国乃至全球市场，实现了从生产到销售的全程产业链整合。同时，数字普惠金融还促进了乡村旅游、农村电商等新兴业态的兴起，为农村经济的多元化发展注入了新的活力。

表 6-15　基于农业功能区的异质性分析

年份	粮食生产非核心区				粮食生产核心区			
LNDIF	0.318 ** (0.158)				0.324 (0.352)			
LNCOV		0.126 *** (0.042)				0.225 (0.146)		
LNDEP			0.236 ** (0.116)				-0.0281 (0.202)	
LNDIG				-0.051 (0.127)				-0.054 (0.126)
INF	0.0059 (0.0191)	0.0044 (0.0179)	0.0007 (0.0182)	-0.0025 (0.0116)	0.989 *** (0.295)	0.998 *** (0.282)	0.980 *** (0.338)	0.991 *** (0.341)
EOC	2.286 (1.703)	2.530 (1.859)	2.118 (1.621)	3.217 (2.279)	-4.872 (3.801)	-4.340 (3.290)	-5.365 (3.916)	-5.480 (3.930)
DIS	0.0774 (0.119)	0.108 (0.106)	0.0418 (0.112)	0.0290 (0.115)	-0.00035 (0.127)	0.0320 (0.125)	0.0198 (0.137)	0.0183 (0.128)

年份	粮食生产非核心区				粮食生产核心区			
SOC	−0.716 (0.938)	−0.657 (0.930)	−0.848 (1.116)	−0.818 (1.162)	−1.671 (1.258)	−1.988* (1.103)	−1.470 (1.346)	−1.656 (1.426)
ECO	−0.004 (0.0236)	−0.008 (0.0214)	−0.009 (0.0230)	−0.022 (0.0197)	0.126** (0.0523)	0.133*** (0.0511)	0.114** (0.0514)	0.120** (0.0559)
Constant	2.852*** (0.825)	3.674*** (0.336)	3.247*** (0.641)	4.468*** (0.418)	1.278 (1.838)	1.631 (1.056)	2.720** (1.151)	3.071*** (0.457)
双向固定	Yes	Yes	Yes	Yes	Yes	Yes	Yes	Yes
R-squared	0.216	0.217	0.220	0.175	0.511	0.527	0.495	0.497

相比之下，粮食生产核心区在数字普惠金融推动农村产业融合方面的作用效果则相对有限。这主要是由于核心区肩负着国家粮食安全保障的重要职责，其发展目标更加侧重于保证粮食种植面积的稳定性和强化粮食生产活动的安全性。在这种政策导向下，农业生产往往被置于优先地位，而其他产业的发展则相对滞后。因此，尽管数字普惠金融在促进金融服务普及与提高金融服务效率方面具有显著优势，但在推动核心区农业与二三产业深度融合方面仍面临诸多挑战。一方面，核心区的农业生产方式相对传统，农业产业链较短，附加值较低，难以吸引足够的金融资源投入。另一方面，由于政策导向的限制，核心区在推动产业融合时往往更加注重农业内部的优化升级，而忽视了与二三产业的协同发展。这些因素共同作用，使得数字普惠金融在核心区推动农村产业融合方面的作用效果相对有限。

然而，这并不意味着数字普惠金融在核心区没有发展潜力。相反，随着国家粮食安全战略的深入实施和农业现代化的不断推进，核心区农村产业融合的需求将日益增强。未来，通过政策引导与市场机制的双重作用，数字普惠金融有望在核心区找到更加适合的切入点和发展路径，为农村产业融合提供更加有力的支持。例如，可以通过政策激励引导金融机构加大对核心区农业科技创新、农业产业链延伸等领域的投入力度；同时，也可以利用数字技术推动核心区农业与乡村旅游、农村电商等新兴业态的融合发展，实现农业与二三产业的深度融合与共赢发展。

6.5 数字普惠金融对农村产业融合发展的溢出效应

6.5.1 空间自相关检验

空间权重矩阵构建。运用空间计量模型进行实证检验的第一步便是构建相应的空间权重矩阵。本书参考已有文献构建出地理距离权重矩阵，如式（6-6）所示：

$$W = \begin{cases} W_{ij} = 1/d_{ij}^2 & (i \neq j) \\ W_{ij} = 0 & (i = j) \end{cases} \tag{6-6}$$

其中，d_{ij} 为两个省份（直辖市）省会城市之间的距离。

在空间计量模型中，关键是要检验变量间是否存在空间关联性，而莫兰指数是最常用来衡量这一特性的工具。本书通过计算数字普惠金融与农村产业融合的全局莫兰指数，来探讨两者在全局范围内的空间关联程度。后续还运用局部莫兰指数来细致分析它们在特定区域内的空间相关性。全局莫兰指数的取值范围介于 $-1 \sim 1$，若计算得到的指数大于 0，意味着邻近区域间存在着积极的空间依赖；若指数等于 0，则暗示这些区域间并无明显空间关联性；而若指数小于 0，则揭示了区域间存在消极的空间关联模式。如表 6-16 所示，2011~2022 年我国数字普惠金融与农村产业融合的全局莫兰指数数据。分析结果显示，2011~2022 年数字普惠金融指数和农村产业融合指数的 Moran's I 值均显著为正。这意味着我国不同省份间的数字普惠金融与农村产业融合发展趋势并非偶然或无序，相反，两者在地理空间维度上体现出了鲜明的空间聚集特征和正相关的联动效应（张林和温涛，2022）。

表 6-16 莫兰指数检验结果

年份	LNDIF	LNIRI
2011	0.347***	0.372***
2012	0.401***	0.349***
2013	0.378***	0.355***
2014	0.380***	0.341***
2015	0.326***	0.350***
2016	0.351***	0.334***
2017	0.372***	0.315***
2018	0.396***	0.318***
2019	0.407***	0.260***
2020	0.414***	0.273***
2021	0.429***	0.344***
2022	0.438***	0.380***

　　如图 6-1 和图 6-2 所示，2022 年，我国数字普惠金融和农村产业融合主要表现为"高—高"集聚和"低—低"集聚两种类型。这进一步说明了两者在空间地理分布上具有高度的相互依存性和集群多样性。前者表明在经济发展水平高、金融基础设施完善的地区，数字普惠金融与农村产业融合相互促进，形成了良性的发展循环，体现了高度的相互依存性。而后者则揭示了在经济相对滞后、金融资源匮乏的区域，两者发展均受到制约，呈现出"低—低"的共生状态。这一空间分布格局不仅反映了数字普惠金融与农村产业融合发展的地域差异，也揭示了两者在空间地理上的集群多样性，为区域协调发展提供了重要启示。

6.5.2　溢出效应分析

　　本书运用稳健 LM 统计量进行结果验证和模型选择。如表 6-17 所示，空间滞后效应与空间误差效应均显著，因此舍弃混合 OLS 模型，采用空间面板模型（陶长琪和杨海文，2014）①。又由 LR 检验与 Wald 检验结果可知，SDM 模型不能退化为 SAR 和 SEM 模型，所以最优模型应是 SDM 模型。此外，Hausman 检验表明应摒弃随机效应模型，故采用双向固定效应 SDM 模型进行分析。

---

① 陶长琪，杨海文．空间计量模型选择及其模拟分析 [J]．统计研究，2014，31（8）：88-96.

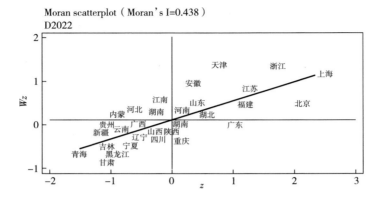

图 6-1   2022 年数字普惠金融莫兰散点图

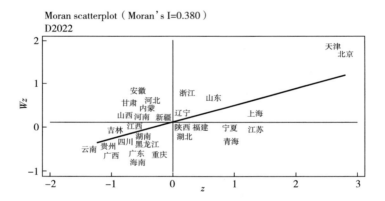

图 6-2   2022 年农村产业融合莫兰散点图

表 6-17   空间计量模型检验结果

检验	地理距离矩阵	
	统计量	p
LM-sar	88.075	0.000
Robust LM-sar	46.557	0.000
LM-sem	81.684	0.001
Robust LM-sem	40.167	0.000
LR-sar	46.71	0.000

检验	地理距离矩阵	
	统计量	p
LR-sem	50.97	0.000
Wald-sar	49.02	0.000
Wald-sem	52.96	0.000
Hausman 检验	45.38	0.000

如表 6-18 所示，数字普惠金融会对农村产业融合的发展产生正向的影响。数字普惠金融指数的回归系数为 0.211，且在 5% 的水平上显著，即数字普惠金融指数每提高 1 个单位，农村产业融合水平则会提高 0.211 个单位。数字普惠金融指数空间滞后项的回归系数在 1% 的水平上显著为正，表明本地数字普惠金融的快速发展会对相邻地区农村产业融合产生正向的空间溢出效应。

表 6-18　空间杜宾模型估计结果

变量	（1）空间杜宾模型	（2）地理权重矩阵
LNDIF	0.211 ** （0.0919）	0.921 *** （0.206）
INF	0.0394 * （0.0225）	0.0678 （0.0505）
EOC	1.829 （1.383）	-17.80 *** （3.315）
SOC	-0.973 ** （0.424）	-2.317 * （1.210）
DIS	0.0726 （0.0843）	0.231 （0.203）
ECO	0.0317 *** （0.0117）	0.0492 ** （0.0230）
Spatial rho	0.174 *** （0.0894）	
sigma2_e	0.0155 *** （0.00116）	

当空间面板模型含空间滞后项时，可借助微积分拆分总效应为直接与间接效应（Le Sage and Pace，2008）[1]，以规避采用点估计检验可能产生的偏差。因此，为了更加准确地判断数字普惠金融对农村产业融合的影响，本书将影响效应进一步分解。如表6-19所示，数字普惠金融对农村产业融合发展的直接效应、间接效应和总效应全部显著，且系数为正。这说明数字普惠金融的不但会显著提升本地区农村产业融合的发展水平，还会对邻近地区的农村产业融合发展产生推动作用。这意味对于各地区而言，积极探索并创新数字普惠金融的应用新模式成为应有之义。加速本地数字金融生态的构建与完善，已成为促进农村产业融合发展的必由之路。同时，面对数字普惠金融的跨区域影响特性，加强区域间的沟通交流与协作显得尤为重要。通过建立区域联动与协调合作机制，可以实现金融资源、技术信息及市场机会的共享与优化配置，让数字普惠金融的"普惠+技术"红利惠及更广泛的农村地区，最大化地发挥地区间的协同效应。

表6-19 空间效应分解结果

变量	（1）直接效应	（2）间接效应	（3）总效应
LNDIF	0.243*** (0.0912)	1.127*** (0.246)	1.370*** (0.234)
INF	0.0407* (0.0218)	0.0864 (0.0588)	0.127** (0.0645)
EOC	1.446 (1.311)	-20.44*** (3.874)	-19.00*** (3.895)
SOC	-1.061*** (0.407)	-2.921* (1.496)	-3.981** (1.603)
DIS	0.0794 (0.0818)	0.283 (0.245)	0.362 (0.261)
ECO	0.0341*** (0.0117)	0.0659** (0.0287)	0.1000*** (0.0307)

然而，在享受数字普惠金融带来的发展红利时，我们也不应忽视其可能引

---

① Le Sage J P，Pace R K. Spatial econometric modeling of origin-destination flows [J]. Journal of Regional Science，2008，48（5）：941-967.

发的"虹吸效应"。即优质金融资源与技术可能过度集中在某些区域，导致邻近地区农村产业融合发展的资源被吸走，进而加剧区域间的不平衡。为此，各地区需保持清醒认识，通过制定科学合理的政策、实施有效的资金引导等措施，积极对冲"虹吸效应"带来的负面影响，确保农村产业融合发展的整体均衡与可持续性。同时，深化区域合作，共同构建互利共赢的农村产业融合发展新格局，也是应对"虹吸效应"、推动区域协调发展的有效途径。

此外，为了进一步细化研究数字普惠金融对农村产业融合空间溢出影响的效应边界，本书参照申云和李京蓉（2023）① 的做法，将省会城市（包含直辖市）之间的距离设定为阈值。考虑到 0~150 千米距离阈值内的研究样本较少和大多数相邻省会城市之间的空间距离为 100~700 千米，故将本书空间地理距离阈值初始值设定为 200 千米，并以此递推每次增加 50 千米，距离不超过阈值的赋值为 1，超过阈值的赋值为 0，从而得到不同省会城市距离阈值下的空间权重矩阵。再进一步将各个空间权重矩阵引入空间杜宾模型检验溢出效应边界，具体检验结果如表 6-20 和图 6-3 所示。基于图表数据的深入分析，我们可以清晰地观察到数字普惠金融在推动农村产业融合过程中所展现出的空间溢出效应及其与空间距离之间的微妙关系。具体而言，在 300 公里距离阈值以内，数字普惠金融推动农村产业融合的空间溢出效应边界系数均在 1% 的水平上显著为正。这强烈地暗示了在该近距离范围内，金融资源的流动与共享效率极高，能够有效促进邻近地区农村产业的深度融合与发展。

表 6-20　不同空间距离视域下的空间溢出效应边界

距离（千米）	(0, 200]	(0, 250]	(0, 300]	(0, 350]
统计量	0.678*** (0.232)	0.642*** (0.206)	0.602*** (0.231)	0.292** (0.160)
距离（千米）	(0, 400]	(0, 450]	(0, 500]	(0, 550]
统计量	0.287** (0.138)	0.276** (0.138)	0.256 (0.165)	0.224 (0.148)

① 申云，李京蓉．数字普惠金融助力乡村产业融合发展的共富效应及空间分异［J］．华南农业大学学报（社会科学版），2023，22（4）：82-95.

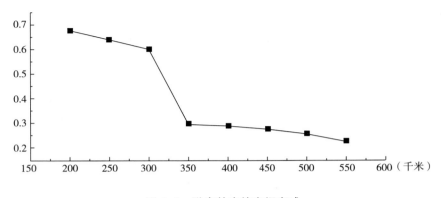

图 6-3　溢出效应的空间衰减

随着空间距离逐渐扩大至 450 千米以内,虽然空间溢出效应的显著性水平略有下降,至 5% 的水平上仍表现为正向。这一变化揭示了溢出效应随距离增加而减弱的趋势。这可能是由于随着距离的增加,信息传递的时效性与准确性受到一定程度的影响,同时金融资源的配置成本也随之上升,从而导致溢出效应的减弱。

进一步地,当空间距离超过 450 千米后,数字普惠金融对农村产业融合的空间溢出效应变得不再显著,甚至在 600 千米距离阈值处,该效应已完全消失。这一发现为我们明确了数字普惠金融推动农村产业融合发展的空间边界,大约在 450 千米左右。这意味着,在制定相关政策与战略规划时,应充分考虑这一空间距离因素,优化金融资源的空间布局,以实现数字普惠金融在推动农村产业融合中的最大化效益。

综上所述,数字普惠金融的空间溢出效应不仅存在,而且其强度与空间距离密切相关。未来,在政策制定与实施过程中,应科学规划区域协同发展策略,合理设置金融服务节点,确保金融资源在有效空间范围内高效流动与共享,以充分发挥数字普惠金融在推动农村产业融合中的积极作用。

7 数字普惠金融助力农村产业融合发展典型案例分析

2021年，中央一号文件明确指出，要大力发展农村数字普惠金融。数字普惠金融作为农村产业发展的关键动力，不断发挥自身在服务成本，资源可获得性、模式效率等方面的优势，为农村产业主体提供高效、便捷、符合产业特征需求的金融服务，有效解决了传统金融下农村产业金融覆盖度低、金融资源匮乏，服务成本过高等痛点。近年来，在数字技术不断升级、金融服务模式不断创新的背景下，我国农村产业融合在数字普惠金融的助力下，呈现出多样化的繁荣景象，各地结合自身产业特征，形成了各具特色的模式与框架。其中以内蒙古自治区通辽市互联网金融赋能肉牛产业链、广西壮族自治区田东县以征信大数据为特征的农村数字普惠金融体制改革、浙江省的数字化农业保险服务与广东省茂名市荔枝产业链金融最为典型。

7.1 内蒙古自治区通辽市："互联网+"赋能肉牛产业链金融

内蒙古自治区通辽市地处中国东北部，位于世界著名肉牛养殖黄金带，凭借得天独厚的自然条件、丰富的资源禀赋以及深厚的产业基础，已逐步发展成为全国肉牛产业的领军者。近年来，通辽市积极响应国家"互联网+"战略，将现代信息技术深度融入肉牛产业链金融，不仅推动了肉牛产业的转型升级，更为乡村振兴和农牧民增收注入了新的活力。

7.1.1 案例背景

7.1.1.1 通辽市肉牛产业发展与现状

内蒙古自治区通辽市地处我国高纬度地区，坐落于北方农牧交错带内，现已发展成为中国肉行业牛遥遥领先的产业重镇。至 2023 年末，通辽市牛存栏量与出栏量分别为 385 万头和 140 万头，占全国的总量的 3.7%左右；相较于 5 年前的产业养殖规模，出栏量和存栏量分别增长了 17.87% 和 14.23%。整体呈现逐年上涨的趋势。与不断扩大的养殖规模不同，当地肉牛成交量与成价格却呈现不断走低的趋势。除了成交量与成交价格的问题外，当前通辽市肉牛产业还存在其他问题，例如，肉牛养殖技术支撑不足，优质品种肉牛匮乏；肉牛规模化生产体系尚未成型；肉牛企业与农牧户间的利益联结机制不健全；肉牛企业发展资金不足，需要金融机构服务合作。在现代化的肉牛产业链下，大型肉牛企业处于十分重要的供应链环节，往往联通上游养殖与下游成品销售，其资金缺乏不仅是单一问题，更会加剧前三类发展问题。匮乏的资金水平不能满足牛肉养殖或加工的新技术的研发、肉牛新品种的培育所需要的大量前期投入；不能满足规模化的生产所需要的集约化的基础设施建设与生产管理系统开发需求；更会因为资金链的流通缺口，影响肉牛产业链的正常运转，恶化产业链上各环节主体的和谐关系。因此，数字普惠金融从当地产业龙头内蒙古科尔沁牛业股份有限公司入手，进行肉牛产业链升级改造，缓解产业发展的限制条件。

7.1.1.2 内蒙古科尔沁牛业股份有限公司产业模式

内蒙古科尔沁牛业股份有限公司（以下简称科尔沁牛业）作为内蒙古通辽市的知名企业，是集种植、养殖、屠宰、加工、物流与营销等全产业链于一体的大型综合企业，产值规模庞大。随着肉牛市场规模不断扩大，无论是牧民，还是科尔沁牛业自身，都面临资金问题。在产业合作前期，上游养殖户独立饲养，肉牛出栏后再售卖给肉牛企业，这种模式下，相对于科尔沁牛业，上游养殖户在资金缺口面前，显得更为无措。传统模式下养殖户的生产资金往往依靠自身累积，但资金积累速度慢且受不同年份行业发展与自身养殖情况的影响，积累效率不稳定。此外，银行，农村信用社等作为养殖户的传统借款渠道，对于小规模养殖户来讲存在一定困难，养殖户无法通过动物活体、棚舍、农业用地等作为抵押物去银行贷款。其他借贷渠道则存在着高成本压力，也不能满足生产经营的高效率、短时间借款需求。在后期的产业链合作模式下，科尔沁牛业制定相应的养殖标准，种牛、饲料等所需的生产资料均由科尔沁牛业提供。上游养殖户主要负责饲养环节，待养殖完成后成品牛由科尔沁牛业按事前约定的条件进行回购。该模式下，养殖户养殖经营与规模扩大所需的资金均要由科尔沁牛业进行垫付。科尔沁牛业面临较大的资金压力，不仅影响自身规模的扩大，各类研发、创新活动也受限。当前内蒙古肉牛产业正在由数量型转向高质量型，要不断推进内蒙古肉牛产业的可持续发展，肉牛产业链需要及时地补链强链延链，这一转型发展过程更离不开金融资源的支持与服务。在传统融资方式赶不上农业周期的困境下，数字普惠金融的发展，无疑给内蒙古肉牛产业的转型发展带来新的曙光。

7.1.2 案例内容

随着大数据、"互联网+"技术在农业领域的运用，更具竞争力的数字化农业供应链金融模式不断发展壮大。通过建立电商平台、物联网等平台，积累与上游订单农户的交易往来数据和信息，降低金融机构与农户之间的信息不对称，从而让更多的农业产业链上的主体享受到优质的金融服务。2016 年，蚂蚁集团、中华保险与内蒙古科尔沁牛业联合宣布，三方就供应链金融方面达成合作。

7.1.2.1 数字技术，供应链关系金融化

内蒙古科尔沁牛业作为内蒙古肉牛领域的龙头企业，通过与上游肉牛养殖户的合作，下游不断开辟线上线下销售渠道，已经拥有较为成熟的肉牛产业链。随着蚂蚁集团与中华保险的介入，通过数字技术对产业链上以科尔沁牛业为中心的各环节主体的历史行为数据进行分析，将传统的供应链关系中的资金流、信息流、物流统一转化为有效的数据信息，成为提供金融服务的依据与保

障，缓解肉牛产业链的资金压力，助力产业链的发展壮大。

7.1.2.2　链上农业，资金保险构建框架

传统的肉牛产业链为：上游肉牛养殖户进行肉牛养殖，种牛、饲料等一切生产资料均由养殖户自行承担。待肉牛养殖到成品牛阶段，再由养殖户出售给肉牛加工类企业。传统产业链下，养殖户承担养殖过程的全部风险，并且成品牛的销售得不到保障。长此以往，小规模的养殖户养殖意愿低下，只有规模较大且与肉牛企业有密切合作关系的养殖户存活下来。

该模式具体操作流程（见图 7-1）为：

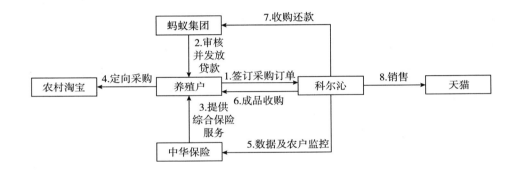

图 7-1　蚂蚁集团、中华保险与科尔沁牛业合作模式

首先，解决需要预先垫付上游养殖户生产资金给科尔沁牛业带来的资金压力。科尔沁牛业与上游养殖户签订成品肉牛回购订单合同后，根据过往交易经验筛选出综合素质较为优质的养殖户，推荐给蚂蚁集团。蚂蚁集团利用自身算法平台，通过分析养殖户的信用数据、过往养殖生产规模、资产负债情况、过往销售数据与预期销售收入预测水平等情况，给予每个养殖户相应的贷款额度。不同于传统信贷借款，该合作模式中，蚂蚁集团在传统银行受托支付的基础上，创新出了一套"定向支付管理系统"，其核心在于"改借钱为借物"。具体是将贷款额度发放至养殖户对应的淘宝账户余额中，并且该部分额度在账户中处于非自由使用的"冻结"状态，只能用于在农村淘宝上购买肉牛养殖所需的一系列生产资料。在肉牛养殖出栏后，科尔沁牛业按照预定的回购价格

对上游养殖户的成品牛进行收购。回购的款项必须先用于归还养殖户在蚂蚁集团使用的贷款额度，剩余部分返还给养殖户作为养殖户的养殖收入。

其次，是引入保险公司，合理控制合作模式下的各方风险。在以上过程中，科尔沁牛业的资金压力在产业前端得到极大的缓解，但是并不能保证后续肉牛加工销售的顺利进行与营业收入的稳定。并且养殖户的还款能力很大程度上取决于科尔沁牛业这家供应链中心企业的后续经营状况。所以，一旦科尔沁牛业的生产经营出现问题，这会传递到农户还款本身。因此，科尔沁牛业能否如约按合同回购成品牛、养殖户能否顺利偿还蚂蚁金服的贷款成为新的风险。基于以上问题，该合作模式引入中华保险这一保险机构。养殖户作为承担较大还款压力的一方，可以向保险机构购买贷款履约保证保险。如果到期养殖户无法偿还贷款，保险机构则会代为偿还差额部分。此外，蚂蚁集团为了减少违约风险带来的损失，还会通过扣减一定比例科尔沁牛业在天猫开设网店的销售款等方式，增加对科尔沁牛业及贷款养殖户的约束。

7.1.3 成效分析

在数字普惠金融服务的帮助下，肉牛产业链以科尔沁牛业有限公司为中心，更加稳定的向上下游进行有序衍生。科尔沁牛业、蚂蚁集团与中华保险的三方合作不仅解决了肉牛产业链上游的资金问题，控制了产业供应链上的资金流动风险，还能帮助科尔沁牛业拓宽下游销售通道，巩固与强化内蒙古肉牛产业链韧性，促进产业高质量发展。

7.1.3.1 定向支付，精准缓解需求痛点

蚂蚁集团通过贷款资金定向支付，不仅缓解了产业链上游养殖户的生产资金问题，同时规避了后续贷款资金的违规挪用，既解决了资金需求，又保障了资金投入养殖生产使用。在该合作模式下，上游养殖户获得的贷款只能用于在农村淘宝平台上购买农资、农具等生产资料，同时科尔沁牛业也会在农村淘宝上开店，以出售架子牛、牛犊、饲料、兽药等，因此也形成了一个养殖生态的闭环。同时，从贷款到购买农资农具、到养殖、销售，都在阿里生态内的数据平台上有显示，可以实现从"贷"到"销"的数据监控，为食品安全提供数

据回溯的基础，进一步增加产业链上产品的透明性与竞争力。这一模式还缓解了科尔沁牛业作为供应链中的心企业的资金压力。蚂蚁金服与中华财险联合，不断为农牧产业龙头企业提供新的解决方案，通过保证保险的增信方式获得低成本、高效率的融资。

7.1.3.2 风险防控，优化产业促进创新

中华保险公司的保险服务与蚂蚁集团的风控措施，提升整个产业的风险防范能力。前者向上游养殖户提供养殖生产活动的保险服务，减少了养殖户的违约风险。为养殖户进行经营风险兜底的同时，保险机构会通过科尔沁牛业提供的上游养殖户过往的生产与交易数据信息，规范养殖户的生产行为。降低了养殖户主观生产活动造成的农村产业信贷风险，提高了上游生产活动的质量与集约化，也有利于通过保险公司与养殖户的互动合作，完善农村金融服务体系，形成客户黏性。后者利用贷前条约同时对科尔沁牛业与养殖户产生资金使用的约束，共同降低了这一产业供应链金融的运行风险，保障了产业链资金的正常运转，为产业链上各环节主体拓展生产规模、产品创新发展提供稳定的资金支持。

7.1.3.3 整合资源渠道，促进产业增收

蚂蚁集团整合了天猫生鲜、农村淘宝等"阿里系"生态力量，为产业链提供全方位新金融、新零售服务。蚂蚁集团利用阿里生态内的数据平台对上游养殖户与科尔沁牛业的行为数据进行分析与监控，增进了科尔沁肉牛产业与阿里平台的合作黏性，促进科尔沁牛业利用阿里旗下线上零售平台进行销售，拓展了下游销售渠道。同时，阿里旗下的线上销售平台的销售数据信息反馈给科尔沁牛业，帮助科尔沁牛业调整产品链方向，满足市场需求的变化，减少盲目产品升级与产品创新的失败率。

7.1.4 案例启示

7.1.4.1 风控手段多样，违约概率下降

在贷前审批环节，蚂蚁集团通过对养殖户在科尔沁牛业供应链中的订单信息、养殖户的在线足迹、征信等外部信息的汇总分析建立模型，采用机器学习等手段提高模型预测准确率。在贷后环节，蚂蚁集团通过定向支付系统，管控

养殖户的贷款支用用途来确保贷款资金不被挪用。通过管控科尔沁牛业向养殖户支付的成品牛回购款来确保还款资金来源稳定。引入保险机构后，保险机构会通过科尔沁牛业反馈的养殖户相关数据信息及其他技术手段对养殖户的行为进行规范，进一步降低因养殖户主观原因导致成品牛回购款难以覆盖贷款本息的可能性发生。但是在上述过程中，仍然存在一些风险。例如，农村整体信用数据缺失、农村企业融资成本高、农民资产流动性差、农民文化程度和信用意识低等问题，都给该供应链金融模式带来挑战。此外，作为整个供应链风险控制的关键点，部分农产品龙头企业的综合素质不高，对所属产业链的上下游主体的管理与控制能力不强，这会导致整个供应链金融的风险加剧暴露。

7.1.4.2 审批流程线上化，操作流程简便化

蚂蚁集团提供的贷款无须人工审批，均以在线方式申请和审批，缩减了贷款审批流程，加快审批和放款速度。一方面，蚂蚁集团减少了物理网点建设带来的固定成本增加；另一方面，养殖户通过线上操作进行贷款的效率远高于线下到物理网点操作，避免了由于物理网点分布密度不够高带来的金融服务空白地区。蚂蚁集团数字化供应链金融模式有效地满足了养殖户用款的及时性，降低各方的交易成本，提升用户体验。

7.1.4.3 融资主体小额分散，核心企业经营优化

对于蚂蚁集团来说，数字化供应链模式将融资主体从核心企业科尔沁牛业转换为供应链上游的众多养殖户，实现批量获取客户的同时也有效地分散了风险。对于核心企业来说，数字化供应链金融模式能够帮助公司及供应链上下游实现稳定扩张发展，减小公司的资金压力，将原本需要核心企业支付的生产资料款转变为由养殖户贷款自行支付，提升核心企业的现金流量充足率。

7.2 广西壮族自治区田东县：征信大数据与农村数字金融的有效结合

田东县，位于广西壮族自治区西部。得益于优越的地理位置与富饶的自然

资源，当地农业产业发展历史悠久，是著名的热带农作物产区，更是国内著名芒果产区。田东县的农村产业发展在农村数字普惠金融的支持下，进入了产业升级和提质增效的新阶段。

7.2.1 案例背景

7.2.1.1 广西壮族自治区田东县农业发展与现状

从历史上看，广西壮族自治区田东县的发展重心是农业，且农业总产值始终占据当地工农总产值的大头。但早期由于涉农基础设施建设不完善，农业产业经营管理发展方式较为落后，未形成规模化、标准化的生产模式。加上产销信息不对称、融资渠道有限、流通环节不畅等问题，使当地农业生产发展较为滞后。在农业发展中后期，由于当地土地不适合种植粮食产物，更适合生产芒果、西红柿等新鲜果蔬，田东县开始了以芒果产业为代表的种植业发展。但新鲜蔬果季节性强、难储运等短板直接导致农业总产值及收入难以稳定，受外部因素的波动较大，产业发展稳定性不足。田东县农业产业的发展问题有：首先，农业生产方式仍以传统模式为主。农业从业人员多为滞留农村的老人与妇女，缺乏知识要素与资金推动产业深化发展。其次，尽管近年来田东县在金融服务方面取得了显著进展，但部分农户和农业企业仍面临资金短缺和融资难的问题。这限制了农业技术的引进、农业设施的升级和农业产业链的延伸。因此，数字普惠金融的发展对当地产业基础设施的强化、产业链的延伸和拓展、精深加工和集群化发展有着不可忽视的作用。

7.2.1.2 广西壮族自治区田东县农村金融改革

在 2008 年之前，田东县面临着农业发展资金短缺、农户贷款难等普遍问题。传统的农村金融体系覆盖不广、服务效率低、普惠程度不高，难以满足农户多样化的资金需求。为了破解这一难题，田东县开始着手建设覆盖农村多维度的金融体系建设。自 2008 年以来，广西壮族自治区田东县率先展开农村金融改革工作，不断完善农村金融体系。伴随着数字经济的发展，田东县在原有金融改革成效的基础上，引入数字技术赋能等各类金融供给与服务，形成了以"信用"为核心，涉及贷款、支付、保险等多方面的金融模式。2008 年 12 月，广西壮族自治区田东县成为全国农村金融综合改革试点县。2009~2010年连续两年被评为中国十佳金融生态城市。2011年，田东荣获"信用县"称号，成为我国第一个"信用县"。同年12月，田东获批国家农村改革试验区，试验主题为"深化农村金融体制改革"。2012年12月，田东成立广西县级首家农村产权交易中心。2016年，田东获批"全国农村产业融合发展试点示范县"；2019年开始，百色发展县域数字普惠金融，包括田东在内的8个县市陆续引入互联网银行，通过数据化的风险控制方案为农户提供数字贷款，提升农户信贷可得率（见图7-2）。

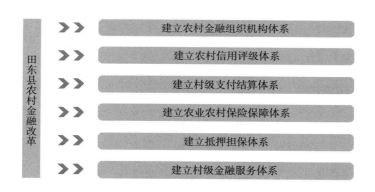

图7-2 田东县农村金融改革内容框架

回顾田东县的农村金融体系建设历史，可以归纳出六大核心子系统的建设举措。一是建立农村金融组织机构体系。全县大力引进金融服务机构，完善金融市场组织框架，实现了银行和非银行金融机构数量倍增，由最开始的6家增加到27家，机构种类规模居广西壮族自治区县域首位。二是建立农村信用评级体系。2009年启动农户动态信用评级增信行动。农户凭信用等级，免抵押、免担保，当天就可以获得1~10万元信用贷款。三是建立并完善村级支付与结算体系，实现ATM机乡镇全覆盖。行政村布放POS机1680台、电话支付终端381台，成为全国首个实现转账支付电话"村村通"的县，被中国人民银行确定为"全国农村支付服务环境建设联系点"。农民在村里就可以办理2000元以下的小额存取款业务。四是建立农业农村保险保障体系。不仅推出了涵盖甘蔗、香蕉、芒果等在内的 13 种农业保险产品，还实现了县、乡、村三级保险服务网络的全面覆盖。2009 年以来，政策性农业保险已为全县农业提供 90 亿元风险保障，累计赔付 3599 万元。积极探索银保互动机制，推出农村小额人身保险、留守儿童意外伤害保险等民生系列保险。五是建立抵押担保体系，推动建立银担合作机制。县财政出资成立助农融资担保公司，为涉农小微企业、专业大户和家庭农场超出小额信贷范围的贷款额度进行担保，县政府与广西金融投资集团合作成立田东县金融综合服务中心，积极探索林权、土地承包经营权、农村房屋所有权抵押贷款。六是建立村级金融服务体系。推行"农金村办"模式，在全部行政村设立"三农金融服务室"，将金融知识宣传、信用信息采集、贷款调查、还款催收、保险业务办理等前置到村一级，为群众提供更接地气的金融服务。

7.2.2 案例内容

面对农业发展资金短缺、农户贷款难等问题，田东县着手建设覆盖农村金融组织、信用、支付结算、保证保险、抵押担保、村级服务的农村金融体系。当地建立了农户信用信息电子档案；成立村镇银行、小额贷款公司等机构，增加农村金融组织种类；建立村级"三农金融服务室"，缓解传统金融机构因人手短缺、工作面广、量大带来的工作成本高的问题，将金融服务下沉到村级，协助农户办理贷款。从全国第一个"信用"县，到如今全国农村金融改革示范县，田东县始终在用金融这一强大的工具为当地产业与居民创造更好的服务。近年来，借助数字力量的不断发展壮大，田东县利用数字模型缓解了农村信用体系数据库更新效率低、各机构间数据共享不畅等问题，大大提高了授信效率，满足了农业生产的金融服务需求。构建数字平台与金融服务超市互通，提供便捷高效的普惠金融服务，缓解金融服务"最后一公里"问题。

7.2.2.1 信用体系建设，升级农村信用大数据系统

田东县信用体系的建设主要经历以下步骤。首先，通过领导动员讲话，电视台、网站和金融知识下乡等形式广泛宣传信用知识。其次，百色市人民银行牵头各部门研发"农户系统"。参照中国人民银行信用体系相关指标标准，结

合田东县实际，设置了采集指标和系统指标，以便科学合理采集和分析农户的各项信息，最终达到为农户增信并发放所需贷款的目的。再次，加强工作人员培训。信用体系建设领导小组办公室多次组织县直相关部门和村干部等进行指标设置和数据采集培训，保证了农户信用信息采集的真实性和完整性。最后，组织人员对农户信息进行采集和录入。各行政村由村干部等组成信息采集工作小组对本村农户进行信息采集，由乡（镇）工作组把关后报送县信用体系建设领导小组，由专人完成所有信息录入和核对工作。2019 年 7 月，在数字经济的发展背景下，田东县人民政府与网商银行签订合作协议，推进县域数字普惠金融项目。通过数字化力量，综合农村土地确权、涉农补贴等信息，建立面向全县农户的数字授信模型，进而给农户提供更为普惠的数字贷款服务。同时多领域健全"信用+信贷"农村信用体系全链条机制，建立广西壮族自治区首个面向"三农"的信用信息中心。将原信用系统、农经管理系统及涉农行业部门信用指标数据信息整合至农村信用信息中心。依托"PC 端+手机 App"，创新推行信用采集绩效及动态管理，推动行业部门及乡镇线上、线下匹配农户、中小企业信息数据，实现农户信用信息的"动态更新、实时共享"。并在信用平台增设自助查询、增信和申请贷款功能，实现群众自主查询个人信用信息和自助增信。用大数据为建档农户、各类农业经营主体"精准画像"，为"三农"融资需求提供专门渠道。

7.2.2.2 升级组织构架，实现金融服务主体多元化

为了给当地农户与村民提供更加高效便捷的数字金融服务，田东县大力推进普惠金融服务平台和数字金融超市共建互通。依托普惠金融门户网站，引进桂林银行、北部湾保险等金融服务机构到田东设立分支机构。引导各类金融、保险机构入驻平台，24 小时在线接受群众金融服务咨询和发布信贷需求信息，实现供求双方信息的实时对称。改变以前当地农户想办理涉农银行业务只能去信用社和农行的情况，有效解决了农村金融机构网点覆盖率低、基础金融服务弱，服务类型单一等问题，打通了农村金融服务"最后一公里"。

7.2.2.3 升级抵押担保体系，强化重点平台升级

为了进一步缓解当地农户在借款过程中的抵押担保问题，田东县首先主导

成立助农融资担保公司，升级融资担保体系。其次进一步强化助农担保公司，引进广西金融投资集团有限公司和广西农业信贷融资担保有限公司等大型第三方担保企业，增强担保服务能力、效率与服务半径。最后全面升级电子交易系统和农村产权交易中心平台，强化农村各类产权确权工作，推动林权、土地承包经营权、农村房屋所有权抵押贷款，拓展抵押担保物范围。

7.2.2.4　升级保险服务种类，兜底农业创收风险

完善农业保险体系是田东县为农户抵御风险提供的重要保障。自然灾害和市场波动等风险，常常让农业生产面临诸多不确定性。为了给农业发展提供坚实的保障，田东县积极推广农业保险，有序引进太平洋保险、北部湾保险进入农业保险市场，实现乡镇一级保险服务全覆盖。结合当地农业特点和农民的实际需求，量身定制多样化的保险方案，为农业生产撑好保护伞。同时设立涉农贷款专项风险补偿基金，建立小额信贷贴息、产业以奖代补等机制，打破生产主体融资困境。近年来，田东县引进多家保险机构，提供了水稻、水稻制种、糖料蔗、玉米、育肥猪、奶牛、公益林、商品林等9个政策性农业保险中央险种。香蕉、芒果、柑橘、火龙果、桑蚕、肉鸡、肉牛7个政策性农业保险自治区特色险种，极大地丰富了农业保险的种类，让农业保险的理念深入人心。

7.2.2.5　升级支付结算体系，强化现代支付方式推广应用

为了打造农村地区良好的支付环境，田东农村商业银行布设"桂盛通"惠农支付便民服务点。下沉到村到户，打通金融服务"最后一公里"，为村民提供基础金融服务。近年来，不断优化"桂盛通"移动支付服务平台，在各村、屯布设具备存取款服务功能的"惠农支付便民服务点"。引导群众运用微信、支付宝、云闪付等现代支付工具，在数字金融服务平台嵌入聚合支付功能，聚合微信、支付宝、云闪付等端口，实现推动信用、信贷、支付的有效融合。

7.2.3　成效分析

从全国第一个"信用县"，到数字经济时代下普惠金融发展的广西样本。田东县始终走在农村金融改革的前端，通过结合当地农业与农村发展现状，优

化当地金融服务体系，不断促进田东县农村产业融合高质量发展。

7.2.3.1 产权体系，充分激活沉淀资产

田东县通过深化农村金融体制改革，有效缓解了农村产业主体所面临的"资金短缺"问题，并成功推行了农村产权体系构建，进一步激活农村闲置资产，促进闲置资产向有效资本的转化。田东县把握住农村土地经营权抵押贷款试点工作的契机，成立了田东县农村产权交易中心，深入开展农村产权认定确权与权证颁发的工作，完成全县农村集体林权、集体土地所有权、农村土地承包经营权、小型水利工程项目产权的确权工作，集体建设用地使用权、农村宅基地使用权、农房所有权等确权颁证工作全面推进，各项产权权属更加明晰，推进农村集体"清产核资"。产权交易充分利用了农村沉淀资产，缓解农村产业的资金约束压力，助力当地产业壮大发展。以田东县芒果产业为例。近年来，田东县大力建设芒果产业示范园区，并以示范园为基础，积极探索农村农旅结合新范式，打造了一批休闲农旅融合产业集群。从小规模的芒果家庭农场，到国家级（热带）农业公园旅游参观线路项目，在数字普惠金融的支持下，田东县立足产业特色，逐渐形成多元复合、协同发展的农村产业经营格局。

7.2.3.2 信用评级，整合资源缓解约束

田东县农村金融改革缓解了农村金融"更缺信用"的难题，以信用建设为核心，打造农村金融改革"升级版"。田东县运用"云数据"思维推进信用体系建设，开发了"金色乡村"App，整合以下几个方面的数据信息。一是政府涉农户数据。通过建设信用体系大数据，实现农户人口、存取款、产权交易、公安、工商、税务、购物、旅行、消费等资源信息共享整合并定期更新。二是农户生产生活数据。依托各乡镇行政力量和"三农金融服务室"，采集与农户生产经营和个人财务状况有关的信息，经村镇两级审核后录入 App。三是财政惠农补贴数据。开展信息数据进行交叉验证和应用。综合上述数据建立模型对农户进行评分，与各银行信贷投放要求进行衔接。信用贷款不仅再次解决了农村地区缺乏抵押物的困境，数字平台的高效、便捷的申请流程还快速地满足了农村产业周期性的紧缺性贷款需求。同时，大部分农村产业融合项目具有

建设周期长、前期投资大、回收周期长的特点，各个环节经营主体在前期可能面临着资金紧缺或资金周转问题，严重影响各主体对农村产业融合的积极响应。依托征信大数据的信用贷款作为数字普惠金融发展过程中具有更高时效、更低门槛的贷款方式，同时在数字平台上线上借贷手续更简单，额度更加灵活，能够提高农村产业经营主体的融资可获得性，进而缓解阻碍农村产业融合的资金约束问题。当地农户在信用贷款的支持下，更有意愿与能力对农产品进行深加工探索。具体来讲，田东县为深度加工当地芒果产品，以打造农产品加工轻工业园区为依托，目前已引进巨人园、鲜友、村投鑫燊等 3 家芒果深加工企业入驻并投产。同时，田东县福泽芒果农民专业合作社和百冠高新农业投资公司自行引进芒果榨汁、芒果干生产线，全县芒果加工能力大幅度提升。

7.2.3.3 金融改革，引导资源流向农村

田东县农村金融改革缓解了农村金融"更缺支持"的难题，加大投入财政资金支持力度。田东县加大了农村金融公共产品和基础设施的投入力度，通过在乡镇和村屯布放 ATM、POS 机及自助服务终端，解决了农村支付结算服务不足的问题。数字支付与便捷的金融服务终端，能够渗透到农村普通居民与产业经营主体的日常生活中，便捷的数字支付能够显著助力农业生产经营，为农业产品的深加工、产业链的衍生、乡村旅游业、乡村电商等农村产业发展提供有利条件，进而推进农村产业融合。同时，田东县推动财政政策与金融政策的有效衔接，采取县级财政出资设立奖补基金，对银行贷款损失给予一定补偿，让银行更愿意为农村产业发展提供资金支持，推动农村产业融合有序进行。

7.2.4 案例启示

7.2.4.1 创新资金投入机制，增强产业发展活力

田东县创新涉农资金整合投入机制，整合各项涉农资金投入当地的产旅融合和特色农业项目，进一步丰富农村产业业态，大力推进一二三产业全面融合，推动农村经济稳步发展。同时，通过深入推广芒果产业发展贷款——"香芒贷"等产业特色无抵押担保贷款，创新"金融+交易市场+家庭农场"等

融资模式，打造"裕农通+普惠金融+裕农快贷"等农村电商金融产品，加大面向果农的信贷支持，解决果农融资难，为农村产业发展注入动力。

7.2.4.2 优化数字服务，提升服务效率与满意度

坚持全面推广使用数字化金融服务平台，提高贷款线上转换率和采集白名单占比，逐步实现信贷业务的"网格化、无纸化、一站式"服务管理，有效提升管理效率。在严控风险的基础上尽可能缩短决策链条、精简办理贷款流程。特别针对芒果产业等当地优质农业产业贷款开通用信绿色通道，严格执行限时办结制与"阳光信贷"政策，提升信贷业务的办理效率和客户满意度，以优质的金融服务为农村产业发展保驾护航。

7.2.4.3 政府主动发力，多方联动协同发展

农村金融服务成本高、风险大、周期长、收益低，商业性金融机构大多不愿介入。因此，田东县主动发挥政府的激励和引导作用。在"六大体系"建设中，信用体系、村级服务体系、助农担保体系是在政府主导和积极推动下建立的。而在组织体系、支付结算体系、农业保险体系建设中，都体现了政府的支持。田东建立起以各类金融机构主体等相关部门为支撑，金融监管部门为保障，农户和新型经营主体广泛参与、多方协同的格局，通过建立完善政府、银行、企业沟通协调机制，搭建银保、银担合作平台，解决农村金融有效供给和有效需求双向不足问题。田东实践证明，改革既需要自上而下顶层设计，更需要自下而上积极创新探索。地方党委、政府在农村金融改革中是大有可为的。农村数字普惠金融改革要着眼于解决农村金融的体制机制性问题。田东县不是简单地给予倾斜性信贷支持政策。建立"六大体系"的改革举措，立足于农村金融服务的供需双方，解决的是金融机构贷给谁、贷得出、收得回的问题，解决的是农民找谁贷、怎么贷、用得好、还得上的问题，解决的是如何在金融资源配置中充分发挥市场主导和政府引导双重作用的问题，解决的是农村金融供给和有效需求不对称的问题，这些都是束缚农村金融发展的体制机制性问题。

7.2.4.4 改革要兼顾促发展与防风险并重

田东县注重处理促发展与防风险的关系。在确保金融安全的前提下，注重

提高农村金融服务的有效性，通过设立地方金融监管部门，不断建立健全监管制度，着力做好风险识别、监测、评估、预警和控制工作，维护县域农村金融稳定。

7.2.4.5 改革需要融入农村全面深化改革统筹推进

田东县注重将农村金融与发展现代农业相结合。通过增强对新型经营主体信贷投入、推动农村土地有序流转发展适度规模经营、引导农村富余劳动力转移就业、培育特色优势农产品、加强农业资源整合力度等方式，不断推进农业适度规模化产业化发展，增强现代农业发展后劲。

7.3 浙江省：全周期高效率的数字化农业保险服务

浙江省作为我国东南沿海的重要省份，农业历史悠久，在现代农业发展中展现出蓬勃生机与活力。在数字化农业保险服务的保障下，原本具有较强不确定性、容易受自然灾害影响的农业产业实现了稳定发展，稳步增收与现代化转型。

7.3.1 案例背景

7.3.1.1 浙江省农业发展与现状

浙江省农业经济作物丰富，涉及水稻、茶叶等农作物，牛羊等畜牧业产物，鱼类、虾类等水产作物，还有中药材等地方特色农作物。在经历传统农业发展时期与现代化起步阶段后，浙江省的农业发展一方面保持着稳定发展的步伐，另一方面不断通过科技创新、产业结构调整、品牌建设等措施，逐步实现农业产业从传统到现代的跨越式发展。浙江省的农业经济产值虽然不及一些农业大省，但其在单位面积产量、农产品品质、农业科技含量等方面具有较高的水平。

7.3.1.2 浙江省农业保险发展历程

农业作为我国的立国之本，有着无可比拟的重要性，但同时农业又极易受天气等不可控因素的影响。因此，我国政府自 2000 年以来，高度重视农业保险的发展，不断对制度和政策进行完善和创新，规范农业保险业务，提高农业保险服务水平，实现农业保险的高质量发展，加快我国由农业保险大国向农业保险强国转变。

农业保险是我国价格、补贴、保险"三位一体"农民种粮扶持政策的重要组成部分。对于目前中国现有的农业保险，可以依据是否存在政府扶持行为，将其分为政策性农业保险和商业性农业保险。政策性农业保险是相对商业性农业保险而言的，是指政府为实现农业农村经济发展目标而实施的农业保险或建立的农业保险制度，如税收优惠、财政补贴等。帮助一些受到自然灾害等不可抗力因素而产生经济损失的农户，降低这些农户经济损失的保险活动。

浙江省作为中国东南沿海的发达省份，其农业发展历史悠久。经济作物发展得有声有色，成为农户增收致富的利器。然而，由于地处东南沿海，加上地貌环境复杂多样，农业生产面临着诸多自然灾害和风险的挑战。而农业生产一旦遭灾，损失一般都较严重。为了保障农民的利益和农业生产的稳定，浙江省早在 2006 年率先启动政策性农业保险试点工作，并不断地探索和实践，形成了具有地方特色的政策性农业保险发展路径。

浙江省的政策性农业保险试点始于 2006 年。这一阶段的主要任务是进行小范围试点，探索适合浙江省农业发展的政策性农业保险模式。2006 年小范围试点：按照典型性、代表性的要求，浙江省在每个地市选择 1 个县（市、区）开展试点。试点品种包括水稻、蔬菜大棚、露地西瓜、柑橘树、林木、生猪、鸡、鸭、鹅、淡水养鱼 10 个品种，每个县选择参保品种为 5 个。第一年参保农户达 1.36 万户，参保率 37%，保费收入 1009 万元，保险金额 4.7 亿元，占试点地区农业生产总值的 6%。2007 年扩大试点：试点地区从 11 个县（市、区）扩大到 32 个，试点品种增加到 11 个，参保品种从每个县 5 个扩大到 7 个，政府保费补助从 35% 提高到 40%。当年参保农户达 3.46 万户，参保率 66%，保费收入 6706 万元，保险金额 24 亿元，占试点地区农业生产总值的 8%。2008 年全面展开：试点地区扩大到全省有农业生产的 83 个县（市、区），进一步提高财政补贴比例。水稻从 50% 提高到 90%，其他品种从 40% 提高到 45%。当年参保农户 13.9 万户，参保率 79%，保费收入 1.4 亿元，保险金额 124 亿元，占全省农业生产总值的 14%。

2009～2014 年浙江省政策性农业保险进入稳步发展的阶段。在试点取得成功的基础上，浙江省政策性农业保险进入稳步发展阶段，通过不断完善制度体系和运行机制，推动政策性农业保险工作向更高水平发展。2009 年，浙江省政府下发《关于推进政策性农业保险的若干意见》，明确了以"共保经营"为主的政策性农业保险"浙江模式"，即"政府推动+市场运作+农户自愿"。同时，成立了省农业保险工作协调小组，负责指导、协调和推动落实全省政策性农业保险服务乡村振兴各项举措。随着试点工作的深入，浙江省政策性农业保险的覆盖范围不断扩大，保险品种不断增加，从最初的 10 个增加到 20 多个，涵盖了农、林、渔等各行业。同时，鼓励各地开办特色保险品种，如生猪、叶菜、芦笋、葡萄等价格指数类保险和杨梅采摘期降水气象指数、茶叶低温气象指数等气象指数保险。除了不断优化保险制度的构建和扩大政策性农业保险覆盖范围外，浙江省还采取了提高财政补贴比例、增加保险金额、优化保险条款等措施。浙江省政策性农业保险的保障程度在不断提高。例如，水稻保险覆盖率达到 79.6%，生猪养殖保险覆盖率超 90%。在原有中央水稻种植保险的基础上，浙江省还在全省域推进水稻完全成本保额补充保险，保障程度从每亩最高 1000 元提高到每亩最高 1400 元，基本覆盖物化成本、人工成本和土地成本等水稻种植总成本。

2015 年至今，浙江省政策性农业保险进入高质量发展与数字化改革阶段。2006 年浙江省政府开始推行政策性农业保险共保体模式，选取 11 个县域作为试点开展政策性农业保险。"共保体模式"中，政府选择两家以上商业性保险公司分别承担"首席承保人"和"共保人"的责任。其中"首席承保人"负责主要的农业保险运营，"共保人"参与承保。该模式依据政府授权进行农业保险的运营。浙江省的共保体模式，中国人保财险浙江省分公司担任"首席共保人"，承保着较大部分的份额，负责主要的保险运营。共保人则是由太平洋产险在内的 11 家商业保险公司承保，参与保险运营。"共保体模式"的运营模式呈现出三大特征：第一，政府推动保险公司与市场运作相结合。政府主要给予政策支持及保费补贴，参与共保体的保险公司"以险养险"。保险公司不仅经营政策性农业保险还经营其他险种，以其他险种利润弥补政策性农业保险的亏损。第二，共保经营与互保合作相结合。互保合作借鉴于保险发展最初的形式，联合龙头企业、行业协会、专业合作组织形成了农业生产者互助保险组织。在自愿、非强制的原则下，形成了组织内部"自主缴费、财政补贴、加强管理、合作共赢共享、进行监管、有序发展"的制度。第三，有限风险和责任分层相结合。有限风险以提供低保障为起点，实施五倍封顶赔付的方案。而责任分层则是通过两次赔付的方式完成赔款，即先按核定损失的50%进行赔付，再进行年末个案清算。近年来，浙江省政策性农业保险工作借着数字化浪潮的东风，大力推动农业保险数字化改革，进一步提升服务效率和农户满意度。2022年4月1日，浙江农业保险体系数字化改革应用平台——"浙农险服务直通车"正式投运，实现了农户在手机上进行投保和理赔申报的便利化操作。目前，省级及以上全部23个险种已实现掌上参保理赔。农户参保从过去最少跑4次、流程超过30天，变为一次都不用跑；理赔时间从30多天缩短到10天以内，小额赔款当天即可完成。此外，浙江省还大力运用新的技术手段，将卫星遥感、无人机等新技术逐步运用到农业保险业务中，有力破解了传统作业方式下面积厘定难、精准查勘难、定损理赔难等问题。在杭州市临平区，对于面积较大、种植分散的水稻田承保，人保财险的工作人员使用无人机协助完成现场测绘，提高了验标的时效性和准确度。

7.3.2 案例内容

为了破解农业保险领域存在的小农户参保理赔难、保险与涉农主体数据共享难和政府风险控制监管难这三大难题，浙江省政策性农业保险协调小组办公室于2022年开始牵头政策性农业保险的数字化改革。牵头建设"浙农险服务直通车"数字化应用，依托全省统建的"浙里办"手机应用App和"浙江乡村大脑"，构建"农民参保的便捷服务端口"，打通"农业防灾理赔的快速反应通道"，形成"农业灾害风险防范监管的精密智控器"。

浙江省农业保险的数字化改革进程主要包括数字平台的建设与数字技术的

精准利用。数字平台的建设与运用优化了参保与理赔的流程，减少了参保人的物理成本，拓宽了参保途径，提高了参保意愿；数字技术的运用提高了理赔定损的效率，也降低了保险运作成本，同时可视化的有效数据信息能够为保险提供进一步研究分析空间。

7.3.2.1 数字化平台的建设与运用

"浙农险服务直通车"是浙江农业保险体系数字化改革的重要应用平台，具有"一键参保、一键理赔、一体融资、一图风控、一表监管、一网联农"的"六个一"功能。该平台通过数字化手段，优化农业保险服务流程，提高服务效率，破解小农户参保率低的瓶颈。该数字平台的六大功能具体如下：

一键参保：农户通过手机等终端设备，即可快速完成农业保险的参保流程。数字化平台面向小农户推出"整村参保、清单到户"的参保流程，不仅提高了参保效率，还确保了参保信息的准确性和完整性。一键理赔：农户在遭遇自然灾害等风险时，可通过平台快速报案并申请理赔。它简化了理赔流程，缩短了赔付周期，提高了理赔效率。据相关报道，部分小额赔款甚至可以在当天完成所有理赔程序。一体融资：平台为农户提供了一体化的融资服务，帮助农户解决资金短缺问题。农户可以通过平台申请贷款或融资支持，促进农业生产的发展。一图风控：平台将编制农业保险风险地图，提供农业灾害风险监测、识别、评估、处理和综合信息等服务。通过风险地图，政府、农户和保险机构可以更加直观地了解农业灾害风险分布情况，制定相应的风险防控措施。一表监管：平台实现了对农业保险业务的全面监管，包括承保、理赔、融资等各个环节。通过监管驾驶舱等模块，监管部门可以实现对每一个险种运行质量的全程掌握和评价，对每一个地区农业保险开展情况的动态更新和调度，对每一家保险机构服务效能的监管，以及对每一笔财政补贴资金的实时可追溯。一网联农：平台通过数字化手段实现了保险机构与相关涉农部门之间的数据共享。构建了农业保险服务的综合网络，为农户提供更加全面、高效的服务。同时，也为政府决策提供了有力的数据支持。

7.3.2.2 数字化技术的运用

在农业保险理赔过程中，无人机航拍和卫星遥感技术被广泛应用，以快速锁定受灾区域、自动识别受损农户并初步判定受损情况。这些技术的应用大大提高了理赔的准确性和效率，缩短了理赔时间，使农户能够更快地获得赔款。同时，数字信息获取技术的使用还减少了查勘人员成本，提高了服务效率。"浙农险"与"浙农牧"等数字化平台建立了数据共享机制，提高了承保与理赔的线上化率。同时，平台还利用大数据分析技术，对农业保险数据进行深度挖掘和分析，为政府决策和保险产品设计提供有力支持。此外，综合利用遥感技术的数据获取能力、地理信息技术的整合输出能力和全球定位系统的导航定位能力，可以有效解决农业保险种植险中承保和理赔两方面的难题。例如，通过卫星及无人机遥感技术获取当季种植作物类型及分布、长势情况、灾害分布等信息，为量化理赔提供数据支持。地理信息系统技术则可以为承保工作提供空间数据和分析管理支持平台，加强农业保险业务空间风险分析能力。

7.3.3 成效分析

"浙农险服务直通车"有力推动了浙江省农业保险高质量发展和农业农村现代化水平。截至 2022 年末，中央和省级 22 个财政补贴险种全部上线"直通车"，覆盖全省 73 个涉农县区，实现省市县乡村五级贯通，提供农业风险保障 543 亿元，保费规模 16 亿元（不含宁波），同比增长 16%，累计参保农户达 6.82 万户，线上化率达 90%。

7.3.3.1 全面夯实粮食安全基础

全年累计承保水稻保险面积 771 万亩，水稻保险覆盖面比上年提升 14 个百分点。领先全国达到省域内推进水稻完全成本保险，将水稻种植保险最高保额从每亩 1000 元提高到 1400 元。增加后的保额基本覆盖物化成本、人工成本和土地成本等水稻种植总成本，保障水平居全国前列。更大的保险覆盖面积与更高的单位面积保额让农户敢于种植，愿意种植，农业保险的兜底作用越发明显。这不仅是对农户种植生产经营风险与不确定性的兜底，更是对粮食种植安全的底线加固。

7.3.3.2 充分放大"保险+"服务成效

"直通车"平台畅通了农户农业生产数据和保险、银行、担保等金融部门数据，推动了农业保险增信与涉农金融联动，从单纯的风险保障服务向综合金融服务延伸，实现保险、融资、担保一体化金融服务。同时，该平台的涉农保单数据可作为农户金融行为的基础数据，由平台向其他金融服务机构推荐，帮助农户争取更高授信额度和优惠利率，解决农户融资贷款需求，实现普惠金融发展。

7.3.3.3 有效实现大灾快速理赔

建立健全重大灾害保险应急工作预案和快速理赔响应体系，推动农业保险由灾后理赔向灾前预防、灾中施救等全链条拓展。以 2022 年台风"梅花"为例。嵊州市等 7 个县（市、区）的农户报案比例、无人机快速估损等数据因子达到了快速理赔的红色预警触发点，按决策机制保险公司快速响应，一次性预赔 1.09 亿元，一改过去理赔资金几个月也到不了农户手中的状况。

7.3.3.4 大幅提升农户获得感

农户通过"直通车"，大幅降低了参保和理赔时间。小农户通过"整村参保、清单到户"模式参保，方便快捷，有效推动了小农户参保覆盖面提升。

7.3.3.5 智能监管

通过"直通车"监管"驾驶舱"，做到每一个险种运行质量全程掌握可评价、每一个地区农业保险开展情况动态更新可调度、每一家保险机构服务效能可监管、每一笔财政补贴资金监管都实时可追溯。

7.3.4 案例启示

7.3.4.1 重塑流程，改善保险业务体验

浙江省的政策性农业保险数字化改革坚持以提升农户体验为核心、以实现农险全周期最便捷服务为目标。改革过程中，浙江省召集保险专业人员、基层农村农业部门与各类养殖户代表，针对原有险种的承保理赔流程节点逐一进行拆分剖析，优化一个，上线一个。流程重塑方面，在确保监管合规的前提下，将原有流程由串联改革为并联，将原来"让人跑"变为"让数据跑"，重塑简化，提高农户参保便捷度。如水稻种植险，参保流程从原来的 37 天压减到重塑后的 5 天以内，农户可以一次都不用跑。通过技术手段打破省本级农业农

村、财政、银保监、气象等各个职能部门和保险机构间的数据壁垒，贯通数据流、服务流，实现省、市、县、乡镇、村组五级服务体系纵向全贯通。推进小农户参保方面，针对浙江省农业生产小户多、分布散的特点，"直通车"创新设计了整村参保（理赔）、清单到户的业务流程，一改以往挨家挨户上门办理的局面，在方便农户、提升效率的同时，有效推动了小农户愿保尽保。

7.3.4.2　深入基层，切实推动讲解宣传

农业保险改革团队主动下沉田间地头，对接乡镇村联络人、协保员，建立"大户一对一、散户集中组织"对接联系制度。为农户讲解"直通车"高效便捷的参保服务功能，打通推广落地"最后一公里"，引导农户参保从"纸上办"向"指上办"转变。注重典型案例、突出经验宣传，充分利用各级媒体宣传资源和"矩阵式"宣传优势。通过系统员工微信群、朋友圈、短视频等平台，开展"线上+线下"的全面宣传，直接提升了"直通车"在农村地区的知晓度。

7.3.4.3　示范作用，由点带面推广数字化平台

为加快"直通车"在基层铺开落地，将试点县经验交流、保险机构服务承诺、推广实施方案发布、现场演示培训等，在全省推进部署推广。同时，做好应用推广目标规划。在选择德清县等5个县先行试点的基础上，进一步明确时间节点和任务指标。

7.4　广东省茂名市：金融活水润泽荔枝产业链

在茂名市，荔枝产业有着得天独厚的自然优势，现已发展成为我国最大的荔枝产区之一。目前全球每五颗荔枝，就有一颗来自茂名。除了优越的地理条件，数字普惠金融的参与，也是茂名荔枝产业不断壮大的重要因素。在数字普惠金融服务的帮助下，茂名加快了科技赋能传统荔枝产业，并通过延链补链，发展荔枝特色产业和特色文化旅游，打造一二三产业融合发展的荔枝产业链。

7.4.1 案例背景

从山间野果，到百亿产业规模的全球最大的连片荔枝生产基地之一，荔枝在茂名已经生长了 2000 多年。茂名规模性的荔枝种植历史可以追溯到明朝甚至以前，但直到 1964 年，当地农民才开始"两手抓"，在粮食丰收之余，开始大规模开山种植荔枝。到 1965 年，仅仅一年时间，荔枝的种植面积已经突破一万亩大关。21 世纪，茂名的荔枝种植开始走向产业化，国际化道路。2000 年，茂名荔枝打入国际市场，首次出口美国。2002 年，茂名荔枝种植达到高峰 177.22 万亩[①]，全市 90% 的乡镇种植荔枝。40 多个镇连片种植百万亩荔枝，成为世界最大的连片荔枝生产基地。茂名荔枝还飞出了国门。2004 年，茂名荔枝作为中国的首批荔枝出口到澳大利亚。2023 年，茂名荔枝已远销加拿大、日本、澳大利亚、荷兰、法国、俄罗斯、阿联酋、新加坡等 10 多个国家和地区。

在农户自由分散种植，成品果由经销商收购或直接销售的传统产业模式下，茂名市也积极地拓展新的生产模式与渠道，不断衍生当地荔枝产业链，壮大丰富荔枝产业。首先是建立荔枝专业合作社。荔枝专业合作社是当地农业带头人联合村中技术骨干、种植大户、销售大户发起成立的互助型经济组织。通过建立合作社，把松散的农户深度联结起来，实现"抱团"发展。有效突破农户个体技术局限、增强市场议价能力，促进了经济效益和农民收益"双增长"。逐渐形成"一头"连接小农户、"一头"连接大市场的运作机制，成为农户"主心骨"和致富"领头雁"。一方面，有能人带动。合作社建有完善的组织架构，议事决策、财务管理、社务公开等制度一应俱全，保证社员享有对合作社决策的表决权和对财务、人事情况的监督权，确保合作社规范运行。另一方面，有企业带动。合作社与高州市丰盛食品公司建立长期合作关系，借助其资金、技术、加工优势，共同建设冷库 3 个、可冷藏果品 300 多吨，帮助个体小农户解决了冷库建不起、用不好的问题。在企业带动下，荔枝龙眼开发成

---

① 孙超超. 做好"土特产"文章合作社大有作为——记高州市根子柏桥龙眼荔枝专业合作社 [J]. 中国农民合作社，2023（8）：33-35.

荔枝酒、桂圆糕、荔枝糕等深加工产品。品种不优、品相不好的龙眼荔枝有了出路，开拓了农户增收新渠道。其次是大力开拓电商、直播等网络销售渠道。积极利用互联网资源，充分发挥助农平台的作用，以多样的活动形式，形成互联网+荔枝发展模式。当地政府会主办电商培训活动，积极组织发动果农、电商从业人员集中培训，让他们在"理论+实操"的培训中，了解"农产品推介+电商直播"等方式，实现"以训带采、以训带销"的效果。当地供销社也积极为供销社成员单位搭桥牵线。通过电商公司，利用全国供销系统数字平台，开展网上直销荔枝业务，推动荔枝销售和市场拓展，提高茂名电白荔枝品牌知名度。此外，当地还会在线下举办"荔枝电商消费节"活动，招纳数百名直播参赛选手进行直播比拼。该活动还会与全国各地的院校展开合作，鼓励大学参与直播竞赛，进一步推动茂名荔枝销售，助力产业振兴。

荔枝是我国林产品中水果食物的重要组成部分。但近年来荔枝生产和产品价格的波动性都有明显加剧的趋势，深加工也未能取得明显突破，导致行业市场规模扩张遭遇瓶颈。此外，荔枝的果实在成熟后，需要在短时间内进行采摘并完成后续的保鲜、运输、销售等操作。不同的品种采摘期不同，但基本要在7~20天内完成。因此，种植户的季节性短期资金需求特征明显。在采摘期需要大量的资金维持采摘工作的完成，确保当季荔枝的顺利销售。然而在传统的产业模式下，种植户与收购商之间赊购情况严重，且赊购周期长，种植户的荔枝销售资金往往不能及时回款。在种植户自有资金不充足的情况下，很可能会严重影响后续的生产资料购买，甚至影响下一季度的采收作业。同时，农村的种植户通常缺乏合适的抵押物，金融信用背景不充足。因此，种植户在向银行等传统金融机构进行贷款时存在一定难度，不能满足其巨大的资金需求。近年来，我国整体荔枝市场规模节节攀升，不断壮大，但荔枝种植户的鲜果交易利润却并未得到有效提升。因此，部分当地种植户有进一步扩大种植规模进行集约化种植和提高利润的意愿，但迫于资金压力，并未实现。荔枝种植作为前期投入较大的产业，不仅需要三年以上的种植期才能产出果实，且与种植相关的生产资料并不适合成为抵押物。在传统贷款模式下，种植户申请贷款存在一定的难度。为了进一步提高荔枝产业的利润，茂名市不断挖掘荔枝深加工方式，衍生荔枝产业链，加快发展荔枝特色产业和特色文化旅游，打造一二三产业融合发展的荔枝产业链。无论是荔枝深加工工厂的研发创新，规模扩长，还是荔枝旅游相关产业文化活动的举办，体验园区、游览等基础设施的建设，都需要大量的资金支持。这一系列资金需求的满足都离不开金融领域的支持。

7.4.2 案例内容

改革开放以来，广东省金融行业发展迅速，是名副其实的金融强省。省内数字普惠金融也在近年达到新的战略高度，在产业发展、生活服务等方面取得显著成果。广东省茂名市借助数字普惠金融的发展，服务荔枝产业，加速了荔枝产业的发展，带动了相关产业的兴起，并不断拓宽延长产业链，激起了产业融合的新风潮。

7.4.2.1 构建数字化信贷体系

当地政府与浙江网商银行等互联网银行进行合作，由此引入外部资本，为荔枝产业发展激发了新的活力。浙江网商银行与当地政府开展了深度合作。该行不仅用多年实践积累的互联网数据技术和风控能力。构建了地区专属数字化信贷风控模型、精准地圈定当地"三农"用户，还验证了农户的生产经营规模，为其匹配授信额度。这一合作模式为农村无法从银行申请贷款的小农户、信用白户，开辟了一条纯信用、免担保、无抵押的融资新途径。不仅让更多农户成为首贷户，还让小微及部分农业种植户能够通过手机数字平台快速获得数字贷款，解决资金周转难题。在此合作模式下，地方政府无须投入额外的专项财政支出，不用进行贷款风险兜底，更不必占用当地存款资源，就能直接从外部引入资金投放到当地农业经济发展中。

7.4.2.2 成立数字链产业联合体

为做大做强产业平台，延长现代农业产业链，更好地助力乡村振兴工作，中国邮政储蓄银行茂名市分行等8家龙头企业及研究机构联合成立了"茂名数字链农产业联合体"。联合体各成员各尽其能，优势互补，联合发力。中国邮政集团有限公司茂名市分公司和中国邮政储蓄银行茂名市分行发挥"商流、物流、资金流、信息流"四流合一优势，对接农产品上行大渠道，大力发展农村电商业务。优化茂名三级物流体系，构建"三农"金融服务生态，为茂名农业全产业链发展提供电商销售、物流体系和数字金融支持；岭南现代农业科学与技术广东省实验室茂名分中心和华南农业大学茂名现代农业研究院提供农业科技支撑；中国航天科工集团慧农科技总体部智慧农业领域，提供数字农业整体解决方案；阳光农业相互保险公司提供政策性农业保险、农产品质量保险和创新性特色农险等保障；广东省农业融资担保有限责任公司为农业经营主体增信，解决农业农村发展"融资难""融资贵"等问题；中国移动通信集团广东有限公司茂名分公司提供 5G 智慧乡镇整体解决方案。

资金是产业发展的"驱动器"。联合体成立之初就不断以数字普惠金融破解融资难题。邮储银行茂名分行率先推进信用村建设，建立农业农村数据库，以整村授信的方式评定信用农户，推出信用农户专属信用贷款，解决农户担保不足的贷款难题。针对荔枝产业不同主体的资金需求特点，邮储银行还开办了"保证保险贷款""农担贷""惠农易贷""惠农合作贷""惠农经营贷"等多种涉农贷款产品。从农资配送、荔枝种植、收购、包装、销售、物流和加工等环节提供全产业链的信贷支持。同时，邮储银行还积极推广线上信用户贷款、"极速贷""网商贷""小微易贷"等线上信贷产品，实现贷款全流程数字化、纯线上办理，秒批秒放，大幅持续提升荔枝产业金融服务的效率，满足荔枝产业短期，快速的资金需求特征。

保险在保障荔枝产业发展方面发挥了重要作用。联合体借助"政银社企"资源优势，在茂名全力推进"粤农担"模式。通过政策性农业保险、意外保险、责任保险、保证保险服务荔枝产业全链条，并探索发展了荔枝气象指数、荔枝全成本保险、荔枝货物运输保险等创新产品，为中国荔枝乡提供高质量的保险服务。此外，联合体还先后推出"小额贷保证保险"（银行+保险）"政银保"（政府+银行+保险）"农担贷"（银行+省农担）等融资业务，助力解决茂名农户、农业合作社面临的"融资难、融资贵、融资慢"三大难题。

7.4.2.3 数字支付助"荔"发展

以茂名农商银行为代表的银行等金融机构，在荔枝产区及农村积极建设便民支付场景，优化支付结算服务。将"悦农 e 付·收银台"嵌入水果收购中，提供"一码通用"的便捷安全支付场景，并布设"粤智助"政务服务自助机。数字人民币支付凭借其简单、便捷的流程，资金秒到账的高效率和零手续费的优点，助力了荔枝贸易的发展。

7.4.2.4 "碳中和支行"推动产业绿色发展

荔枝作为是陆地生态系统中的碳库，在实现"双碳"目标过程中发挥重要作用。在银保监茂名分局的指导下，当地"政校银企"积极开展碳金融创新。例如，邮储茂名分行挂牌成立全国首家由中国银保监会核准成立的"碳中和"支行——邮储银行高州市长坡碳中和支行。探索打造绿色普惠金融产品体系和服务体系，突出零售绿色金融产品特色，不断拓展绿色金融业务，重点支持清洁能源、节能减排、绿色种植、生态农业等领域。此外，该支行还率先开展碳核算先行先试工作。一方面，依托企业温室气体排放核算平台推进企业碳排放监测，积极拓展绿色金融应用服务场景和生态；另一方面，通过碳中和能源数字化管理平台实施精细的网点碳排放管理，掌握支行网点照明、插座、空调等各用电区域，每日、每月、每年的能源消耗和二氧化碳排放及标准煤消耗情况。进一步强化绿色运营，为当地产业发展和自身运营管理提供战略性决策支撑和实施路径，推动荔枝产业的绿色化，智能发展。

7.4.3 成效分析

7.4.3.1 数字普惠金融缓解荔枝产业链压力

茂名市高州市通过与网商银行等互联网银行合作，建立了数字化信贷风控模型，使得荔枝产业中的电商、果农等小微群体能够通过手机快速获得数字贷款。这种"3分钟申请、1秒钟到账"的高效便捷的贷款模式，极大地缓解了荔枝产业链上各环节的资金周转压力。并且高效率的贷款流程能够满足荔枝种植农户季节性的、短期的资金需求。

7.4.3.2 数字金普惠融推动产业的高质量发展

一方面，资金的高效流通促进了荔枝产业链上下游的紧密合作，加快了荔枝从田间到餐桌的速度，确保了荔枝的新鲜度和品质。另一方面，数字金融的支持使得荔枝产业能够引入更多先进技术和设备，有能力建设数字化智能种植园。当地引进了由航天智慧农业研究院主持开发的包含荔枝生产管理、种植环境监测、种植专家包、荔枝溯源、荔枝销售管理等多模块集成的数字荔枝果园管理系统，可以实时看到农户信息、土壤湿度、气温情况。果农逐步实现从"靠天吃饭"到"靠云吃饭"。当地产业联合体在得到资金支持后，有更充足的精力培育新的荔枝品种，开展克服荔枝"大小年"技术攻关工作、带动成员农户科学种植。此外，数字普惠金融还为荔枝产业的品牌建设、市场推广等方面提供了有力支持，进一步提升了荔枝产品的附加值和市场竞争力。

7.4.3.3 数字普惠金融助力荔枝产业链全链优化提升

在缓解了产业链资金缺口后，荔枝产业朝着高质量发展方向不断迈进，产业链上下游也得以不断延伸拓展，荔枝产品与荔枝文化相关产业的发展得到进一步的深化。向荔枝产业链上游延伸。茂名通过金融机构的"政校银企"合作渠道，优化了荔枝品种结构。在华南农业大学、广东省农业科学院等支持下，茂名持续推进荔枝早、中、晚熟品种结构优化调整。向荔枝产业链下游延伸。茂名大力发展荔枝深加工与相关文化旅游产业。不断深化融合的文化旅游战略，让茂名荔枝文化旅游产业快速壮大。当地政府借助融资平台获得资金支持服务，打造了国家4A级旅游景区大唐荔乡文化旅游区。

7.4.4 案例启示

7.4.4.1 政府引导与政策支持

茂名市荔枝产业及产业相关领域的成功发展，离不开政府的积极引导和政策支持。政府通过引入数字普惠金融，为荔枝产业提供了强有力的金融保障。同时，政府还加强了与金融机构的合作，共同推动金融服务的创新和发展。这种政府引导与政策支持的模式，值得其他县域借鉴和推广。茂名市政府始终将推动荔枝产业及乡村产业融合高质量发展作为重要任务，明确提出要利用数字金融手段，解决荔枝产业链上的资金瓶颈，促进产业升级和农民增收，加速荔枝生产、荔枝加工、荔枝文化旅游的有效结合。政府通过制定详细的发展规划，明确了数字普惠金融在荔枝产业中的应用场景和具体目标，为数字普惠金融的推广、实施提供了清晰的方向。为了促进金融机构与荔枝产业链上的各方主体有效对接，茂名市政府积极搭建数字合作平台，组织金融机构与农户、电商、采购商等各环节主体开展深入交流与合作。通过举办金融服务荔枝产销对接大会等活动，政府为各方主体提供了展示自我、交流合作的舞台，推动了数字普惠金融在荔枝产业中的广泛应用。

7.4.4.2 金融服务创新与实践

茂名市金融机构积极响应政府号召，不断创新金融数字化服务模式，找准农村金融与产业发展痛。通过运用大数据、云计算等先进技术，金融机构实现了信贷审批的自动化和智能化，大大提高金融服务的效率和覆盖面，为荔枝产业链上的小微群体提供高效便捷的金融服务。第一，数字信贷产品的开发。针对荔枝产业链上小微群体的资金需求特点，茂名市金融机构开发了一系列具有产业特色的数字信贷产品。这些产品具有申请便捷、审批快速、利率优惠等特点，满足了农户、电商、采购商等不同主体的个性化资金需求。例如，邮储银行茂名市分行推出的信用户专属信用贷款、荔枝产业链贷款方案等，为荔枝产业提供了强有力的资金支持服务。第二，信用体系建设与推广。为了降低信贷风险，提高金融服务的可持续性，茂名市金融机构积极参与信用体系建设。通过走访荔枝产业基地和农业龙头企业，金融机构全面深入地了解荔枝产业融资、生产、加工和销售等环节，并结合荔枝产业链各个环节特征设计与构建信用评定体系，精准加大信贷支持力度。同时，金融机构还加强与地方政府合作，共同推进信用村建设，建立农业农村信用数据库，以"整村授信"的方式来评定信用户等级，并推出信用户专属信用贷款。相比于抵押借贷或其他借贷渠道，信用体系的建设不仅满足了茂名市农村产业主体的资金需求，同时还为借贷主体留下信用记录，摆脱信用"白户"的尴尬处境，能够为后续更便捷地通过正规金融机构获取金融服务打下基础。第三，线上金融服务的普及。为了提高数字普惠金融服务的便捷性和覆盖面，茂名市金融机构积极推广线上金融服务渠道。通过开发手机 App、微信公众号等线上服务平台，金融机构实现了贷款申请、审批、放款等全流程的数字化和线上化。在数字化的申请流程与信用贷款的结合下，农户和电商商家等只需通过手机简单操作，即可完成贷款申请和资金到账，大大提高了金融服务的效率和便利性。

7.4.4.3　产业链协同与资源整合

茂名市在推动数字金融促进荔枝产业发展的过程中，注重将产业链上各个环节资源进行整合，促进协同发展。通过加强政府、金融机构、农户、电商商家等各方主体的合作与交流，实现了资源共享和优势互补，推动了荔枝产业的转型升级和高质量发展。第一，产业联合体的成立。为了整合各方资源，形成发展合力，茂名市成立了由多家龙头企业和研究机构组成的"茂名数字链农产业联合体"。联合体通过整合各成员单位的资源，将普惠金融和数字平台、供应链、科技、产业主体等结合起来，为荔枝打造"数字农业+数字电商+数字金融+数字物流"的全产业链服务。这种产业联合体的模式，不仅提高了产业链上各环节的运营效率，还增强了整个产业的竞争力。第二，产业供应链金融的应用。针对荔枝产业链上采购、加工、销售等环节的资金需求，茂名市金融机构积极探索供应链金融的应用。通过为供应链上的核心企业提供融资支持，金融机构间接解决了上下游小微企业的资金难题。例如，金融机构可以为荔枝加工企业提供贷款支持，帮助其扩大生产规模、提高加工能力。同时，通过供应链金融模式，金融机构还可以为荔枝销售商提供应收账款融资等金融服务，解决其资金周转问题，保障产业供应链在核心企业或关键环节主体的带动下顺利运转。

8 研究结论与对策建议

8.1 研究结论

    本书在整理分析数字普惠金融与农村产业融合相关文献和理论的基础上，深入剖析了数字普惠金融对农村产业融合产生推动作用的内在机理。具体而言，本书测度了全国 30 个省份（除西藏外）2011～2022 年的农村产业融合水平，并借助计量模型分别进行了检验。主要研究结论如下：

    第一，2011～2022 年，我国农村产业融合整体水平呈现出增长态势，各年度的平均值也显示出上升趋势。这一趋势反映了国家政策对农村产业发展的持续重视和资源投入的不断增加。尤其是在乡村振兴战略的推动下，农业、工业和服务业之间的融合不断深化。然而，尽管整体水平有所提升，农村产业融合的两极分化现象依然存在，这表明不同地区之间在资源配置、产业基础和发展路径上仍存在显著差异。趋于收敛的态势则暗示随着时间的推移，区域间的政策执行效果逐步显现，较落后地区逐渐缩小了与发达地区的差距。这可能与政府实施的区域平衡发展政策以及新型城镇化进程有关。

    第二，数字普惠金融能够显著推动农村产业融合。这一结论揭示了数字技术在现代金融体系中的重要性，尤其是通过数字化手段能够扩大金融服务的覆盖面，提高金融服务的可得性，有效地为农村地区的经济活动注入了新的活力。本书通过运用北京大学数字普惠金融指数和参考已有文献指标评价体系测度的农村产业融合指数，实证检验出数字普惠金融对农村产业融合确实存在显著的推动作用。然而，数字普惠金融在现阶段主要依靠广度和深度的发展，数字化作用还需进一步提升。这也反映出数字化在金融服务中的潜力尚未完全发挥，未来仍需在数据分析、精准服务等方面进一步提升，以全面释放数字普惠金融的效能。

第三，数字普惠金融通过提升金融市场动态能力推动农村产业融合。本书实证分析了数字普惠金融是否能通过提升金融市场"感知—抓取—转变"动态能力来影响农村产业融合。研究发现，数字普惠金融通过金融运作确实推动了农村产业融合。这一发现表明，数字普惠金融不是金融服务的简单数字化，它通过提高金融市场的适应能力和响应速度，更好地支持了农村产业的转型升级。金融市场的动态能力提升意味着金融机构能够更迅速地感知市场变化，抓住新兴机会，并进行适时调整。这对于应对农村市场的不确定性和促进资源的有效配置至关重要。因此，数字普惠金融不仅改善了农村金融的可获得性，还在更深层次上推动了金融市场的结构性优化。

第四，数字普惠金融对农村产业融合的影响存在明显的区域性差异。这种差异是按城乡资源错配程度和农业功能区划分的。在资源错配程度高样本中，数字普惠金融回归系数表现出较强显著性，而资源错配程度低样本则均不显著。这可能是因为资源错配程度较高的地区，其农村产业融合面临的挑战更多，因此数字普惠金融在这些地区表现出更强的推动作用。而在资源错配程度较低的地区，现有的资源配置可能已经较为优化，因此数字普惠金融的影响较小。此外，数字普惠金融在粮食生产非核心区表现出显著推动作用，而在粮食生产核心区对于农村产业融合的作用效果则并不明显。这可能是因为粮食生产非核心区往往拥有更多的非农产业发展机会，因此，数字普惠金融能够更显著地促进这些地区的产业融合。

第五，数字普惠金融对农村产业融合的直接影响、间接影响以及总体影响均表现出显著的正向效应。这一结论揭示了数字普惠金融在促进区域协调发展中的潜力和作用。这意味着数字普惠金融不仅能够在本地域内显著推动农村产业融合，而且还能辐射周边地区，对周边农村产业的融合发展起到积极推动作用。研究发现，该空间溢出效应存在着随空间距离增加而效应减弱的特征，其溢出效应空间边界约为 450 千米。这说明了区域政策的制定需要考虑到空间距离的影响，可以通过合理的区域合作机制，最大化数字普惠金融的辐射作用。

8.2 对策建议

2024 年，中央一号文件把推进乡村全面振兴确立为新时代新征程中"三农"工作的主线。文件强调，要加大对农村金融的支持力度，优化和调整农村产业融合布局，有力有效地推进乡村全面振兴的"路线图"。为了更好地推动数字普惠金融服务农村产业融合，创新农村产业集群，从而赋能乡村振兴战略的实施，本书提出以下对策建议。

8.2.1 发展技术，完善数字基础设施

本书表明，数字普惠金融能够通过提升金融市场动态能力显著推动农村产业融合。为加速这一融合趋势，持续推动数字普惠金融的发展至关重要。其中，优化数字普惠金融技术及完善数字基础设施建设是推动普惠金融向农村及偏远地区深度渗透的关键路径。

具体来说，可以从以下几个方面来实施相关政策：

第一，加强农村和偏远地区的网络基础设施建设。网络基础设施是数字普惠金融发展的基石。完善的网络覆盖、数据中心建设和支付系统升级可以为金融服务的普及提供坚实的支撑。在农村和偏远地区建设农村网络基站，确保农村地区的网络信号覆盖更加广泛、稳定，从而提升农村信息化水平，为农民提供更加便捷、高效的互联网服务，实现数字普惠金融的广泛覆盖。加快推进农村"新基建"发展，重点提升包括光纤网络的普及和 5G 技术的部署，使农村

地区能够广泛接入互联网，为数字普惠金融的发展奠定基础。例如，中国的"互联网+"战略推动了数字基础设施在农村的普及。贵州省通过"村村通光纤"工程，大幅提升了农村互联网的覆盖率，为数字普惠金融服务的推广提供了技术支持。同时，积极推动互联网终端智能产品下乡，也是加强农村地区数字信息基础设施建设的重要一环。通过引进智能手机、平板电脑等互联网终端产品，让农民享受到智能化的生活，不仅能拓展金融服务的触及边界，也能增进农民对金融服务的理解度和接受度。此外，应加速推进农村大数据与农业综合信息服务平台的建设，建立健全数据共享机制，拓展数据获取渠道，逐步提高农村地区的数据采集与共享能力，推动城乡之间信息资源的共享和互通，构建良好的农村数字化信息生态圈，为数字普惠金融的发展提供更加广阔的空间和更加坚实的基础。还应推动乡村交通、水利、气象、电力、冷链物流等基础设施的数字化转型，完善农村电商的配套设施建设，促使农村电商蓬勃发展，使农业产品能够通过网络平台更广泛地进入城市市场，推动农业与服务业的融合。基于此，数字普惠金融才可以在不断横向发展覆盖广度，纵向拓展使用深度的同时，充分发挥数字化优势形成普惠资金在覆盖—使用—转化之间的有效衔接，提高金融需求识别的精准度，真正缓解农村经营主体流动性约束，为农村产业融合提供更加全面优质的普惠金融服务。

第二，弥合数字鸿沟，提升普惠性。《中国数字经济发展研究报告（2023年）》指出，2022年，我国服务业和工业的数字经济渗透率分别达到44.7%和24.0%，农业领域的数字经济渗透率仅为10.5%。这一数据表明，作为第一产业的农业，其生产数字化水平远远滞后于工业和服务业，农业领域的数字经济发展滞后已成为数字中国建设中的一大短板。数字普惠金融的一个重要挑战是弥合数字鸿沟，从而确保所有人群，尤其是农村和低收入群体，能够平等地享受金融服务。这需要政府和企业共同努力，通过教育、培训和适应性技术设计等手段，提升这些群体的数字金融素养。要完善农村数字人才体系，推动城乡人力资源要素的双向流动，建立机制鼓励数字专家和技术人才深入乡村基层。支持高校为乡村振兴提供智力支持，通过远程培训和实习等方式提升乡村教师的素质，培养与现代农业紧密结合的数字技术应用型人才。例如，可以通过对农村地区的手机用户进行数字技能培训，提升他们的移动支付和金融应用能力。支付软件、线上银行等 App 还应针对农村用户的特点，开发更加简单易用的界面和功能，帮助他们更好地参与到数字经济中来。

第三，加强政府在提升金融市场感知、抓取和转变能力方面的引领作用。政府作为推动力量，要强化农村地区金融支撑，助力农村产业融合领域金融服务提质增效。应加强政府、银行和企业之间的沟通与合作，激发市场主体的活力，进一步发挥金融赋能对创新的推动作用，以支持科技型企业的创新与发展。强化货币信贷政策、财税政策、监管政策和产业政策的激励与约束功能，并根据经济周期和宏观环境的变化进行动态调整。需明确区分短期激励措施与长期机制，完善短期政策的平稳退出机制，同时建立长期政策的评估与反馈机制。通过加强部门间的协同合作，推动各类政策的考核标准相互认可与应用。可以从金融市场感知、抓取和转变能力三个视角出发，发挥关键作用，引导农村地区金融市场有序高效发展，为农村产业融合提供坚实的金融支持。在金融市场感知能力方面，政府可推行金融知识宣传教育系列活动，以帮助市场主体理解和应用各类金融产品与服务，并借此提升整体市场的风险管理能力。此外，政府还应加强对新型经营主体的金融培训，提升他们在金融市场中的竞争力，使他们能够更好地参与农村产业融合。在金融市场抓取能力方面，政府应健全金融服务架构，合理配置金融机构，确保金融服务能够深入农村各个角落，实现广域覆盖与高效抵达，从而使金融服务更加贴近农村实际。

第四，打造生态系统，实现多方共赢。金融机构应该通过构建金融生态系统，实现多方利益相关者的共赢，这可以更好地提升金融市场动态能力从而加快推动农村产业融合。在数字经济时代，金融机构可以与科技企业、政府机构等合作，打造开放式的金融生态系统，通过资源共享和协同创新，提升服务能力。可以鼓励金融机构、互联网企业与地方政府合作打造"数字金融+农村振兴"模式，通过构建包括金融机构、政府、科技企业和农村用户在内的金融生态系统，实现资金、技术和信息的有效对接。

8.2.2　守正创新，改善金融产品服务

数字普惠金融不仅需要在技术上进行创新，还需要在产品和服务上做出改

善，以更好地满足农村经济主体的需求。守正创新是改善金融产品服务的关键，它强调在坚守金融本质和风险控制的基础上，推动创新以满足客户不断变化的需求。未来可以从这几个方面来进一步改善金融产品服务。

第一，基于用户需求，针对特定群体、特定区域创新产品设计。一方面，特定群体不同，数字普惠金融产品服务应具有特殊性。守正创新的核心在于以客户需求为导向，设计出满足特定人群如农民、个体工商户、和小微企业需求的金融产品。金融机构应首先深入了解客户的金融需求，通过数据分析和市场调研来设计金融产品，使其更具针对性和实用性。针对农村地区的特点，金融机构可以推出农业保险、互联网贷款等。例如，蚂蚁集团推出了"相互宝"这类基于区块链技术的互助保险产品，专门针对农村地区的健康保障问题，通过低成本、高覆盖的模式，有效缓解了农民的医疗费用压力。蚂蚁集团还针对小微企业和农户推出了"网商贷"，该产品通过大数据技术进行信用评估，无需传统抵押，提供了便捷的融资渠道。中国工商银行推出了"种植e贷"，专注集合农作物生长周期内各个环节的资金需求为农户、新型农业经营主体及其他涉农组织提供的数字普惠融资产品。此类产品的推出能够有效解决农村地区"贷款难"的问题，使农民能够获得更多的资金支持，促进农业生产与其他产业的结合。此外，还有京东白条等互联网贷款产品，也为小微企业和农村电商的发展提供了金融支持，助力农业产品的市场化和产业链的延伸，促进了农村经济的多元化发展。另一方面，区域不同，数字普惠金融产品也应做差异化。具体来说，根据地区的资源配置程度不同和农业功能区不同，数字普惠金融产品服务应该因地制宜。在资源错配程度较高以及粮食生产非核心区，应该聚焦拓展数字普惠金融产品服务的范围，尽量实现金融服务需求的全覆盖；而在资源错配程度较低以及粮食生产核心区，应该更加聚焦创新服务模式，促进数字普惠金融与农业生产的深度融合。

第二，利用科技手段提升服务效率。金融机构可以借助大数据、人工智能等技术手段，对信贷审批流程做数字化升级，提升服务效率和精准度，从而优化用户体验。金融机构可以通过整合客户的多维数据，包括银行交易记录、消费行为、电商交易等信息，利用大数据技术构建全面的客户画像，以动态信用评分系统取代传统静态评分模型。通过机器学习算法训练模型，系统能够识别历史贷款数据中的潜在风险特征，并自动化审批流程，减少人工干预，提高信用风险评估的精准性。工商银行推出的"融e借"就是一个典型案例。这一产品通过互联网技术实现全线上操作，用户无需提供复杂的抵押物，只需通过手机 App 提交申请，系统会基于大数据分析快速完成信用评估，用户可以在短时间内获得贷款。这一创新产品不仅简化了贷款流程，还满足了客户对资金的急需需求，提升了用户体验。

第三，持续优化用户体验。创新不仅体现在产品设计上，还应体现在用户体验的持续优化上。金融机构应定期收集用户反馈，利用数据分析和用户研究，持续改进服务流程和产品功能。例如，中国平安推出的"平安好医生"不仅提供健康咨询服务，还与平安银行合作，为用户提供健康险、消费贷款等"一站式"服务。通过不断优化 App 的用户界面和功能设计，平安好医生极大地提升了用户的满意度，成功吸引了大量用户。这个创新模式将金融服务与健康管理相结合，为用户提供了全方位的服务体验。金融机构还可以使用基于自然语言处理的智能客服系统提供 24 小时的服务，解答客户关于信贷产品和流程的疑问，优化客户交互体验。人工智能系统不仅可以根据大数据分析客户偏好精准推荐合适的信贷产品，还可以避免排队等待随时为客户提供咨询服务。

第四，在设计产品的过程中融入绿色低碳发展目标，推动经济的可持续发展。引导金融机构为小微企业、农业企业和农户的技术升级改造及污染治理提供支持，推动其向绿色生产方式转型，不仅可以助力国家环境保护、推动金融的可持续发展，也可以为金融机构、企业和社会带来广泛的经济、环境和社会效益。鼓励开发适合小微企业经营特点的绿色金融产品，以促进绿色生态农业的发展、农业资源的综合开发和农村生态环境的治理。支持农业散煤治理等绿色生产方式，推动低碳农房建设及改造，推广清洁炊具、卫浴设备、新能源交通工具及清洁取暖改造，促进农村绿色消费。推动绿色智能家电下乡和以旧换新，助力城乡居民生活方式的绿色转型，丰富绿色保险服务体系。

总的来说，通过基于用户需求的创新产品设计、科技手段的应用、打造生态系统以及持续优化用户体验，金融机构能够在满足客户需求的同时，确保业务的稳健发展，实现长期的市场竞争力。

8.2.3　防范风险，强化政策完善监管

在金融市场转变能力方面，政府应当积极完善金融监管机制，加强对农村金融机构的严格监督管理，规范其运营活动，从而有效防止金融风险，保障金融市场的健康发展秩序。此外，政府还需倡导金融监管创新实践，运用先进的科技手段进行实时监测和预警，及时发现和处置金融风险，提升金融监管效能。

具体而言，可以从以下四个方面来完善数字普惠金融的监管体系：

第一，完善的法律法规是监管体系的基础。数字普惠金融涉及多方利益，需要在立法层面进行系统规范，确保各类金融活动在法律框架内有序进行。法律法规应涵盖数据隐私保护、消费者权益、金融科技企业的行为准则等方面。确保数字化业务在审慎监管的基础上健康发展，加强对基础金融服务平台的规范管理，特别是在反垄断和反不正当竞争方面，依法引导资本向健康方向发展。积极利用金融科技监管试点机制，提升智能化监管水平，加快互联网法院和金融法院的建设，为普惠金融领域的纠纷化解提供司法保障。此外，鼓励金融科技企业间的合作与自律，共同制定行业标准和合规准则。

第二，可以加强跨部门协同监管。数字普惠金融通常跨越多个监管领域，包括银行业、保险业、支付服务等。因此，监管机构需要加强跨部门的协同合作，确保监管的全面性和一致性。可以设立一个专门的跨部门协调委员会或工作组，负责数字普惠金融的监管工作。该委员会包括金融监管部门、科技监管机构、数据保护部门等，确保各部门之间的信息共享和协调合作。在跨部门协同监管中，制定统一的数字普惠金融监管标准和规范，这可以减少各部门之间的监管盲区，确保监管的全面性和一致性。同时，定期组织跨部门的联合检查和审计行动，针对金融机构和金融科技企业的数字普惠金融业务进行全面评估，确保合规经营。通过联合行动，可以有效发现并整改问题，提升监管的实效性。此外，鼓励各监管部门定期做好数字普惠金融相关的专业培训，提升其对新技术、新业务模式的理解和监管能力。还可定期举办跨部门研讨会和培训

班，促进经验交流和能力提升。

第三，建立健全风险管理体系。一方面，金融机构和监管部门可以利用大数据、人工智能等科技手段识别风险，提升监管效能，实时监控和分析金融市场的动态变化。各金融机构和金融科技企业应该坚持早识别、早预警、早发现、早处置的原则，建立完善的内部风险预警响应机制。同时，监管部门可以借鉴英国金融监管局的经验，推广"监管沙盒"机制，让各金融机构和金融科技企业在真实的市场环境下测试新产品，确保创新的安全性和合规性。这一机制使监管机构能够更好地理解和监控新技术在金融领域的应用，为后续监管政策的制定提供依据。另一方面，鼓励金融机构和监管部门加强风控模型的动态调整，并根据市场环境和经济周期的变化，动态调整风控模型，防止风险累积，还应定期更新其风控模型，以应对新兴风险和市场波动。

第四，数字普惠金融的发展具有全球性，因此，各国监管机构之间的合作和经验共享对提升监管效果至关重要。加强国际合作有助于形成统一的监管标准，防范跨境金融风险。深化与二十国集团普惠金融全球合作伙伴、世界银行、普惠金融联盟等国际机构和多边机制的交流与合作，分享在数字普惠金融监管方面的经验。积极拓展与其他国家和地区的普惠金融合作，强化国际经验并相互借鉴。同时，积极参与并推动普惠金融相关国际规则的制定。

8.2.4 试点示范，农村金融生态建设

试点示范是推进数字普惠金融的重要策略。通过在不同地区进行政策和技术的试点，能够积累经验，为全面推广奠定基础。做好试点示范和建设农村金融生态需要从多个层面进行统筹规划和实施，可以从以下四个方面入手：

第一，做好政策引导与政府支持。政府在试点示范中的引导作用至关重要，可制定明确的政策框架和法规，为数字普惠金融的发展提供规范和指导。通过出台相关政策，明确数字普惠金融的方向、标准和要求，确保各类金融机构在试点中有章可循。研究表明，数字普惠金融对农村产业融合的影响具有空间溢出效应。这意味着一个地区的数字普惠金融发展不仅能促进本地区的农村产业融合，还能带动相邻地区的农村产业融合。因此，政府可出台相关政策，

加强区域间的合作与政策协调。总的来说，发挥好政府的支持作用可以帮助形成稳定的数字普惠金融市场环境，加强数字普惠金融对农村产业融合的推动作用。

第二，在实施过程中，这些试点示范项目需进行持续的评估与反馈，以不断优化方案。首先，构建全面且动态的评估指标体系是关键。该体系应涵盖经济效益、社会影响、技术创新及风险控制等多维度指标，以确保评估的全面性与准确性。同时，要紧跟项目发展阶段和外部环境的变迁，灵活调整评估指标，赋予其更强的适应性和前瞻性，为项目的优化升级提供明确指引。其次，定期的数据收集与监测是评估工作的重要支撑。通过大数据分析技术，实时跟踪项目的运行数据，如资金使用情况、资金流动及风险事件等，为评估提供实际依据。并且，评估过程中可以引入第三方独立评估，增强评估的客观性与公正性。独立的第三方机构可以提供外部视角改进建议，并通过对标分析，借鉴国内外数字普惠金融试点示范项目的成功经验，从而提出更加切实可行的优化方案。第三方评估的结果不仅为项目的持续改进提供了依据，还为政府和金融机构的决策形成有效的监督。最后，优化方案的迭代机制与信息公开也是评估和反馈的重要手段。通过对试点项目的效果进行持续跟踪和评估，可以明确有效的做法和存在的问题，从而进行及时调整，对方案不断优化迭代。同时，应定期公开发布试点示范项目的实施成果，接受公众监督。

第三，建立普惠资金协同联动机制，因地制宜实行差异化发展战略。财政部门可指导普惠金融发展示范区明确目标，切实落实示范区建设方案。根据地方实际情况探索支持数字普惠金融发展的有效途径，优化创新数字普惠金融服务模式，建立健全数字普惠金融发展的长效机制。首先，需要建立健全地区间普惠资金协调联动机制，积极引导普惠资金在地区间优化配置。通过搭建信息共享平台，实现资金供求的精准对接，对经济基础薄弱的地区给予更多的普惠资金支持、更优惠的补贴力度，避免"大水漫灌"造成资金的浪费和低效率使用。其次，需精准定位。要有的放矢、因地制宜地找准地区产业融合发展方向。一方面，深入分析区域经济特征和产业结构是制定差异化发展战略的基础。由于各地的经济发展水平、产业结构、人口特征和技术基础存在差异，因此需进行详细的调研。利用大数据分析和实地考察，了解区域内主要产业的金融需求、发展障碍及当地金融基础设施的现状，为数字普惠金融的布局提供精确指导。另一方面，因地制宜地推动产业融合发展，是实现数字普惠金融可持续发展的重要途径。不同地区经济发展水平和金融市场成熟度的差异，决定了产业融合发展的策略和重点也有所不同。在相对落后的地区，应着重疏通数字普惠金融的支农渠道，推动现代科技赋能农业集约化和规模化生产，助力生产提质增效。这将有助于夯实农村产业融合的基础，为后续的产业升级和转型创造有利条件。而在经济发达、金融体系完善的地区，则可以更多地关注农业产业园、农业融合示范园等具有引领作用的先行园区的建设。这些园区不仅能够有效整合各类资源，形成产业融合的价值创新高地，还能通过示范效应带动周边农村地区的产业发展。此外，还应着眼于本地优势产业的发展，推动数字金融与当地产业的深度融合。例如，在农业优势地区，可以通过数字普惠金融工具，促进农业与现代物流、电子商务、农产品加工等产业的融合，提升农业产业链的整体效益。而在制造业集中的地区，数字金融可以帮助中小企业获得便捷的融资渠道，促进智能制造、绿色制造等新兴产业的发展。

第四，建设完善的农村金融生态，加强包括政府、金融机构、科技公司、农民合作社等多方协作，共同推动农村产业的融合发展。首先，各方需要明确角色与责任。政府应主导政策制定与支持，通过制定有利于农村金融发展的政策框架，提供财政补贴和税收优惠等激励措施，推动农村数字基础设施的建设，解决数字鸿沟问题。金融机构则需创新金融产品和服务，针对农村经济特点提供如小额贷款、农业保险等金融产品，并建立有效的风险管理机制。科技公司应提供技术支持与创新，如大数据分析、人工智能风控系统及区块链技术，提升金融服务的精准性和安全性。农民合作社应在需求反馈、金融产品推广及成员培训方面发挥积极作用，提高其金融素养和使用能力。其次，建立多方协作的平台是实现农村金融生态系统建设的关键。通过设立定期交流与合作机制，各方能够分享经验、讨论问题并制定合作计划，确保目标和行动的一致性。可以成立联合工作组，涵盖多方代表，有助于推动具体项目的实施和问题的解决。建立信息共享平台，整合农业数据、金融数据和市场数据，有助于提

升决策的科学性和服务的精准性。注意保障数据安全和用户隐私，从而增强各
方对数据共享的信任。

综上所述，本书通过对数字普惠金融与农村产业融合关系的深入研究，揭
示了数字普惠金融在促进农村产业融合方面的重要性和潜力。研究表明，数字
普惠金融不仅在提升金融服务可得性和降低融资成本方面发挥了关键作用，而
且通过强化金融市场的动态能力，有效推动了农村产业的多元化和融合发展。
尽管本书已对数字普惠金融的多重影响进行了系统分析，但仍存在进一步探索
的空间。伴随数字技术的快速发展，数字普惠金融的服务模式和产品创新也将
不断演变，未来研究可关注如何利用新兴技术（如区块链、人工智能等）进
一步优化农村金融服务体系，推动农村产业的可持续发展，为实现更高质量的
农村经济发展贡献智慧和力量。

后　记

　　《数字普惠金融与农村产业融合》一书的完成，既是对学术探索的阶段性总结，也是对乡村振兴与数字经济交汇领域的深切思考。在本书的撰写过程中，我深刻感受到数字技术对传统农村经济模式的颠覆性革新，也见证了金融普惠性在缩小城乡差距中的独特价值。

　　本书的研究初衷源于对农村金融抑制现象的长期关注。随着数字技术的快速发展，普惠金融与农村产业的深度融合不仅为传统农业注入新动能，更通过优化资源配置、创新服务模式，推动了农村经济结构的转型升级。例如，基于数字技术的"无感授信""村镇+农业企业+银行"等融资模式，有效缓解了农村融资难题，为产业融合提供了可持续的资金支持。这些实践案例印证了数字普惠金融在激活乡村内生动力中的关键作用。

　　在研究过程中，2024年和2025年中央一号文件提出的"大力发展农村数字普惠金融"为本书提供了政策指引，政策强调通过构建"金融资源—产业需求"双向价值传导机制，在破解"融资难"结构性矛盾的同时培育内生发展动能，进一步坚定了本书的理论框架和实践方向。与此同时，数字基础设施的完善与金融素养的提升，成为农村产业融合进程中不可忽视的双重支撑。

　　本书由成都理工大学商学院专业教师和研究生共同参与完成。前言和后记由李志慧负责；第一章、第二章、第三章由李志慧负责，杨浩参与编写；第四章和第八章由李志慧、王虹负责，田蕴参与编写；第五章和第六章由李志慧负责，邱光雨和杜静参与编写；第七章由李志慧、王虹负责，吴鑫成参与编写。

在此，我衷心感谢所有为本书提供支持的同仁与机构。研究团队在数据采集与案例分析中的严谨态度，为实证研究奠定了可靠基础；出版团队的细致审校，使学术观点得以清晰呈现；家人的理解与陪伴，则让我在漫长的写作周期中始终保持专注与热忱。

需要指出的是，数字普惠金融与农村产业融合仍面临诸多挑战，例如，乡村数字鸿沟的长期存在、信用评估体系的区域性差异，以及金融产品与农业周期的适配性问题，仍需学界与业界的持续探索。本书的研究仅是这一领域的开端，期待未来有更多学者关注农村金融生态的复杂性，共同推动理论与实践的协同创新。

最后，愿本书能为乡村振兴的实践者提供些许启发，也愿数字技术的星辰之光照亮每一寸渴望发展的乡土大地。